Grimms Märchen tiefenpsychologisch gedeutet

Eugen Drewermann

Brüderchen und Schwesterchen

Märchen Nr. 11 aus der Grimmschen Sammlung

Walter-Verlag Olten und Freiburg im Breisgau

Der Text des Märchens ist in der Fassung der Grimmschen
«Kinder- und Hausmärchen» von 1857 wiedergegeben.

Zu den Farbtafeln
Karl Friedrich Schinkel (1781–1841), Schloß am Strom, 1820, Nationalgalerie Staatliche Museen
Preußischer Kulturbesitz, Berlin, Foto: Jörg P. Anders.
Fritz von Uhde (1848–1911), Schwerer Gang («Der Gang nach Bethlehem»), um 1890,
Bayerische Staatsgemäldesammlungen Neue Pinakothek, München, Foto: Artothek, Kunstdia-Archiv
Jürgen Hinrichs, Peissenberg.
Dame mit Standarte und Einhorn, aus den 6 Wandteppichen «La Dame à la licorne» (15. Jh.?),
Musée de Cluny, Paris, Foto: Documentation photographique de la Réunion des Musées
Nationaux.
Gustav Klimt (1862–1918), Liebe, 1895 (Detail), Historisches Museum der Stadt Wien, Foto:
Direktion der Museen der Stadt Wien, A-1040, Karlsplatz.

ISBN 3-530-16868-8

Brüderchen und Schwesterchen

Brüderchen nahm sein Schwesterchen an der Hand und sprach: «Seit die Mutter tot ist, haben wir keine gute Stunde mehr; die Stiefmutter schlägt uns alle Tage, und wenn wir zu ihr kommen, stößt sie uns mit den Füßen fort. Die harten Brotkrusten, die übrigbleiben, sind unsere Speise, und dem Hündlein unter dem Tisch geht's besser: dem wirft sie doch manchmal einen guten Bissen zu. Daß Gott erbarm, wenn das unsere Mutter wüßte! Komm, wir wollen miteinander in die weite Welt gehen.» Sie gingen den ganzen Tag über Wiesen, Felder und Steine, und wenn es regnete, sprach das Schwesterchen: «Gott und unsere Herzen, die weinen zusammen!» Abends kamen sie in einen großen Wald und waren so müde von Jammer, Hunger und dem langen Weg, daß sie sich in einen hohlen Baum setzten und einschliefen. Am andern Morgen, als sie aufwachten, stand die Sonne schon hoch am Himmel und schien heiß in den Baum hinein. Da sprach das Brüderchen: «Schwesterchen, mich dürstet, wenn ich ein Brünnlein wüßte, ich ging' und tränk' einmal; ich mein, ich hört eins rauschen.» Brüderchen stand auf, nahm Schwesterchen an der Hand, und sie wollten das Brünnlein suchen. Die böse Stiefmutter aber war eine Hexe und hatte wohl gesehen, wie die beiden Kinder fortgegangen waren, war ihnen nachgeschlichen, heimlich, wie die Hexen schleichen, und hatte alle Brunnen im Walde verwünscht. Als sie nun ein Brünnlein fanden, das so glitzerig über die Steine sprang, wollte das Brüderchen daraus trinken; aber das Schwesterchen hörte, wie es im Rauschen sprach: «Wer aus mir trinkt, wird ein Tiger; wer aus mir trinkt, wird ein Tiger.» Da rief das Schwesterchen: «Ich bitte dich, Brüderchen, trinke nicht, sonst wirst du ein wildes Tier und zerreißest mich.» Das Brüderchen trank nicht, ob es gleich so großen Durst hatte, und sprach: «Ich will warten bis zur nächsten Quelle.» Als sie zum zweiten Brünnlein kamen, hörte das Schwesterchen, wie auch dieses sprach: «Wer aus mir trinkt, wird ein Wolf; wer aus mit trinkt, wird ein Wolf.» Da rief das Schwesterchen: «Brüderchen, ich bitte dich, trink nicht, sonst wirst du ein Wolf und frissest mich.» Das Brüderchen trank nicht und sprach: «Ich will warten, bis wir zur nächsten Quelle kommen, aber dann muß ich trinken, du magst sagen, was du willst: mein Durst ist gar zu groß.» Und als sie zum dritten Brünnlein kamen, hörte das Schwesterlein, wie es im Rauschen sprach: «Wer aus mir trinkt, wird ein Reh; wer aus mir trinkt, wird ein Reh.» Das Schwesterchen sprach: «Ach Brüderchen, ich bitte dich, trink nicht, sonst wirst du ein Reh und läufst mir fort.» Aber das Brüderchen hatte sich gleich beim Brünnlein niedergekniet, hinabgebeugt und von dem Wasser getrunken, und wie die ersten Tropfen auf seine Lippen gekommen waren, lag es da als ein Rehkälbchen.

Nun weinte das Schwesterchen über das arme, verwünschte Brüderchen, und das Rehchen weinte auch und saß so traurig neben ihm. Da sprach das Mädchen endlich: «Sei still, liebes Rehchen, ich will dich ja nimmermehr verlassen.» Dann band es sein goldenes Strumpfband ab und tat es dem Rehchen um den Hals, und rupfte Binsen und flocht ein weiches Seil daraus. Daran band es das Tierchen und führte es weiter und ging immer tiefer in den Wald hinein. Und als sie lange, lange gegangen waren, kamen sie endlich an ein kleines Haus, und das Mädchen schaute hinein, und weil es leer war, dachte es: «Hier können wir bleiben und wohnen.» Da suchte es dem Rehchen Laub und Moos zu einem weichen Lager, und jeden Morgen ging es aus und sammelte sich Wurzeln, Beeren und Nüsse, und für das Rehchen brachte es zartes Gras mit, das fraß es ihm aus der Hand, war vergnügt und spielte vor ihm herum. Abends, wenn Schwesterchen müde war und sein Gebet gesagt hatte, legte es seinen Kopf auf den Rücken des Rehkälbchens, das war sein Kissen, darauf es sanft einschlief. Und hätte das Brüderchen nur seine menschliche Gestalt gehabt, es wäre ein herrliches Leben gewesen.

Das dauerte eine Zeitlang, daß sie so allein in der Wildnis waren. Es trug sich aber zu, daß der König des Landes eine große Jagd in dem Wald hielt. Da schallte das Hörnerblasen, Hundegebell und das lustige Geschrei der Jäger durch die Bäume, und das Rehlein hörte es und wäre gar zu gerne dabeigewesen. «Ach», sprach es zum Schwesterlein, «laß mich hinaus in die Jagd, ich kann's nicht länger mehr aushalten», und bat so lange, bis es einwilligte. «Aber», sprach es zu ihm, «komm mir ja abends wieder, vor den wilden Jägern schließ ich mein Türlein; und damit ich dich kenne, so klopf und sprich: Mein Schwesterlein, laß mich herein; und wenn du nicht so sprichst, so schließ ich mein Türlein nicht auf.» Nun sprang das Rehchen hinaus und war ihm so wohl und war so lustig in freier Luft. Der König und seine Jäger sahen das schöne Tier und setzten ihm nach, aber sie konnten es nicht einholen, und wenn sie meinten, sie hätten es gewiß, da sprang es über das Gebüsch weg und war verschwunden. Als es dunkel ward, lief es zu dem Häuschen, klopfte und sprach: «Mein Schwesterlein, laß mich herein.» Da ward ihm die kleine Tür aufgetan, es sprang hinein und ruhete sich die ganze Nacht auf seinem weichen Lager aus. Am andern Morgen ging die Jagd von neuem an, und als das Rehlein wieder das Hüfthorn hörte und das Hoho! der Jäger, da hatte es keine Ruhe und sprach: «Schwesterchen, mach mir auf, ich muß hinaus!» Das Schwesterchen öffnete ihm die Türe und sprach: «Aber zu Abend mußt du wieder da sein und dein Sprüchlein sagen.» Als der König und seine Jäger das Rehlein mit dem goldenen Halsband wieder sahen, jagten sie ihm alle nach, aber es war ihnen zu schnell und behend. Das währte den ganzen Tag, endlich aber hatten es die Jäger abends umzingelt, und einer verwundete es ein wenig am Fuß, so daß es hinken mußte und langsam fortlief. Da schlich ihm ein Jäger nach bis zu dem Häuschen und hörte, wie es rief: «Mein Schwesterlein, laß mich herein», und sah, daß die Tür ihm aufgetan und alsbald wieder zugeschlossen ward. Der Jäger behielt das alles wohl im Sinn, ging zum König und erzählte ihm, was er gesehen und gehört hatte. Da sprach der König: «Morgen soll noch einmal gejagt werden.» Das Schwesterchen aber erschrak gewaltig, als es sah, daß sein Rehkälbchen verwundet war. Es wusch ihm das Blut ab, legte Kräuter auf und sprach: «Geh auf dein Lager, lieb Rehchen, daß du wieder heil wirst.» Die Wunde aber war so gering, daß das Rehchen am Morgen nichts mehr davon spürte. Und als es die Jagdlust wieder draußen hörte, sprach es: «Ich kann's nicht aushalten, ich muß dabei sein; so bald soll mich keiner kriegen.» Das Schwesterchen weinte und sprach: «Nun werden sie dich töten, und ich bin hier allein im Wald und bin verlassen von aller Welt: ich laß dich nicht hinaus.» «So sterb ich dir hier vor Betrübnis», antwortete das Rehchen, «wenn ich das Hüfthorn höre, so mein ich, ich müßt aus den Schuhen springen!» Da konnte das Schwesterchen nicht anders und schloß ihm mit schwerem Herzen die Tür auf, und das Rehchen sprang gesund und fröhlich in den Wald. Als es der König erblickte, sprach er zu seinen Jägern. «Nun jagt ihm nach den ganzen Tag bis in die Nacht, aber daß ihm keiner etwas zuleide tut.» Sobald die Sonne untergegangen war, sprach der König zum Jäger: «Nun komm und zeige mir das Waldhäuschen.» Und als er vor dem Türlein war, klopfte er an und rief: «Lieb Schwesterlein, laß mich herein.» Da ging die Tür auf, und der König trat herein, und da stand ein Mädchen, das war so schön, wie er noch keins gesehen hatte. Das Mädchen erschrak, als es sah, daß nicht sein Rehlein, sondern ein Mann hereinkam, der eine goldene Krone auf dem Haupt hatte. Aber der König sah es freundlich an, reichte ihm die Hand und sprach: «Willst du mit mir gehen auf mein Schloß und meine liebe Frau sein?» «Ach, ja», antwortete das Mädchen, «aber das Rehchen muß auch mit, das verlaß ich nicht.» Sprach der König: «Es soll bei dir bleiben, solange du lebst, und soll ihm an nichts fehlen.» Indem kam es hereingesprungen, da band es das Schwesterchen wieder an das Binsenseil, nahm es selbst in die Hand und ging mit ihm aus dem Waldhäuschen fort.

Der König nahm das schöne Mädchen auf sein Pferd und führte es in sein Schloß, wo die Hochzeit mit großer Pracht gefeiert wurde, und war es nun die Frau Königin und lebten sie lange Zeit vergnügt zusammen; das Rehlein ward gehegt und gepflegt und sprang in dem Schloßgarten herum. Die böse Stiefmutter aber, um derentwillen die Kinder in die Welt hineingegangen waren, die meinte nicht anders, als Schwesterchen wäre von den wilden Tieren im Walde zerrissen worden und Brüderchen als ein Rehkalb von den Jägern totgeschossen. Als sie nun hörte, daß sie so glücklich waren und es ihnen so wohl ging, da wurden Neid und Mißgunst in ihrem Herzen rege und ließen ihr keine Ruhe, und sie hatte keinen andern Gedanken, als wie sie die beiden doch noch ins Unglück bringen könnte. Ihre rechte Tochter, die häßlich war wie die Nacht und nur ein Auge hatte, die machte ihr Vorwürfe und sprach: «Eine Königin zu werden, das Glück hätte mir gebührt.» «Sei nur still», sagte die Alte und sprach sie zufrieden: «Wenn's Zeit ist, will ich schon bei der Hand sein.» Als nun die Zeit herangerückt war und die Königin ein schönes Knäblein zur Welt gebracht hatte und der König gerade auf der Jagd war, nahm die alte Hexe die Gestalt der Kammerfrau an, trat in die Stube, wo die Königin lag, und sprach zu der Kranken: «Kommt, das Bad ist fertig, das wird Euch wohltun und frische Kräfte geben: geschwind, eh es kalt wird.» Ihre Tochter war auch bei der Hand, sie trugen die schwache Königin in die Badstube und legten sie in die Wanne; dann schlossen sie die Tür ab und liefen davon. In der Badstube aber hatten sie ein rechtes Höllenfeuer angemacht, daß die schöne junge Königin bald ersticken mußte.

Als das vollbracht war, nahm die Alte ihre Tochter, setzte ihr eine Haube auf und legte sie ins Bett an der Königin Stelle. Sie gab ihr auch die Gestalt und das Ansehen der Königin, nur das verlorene Auge konnte sie ihr nicht wiedergeben. Damit es aber der König nicht merkte, mußte sie sich auf die Seite legen, wo sie kein Auge hatte. Am Abend, als er heimkam und hörte, daß ihm ein Söhnlein geboren war, freute er sich herzlich und wollte ans Bett seiner lieben Frau gehen und sehen, was sie machte. Da rief die Alte geschwind: «Beileibe, laßt die Vorhänge zu, die Königin darf noch nicht ins Licht sehen und muß Ruhe haben.» Der König ging zurück und wußte nicht, daß eine falsche Königin im Bette lag.

Als es aber Mitternacht war und alles schlief, da sah die Kinderfrau, die in der Kinderstube neben der Wiege saß und allein noch wachte, wie die Türe aufging und die rechte Königin hereintrat. Sie nahm das Kind aus der Wiege, legte es in ihren Arm und gab ihm zu trinken. Dann schüttelte sie ihm sein Kißchen, legte es wieder hinein und deckte es mit dem Deckbettchen zu. Sie vergaß aber auch das Rehchen nicht, ging in die Ecke, wo es lag, und streichelte ihm über den Rücken. Darauf ging sie ganz stillschweigend wieder zur Türe hinaus, und die Kinderfrau fragte am andern Morgen die Wächter, ob jemand während der Nacht ins Schloß gegangen wäre, aber sie antworteten: «Nein, wir haben niemand gesehen.» So kam sie viele Nächte und sprach niemals ein Wort dabei; die Kinderfrau sah sie immer, aber sie getraute sich nicht, jemand etwas davon zu sagen.

Als nun so eine Zeit verflossen war, da hub die Königin in der Nacht an zu reden und sprach:

«Was macht mein Kind? Was macht mein Reh?
Nun komm ich noch zweimal und dann nimmermehr.»

Die Kinderfrau antwortete ihr nicht, aber als sie wieder verschwunden war, ging sie zum König und erzählte ihm alles. Sprach der König: «Ach Gott, was ist das! Ich will in der nächsten Nacht bei dem Kinde wachen.» Abends ging er in die Kinderstube, aber um Mitternacht erschien die Königin wieder und sprach:

«Was macht mein Kind? Was macht mein Reh?
Nun komm ich noch einmal und dann nimmermehr.»

Und pflegte dann des Kindes, wie sie gewöhnlich tat, ehe sie verschwand. Der König getraute sich nicht, sie anzureden, aber er wachte auch in der folgenden Nacht. Sie sprach abermals:

«Was macht mein Kind! Was macht mein Reh?
Nun komm ich noch diesmal und dann nimmermehr.»

Da konnte sich der König nicht zurückhalten, sprang zu ihr und sprach: «Du kannst niemand anders sein als meine liebe Frau.» Da antwortete sie: «Ja, ich bin deine liebe Frau», und hatte in dem Augenblick durch Gottes Gnade das Leben wiedererhalten, war frisch, rot und gesund. Darauf erzählte sie dem König den Frevel, den die böse Hexe und ihre Tochter an ihr verübt hatten. Der König ließ beide vor Gericht führen und es ward ihnen das Urteil gesprochen. Die Tochter ward in den Wald geführt, wo sie die wilden Tiere zerrissen, die Hexe aber ward ins Feuer gelegt und mußte jammervoll verbrennen. Und wie sie zu Asche verbrannt war, verwandelte sich das Rehkälbchen und erhielt seine menschliche Gestalt wieder; Schwesterchen und Brüderchen aber lebten glücklich zusammen bis an ihr Ende.

Tiefenpsychologische Deutung

Modulation der Gefühle oder: Zur Einstimmung

«Ein Märchen ist eigentlich wie ein Traumbild – ohne Zusammenhang – ein Ensemble wunderbarer Dinge und Begebenheiten, zum Beispiel eine musikalische Phantasie – die harmonischen Folgen einer Äolsharfe... Sonderbar, daß eine absolute, wunderbare Synthesis oft die Achse des Märchens – oder das Ziel desselben ist.» Diese Worte von NOVALIS[1] über das Märchen stimmen nicht ganz: die Märchen *sind* eine «wunderbare Synthesis», und sie *bestehen* aus wunderbaren Begebenheiten, doch gerade darin liegt ein innerer Zusammenhang, der wie das Thema einer musikalischen Variation in immer neuen Sequenzen bearbeitet und aufgelöst wird.

Zu den am schönsten, zu den am meisten «musikalisch» erzählten Märchen der Brüder Grimm zählt ohne Zweifel die bewegende Begebenheit von *«Brüderchen und Schwesterchen»*. Eine eigenartige Melodik der Gefühle durchtönt in fein abgestimmten Kadenzen dieses Ringen zweier Kinder um ihre Vermenschlichung und Einheit, die sie nach Meinung des Märchens nur finden können im Wagnis der Liebe. Wenn je eine solche Musik der Sehnsucht im Herzen eines Menschen zu Worten wird, die zu ihm sprechen im Rinnen des Regens und im Rauschen der Bäche, dann lauscht er dieser zauberhaft gefährlichen Welt von *«Brüderchen und Schwesterchen»*, in der die Grenzen zwischen Mensch und Tier, zwischen Königen und Bettlern, zwischen Engeln und Dämonen wie aufgehoben scheinen, als verfügte alles über die Kraft, sich aus sich selber in sein Gegenteil zu wandeln, um in verwandelter Gestalt es selbst zu sein. Was ist Traum, und was ist Wirklichkeit in diesem Fließen der Gefühle und Gestalten? Eine melancholische Melodie angsterfüllter Leidenschaft, unterlegt von dem Hörnergeschmetter der Lebenslust und Kühnheit, dringt zu uns, wenn wir diese Geschichte hören, doch wenn sie verklungen ist, war es, als wären wir selber just eben ihr Instrument gewesen und sie hätte unser bedurft, um eine Weile in uns und durch uns sich selbst hörbar zu werden. Waren es unsere eigenen Stimmungen, die ihr die Stimmen des Zaubers verliehen, oder stimmte ihr Zauber uns ein aufgrund einer merkwürdigen Vertrautheit, die jenseits der Zeit die Spuren verweht, bis daß wir selber kaum wissen, was wir als Erwachsene, was wir als Kinder sind oder waren oder sein durften? Wie sind wir *geworden*, als «Schwesterchen», als «Brüderchen», damals, als es keine Mutter mehr gab, bei der wir hätten Kinder sein dürfen, und wir in das Leben fliehen mußten wie heimatlos Vertriebene, den Bäumen und den Tieren vertrauter als der Nähe von Menschen? Und wie war es, als wir erwachsen sein mußten, nur weil man uns nahm und zur Ehe entführte, und die Kindheit kam hinterdrein wie ein verschüchtertes Reh an grasgeflochtenem Halsband? Was wollten wir selbst, und was wurde uns nur, und wo war die Grenze zwischen drinnen und draußen? Es gibt die festgefügten Charaktere – die distinguierten Leute mit ihren distinkten Begriffen vom Leben; die wissen genau, wer sie sind: wann sie wachen und wann sie träumen, wann sie frei sind in ihrem Anstand und wann ihrer Zuständigkeit ledig. Doch auch diese anderen gibt es, von denen die Märchen erzählen; die träumen am hellichten Tage und können nicht klar unterscheiden zwischen Verlangen und Fieber, zwischen Gnade und Fall, zwischen Erhöhung und Abgrund. Sie folgten so gern auf die Schlösser der Liebe; doch wo ist ihr wahres Zuhause: verkrochen *im Walde,* halb Mensch und halb Tier, oder *am Königshofe,* vertauscht und verhuscht, wie ein Schattenbild nur ihres wirklichen Wesens? Und wo wartet jemand, der *wach* wird, wenn es dreimal ruft gegen Mitternacht? Nur *er* in aufgeweckter Geduld vermöchte hinter den Schemen deutlich die Wahrheit zu sehen, nur er vermöchte die Wirklichkeit jenseits der Zwittergestalten der Angst eindeutig zu machen. Aber selbst Könige können schlafen, dahingegeben dem Traum einer wohlverwalteten, wohlgestalteten Welt, und sie merken fast immer erst, wenn es zu spät ist, daß gerade sie durch Einäugigkeit Betrogene sind. «Man darf», meinte CASPAR DAVID FRIEDRICH, «als Maler nicht malen, was man vor sich sieht, man muß malen, was man in sich sieht. Wenn man aber nichts in sich sieht, so soll man auch nicht malen, was man vor sich sieht.»[2] Nach dieser Anweisung malte K. F. SCHINKEL, wie zum Kommentar dieses Märchens, ein abendliches, menschenleeres Schloß[3], in das ein Reh getreten ist, als hätte es eben erst, im Lichte der Dämmerung, sich aus dem Dickicht hervorgewagt auf den Freiplatz des Lebens und bestaunte nun neugierig witternd mit zögerndem, leis hallendem Tritt all diese Treppen und Türme, die ihm weder Schutz sind noch Hilfe, verirrt und verwirrt, und doch anscheinend gerufen und berufen von dem geheimnisvollen, unsichtbaren Herrn der Burg (siehe Tafel 1). Es ist ein wehmütiges Traumbild wildscheuer Liebe, die sich erst hervortraut im Längerwerden der Schatten. Doch wie oft hat ein Mensch sich wohl der Jagd und dem Abenteuer der Liebe aussetzen müssen, ehe er, waidwund und verwildert, hinüberfand in den Frieden seiner Seelenburg?

Jedem rein rechtlich und moralisch Denkenden muß bei der Erzählung von «Brüderchen und Schwesterchen» auffallen, wie stark hier, was immer geschieht, scheinbar vom *Zufall* gestaltet wird, wie hilflos die Akteure geistigen Mächten ausgesetzt sind, denen sie von Augenblick zu Augenblick zu erliegen drohen. Es irritiert und beleidigt unser Selbstwertgefühl, Menschen zu begegnen, die in einer derart unheimlichen, verwunschenen Welt zu leben gezwungen sind, als wären sie nichts als Gliederpuppen an Drähten eines unbegreiflichen Fluchs von Not und Verfolgung, ein Drama, dessen Drehbuch sie bis gegen Ende niemals verstehen werden. Insbesondere das *christliche* Bewußtsein sträubt sich dagegen, in dieser Weise von Schicksal und Zwang, von Fluch und Verhängnis zu hören[4]. Und doch scheint dieses kleine Kindermärchen der Brüder Grimm mehr von der Hilflosigkeit und Hilfsbedürftigkeit von Menschen zu ahnen, als wir es selber in unseren alltäglichen Denkgewohnheiten wahrhaben möchten. Wir hören ganz richtig: diese Geschichte erzählt auf eine fast intime Weise von dem quasi privaten Schicksal einer Jugend, die beinahe geendet wäre, noch ehe sie hätte beginnen können, und von einer Ehe, die mit großen Hoffnungen begann und die dann doch beinahe gescheitert wäre, in dem Moment, da aus der Gattin und Geliebten die Mutter eines Kindes wurde. An jeder Stelle beherrscht dieses bange *«beinahe»* die Geschichte und droht, den Weg ins Glück der Liebe immer wieder zu blockieren oder in die Gegenrichtung umzulenken. Rein literarisch-ästhetisch betrachtet, mag man geneigt sein, in solcher Dramaturgie nichts weiter zu sehen als eine volkstümliche, naive Erzählkunst, die derlei Effekte einer Steigerung bis zur Beinahe-Katastrophe als Stilmittel bevorzugt, um desto wirkungsvoller die plötzliche Rettung und die beseligende Befreiung aus den Fesseln des Unheils schildern zu können[5]. *Psychologisch* betrachtet aber verdichtet sich in dieser Darstellungsweise die Erfahrung eines Lebens, das immer wieder von den Gefühlen der Angst und der Abhängigkeit verformt, verlangsamt und vorangetrieben wird. Merkwürdig schleppend, wie mit bleierner Schwermut belastet, erlebt insbesondere das *Schwesterchen* jeden Schritt nach vorn als eine entsetzliche Nötigung – als die Vertreibung aus einem kindlichen Paradies, das es nie gekannt hat, bzw. umgekehrt: als einen ängstigenden Einbruch, den es mit allen Kräften zu hindern suchen muß. Einzig wenn es anders gar nicht mehr geht, allein unter dem Druck äußeren Zwangs, lernt das «Schwesterchen», die jeweils neue Situation zu akzeptieren, als Teil einer Entwicklung, die es aus Angst am liebsten unterbinden würde. Sein wirklicher Wunschtraum aber geht nach einem Ort der Stille und Verschwiegenheit, wo niemand zu stören vermöchte.

Offenbar ist es dieses Motiv, das vor allem zu Beginn der Geschichte den Leser gefangennimmt und die anfängliche Grundstimmung von Angst und Traurigkeit auf das angenehmste überstrahlt: es ist so schön, sich vorzustellen, man könnte irgendwo als Mann und als Frau in einer *geschwisterlichen Harmonie* zusammenleben, und es gäbe niemanden sonst auf der Welt; man wäre in einer entlegenen Hütte gänzlich allein und bewohnte eine solche Insel des Glücks in abgeschiedener Ruhe; es gingen die Tage dahin in ewigem Gleichmaß, und es verträumte sich die Zeit in einem Fest der Anspruchslosigkeit. Wie viele Menschen sind, die auf der Welt nichts weiter suchen als den Ort einer solchen Geborgenheit zu zweit? – sie würden bescheiden und zurückgezogen in dem kleinen Raum ihrer vier Wände leben, sie würden nie auch nur von weitem einem anderen etwas zu Leide tun, und sie erwarteten als Gegenleistung dafür nur, auch selber unbehelligt gelassen zu werden; sie würden ein paar Tiere halten, denen sie von Herzen zugetan wären und die sie ganz lieb streicheln und verwöhnen würden, als wären sie ein Teil von ihnen selbst, ihre «Hilfstiere» oder ihre *Naguals*[6] gewissermaßen; sie könnten dabei ruhig wissen, daß es sich

bei all dem offensichtlich um kindliche Träume und Phantasien handelt – sie würden darauf beharren, in einer gewissen zärtlichen Unschuld so sein und bleiben zu dürfen, in dem Bewußtsein, es doch nur gut zu meinen.

Wie viele solcher «Schwesterchen» gibt es, die selbst als Frauen solche liebenswürdigen «Mädchen» geblieben sind – ständig in Furcht vor der verwunschenen, gefährlichen Welt draußen und hinübergeflüchtet in Zonen der Einsamkeit, die sie in den Augen der anderen so gut wie unauffindbar machen, in ständiger Fluchtdistanz vor jeder dichteren Annäherung und immer umschattet von einer verschüchterten Schwermut, mit großen sichernden Augen, mit einer stets wachen Aufmerksamkeit und mit einer Beobachtungsgabe, wie nur die Angst sie verleiht?

Das Geheimnis all dieser «Schwesterchen», erklärt uns das Märchen, liegt in der Gestalt ihrer *Mutter*. Doch wie wird eine Mutter zur «Stiefmutter», und wie eine «Stiefmutter» zur «Hexe», und worin eigentlich besteht die Zauberkraft dieser Frau, daß sie das «Brüderchen» in ein wildes Tier zu verwandeln vermag? Wer überhaupt ist dieses *«Brüderchen»*, das mit seinem Lebensdurst und mit seiner Abenteuerlust immer von neuem sein «Schwesterchen» in Verlegenheit, ja in Todesgefahr bringt? Gerade unter dem Einfluß der Hexe wandelt es sich zunehmend von dem Geschwister des Mädchens in eine Art Gegenkraft, die nur mühsam zu zähmen sein wird, in ein tierhaftes Gegenbild, das erst ganz zuletzt seine menschliche

Gestalt wiedererlangt. An dieser Stelle täuscht der Titel der Grimmschen Erzählung: er verführt leicht dazu, in *«Brüderchen und Schwesterchen»* die Familiengeschichte eines realen Geschwisterpaares zu sehen[7]; doch gerade darum handelt es sich nicht. Die Hauptperson[8], aus deren Sicht die gesamte Geschichte auch des «Rehleins» erzählt werden will, ist unzweideutig das *Schwesterchen* bzw. die Gestalt des Mädchens, dessen Seele sich in das «Schwesterchen» und das «Brüderchen» teilt: Wie es von einem flüchtenden Bettelkind zu einer Königin, von einem verängstigten Mädchen zu einer liebenswürdigen, liebesfähigen Frau wird – *das* ist der eigentliche Inhalt dieser Erzählung; das «Brüderchen» hingegen ist, subjektal gelesen, ein Teil der Seele dieses Kindes, der jene Kraft verkörpert, die das Ich des «Schwesterchens» trotz all seiner rückwärts gewandten Ängste und Sorgen vorwärtsdrängt und es unaufhaltsam hineinzieht in das Abenteuer des Lebens. In dem «Brüderchen», anders gesagt, lebt die instinktive Liebe zum Leben im Herzen des «Schwesterchens», die unaufgebbare Sehnsucht seines Lebens nach Liebe und sein unstillbares Verlangen nach der Geborgenheit eines wechselseitigen, fast wortlosen Verstehens. Nicht ein Geschwisterdrama, sondern die gefahrvolle Reifung eines Mädchens zur Liebe, *ein Entwicklungsdrama,* ist das eigentliche Thema der Geschichte von *«Brüderchen und Schwesterchen»*[9]. Die Form der Erzählung aber ist in der Tat gleich einer Symphonie in drei Sätzen, deren erster lautet wie folgt:

1. Satz: Exposition: Lösung und Einsamkeit oder:
Sehnsucht und Flucht im Schatten der Stiefmutter

Als ich vor Jahren einen Vortrag über dieses Märchen hielt, kam in der Pause eine Frau zu mir, die mich mit Tränen in den Augen bat, das Wort von der *«bösen Stiefmutter»* entweder zurückzunehmen oder näher zu erläutern, am besten aber es überhaupt nicht mehr zu gebrauchen – sie selbst sei eine «Stiefmutter», und sie leide sehr darunter, trotz allen guten Willens zu der Tochter ihres Mannes aus erster Ehe nie ein wirklich herzliches Verhältnis aufgebaut zu haben; «Stiefmutter» – das bedeute für sie den schlimmsten Vorwurf gegenüber all ihrem Bemühen als Mutter: «Ich wollte doch nie eine Stiefmutter sein.» Damals versprach ich dieser Frau, zukünftig bei der Auslegung der Grimmschen Märchen alles zu vermeiden, was dazu geeignet sein könnte, im Rahmen des Klischees der «Stiefmutter» (oder des «Stiefvaters») Schuldgefühle zu wecken bzw. entsprechende Vorwürfe zu rechtfertigen. Allerdings: diese Versicherung zu geben, war damals leichter als sie nunmehr einzulösen. Das Grimmsche Märchen selber unterliegt vollständig dem stereotypen Bild der «Stiefmutter», und man kann als Interpret einen Text nicht ändern, man kann nur versuchen, sich in ihn hineinzufühlen. Dann aber ist zur Deutung der vorliegenden Geschichte von *Brüderchen und Schwesterchen* gleich zweierlei vorweg zu bemerken.

Zum einen: Märchen sind wesentlich symbolische Erzählungen, und man mißversteht sie im Prinzip, wenn man sie in äußerer Weise «wörtlich» nimmt. Wenn sie von Wald und Baum, Sonne und Mond, Wasser und Haus sprechen, so gelten ihnen die Gegenstände und Orte der Natur als Kräfte und Zustände der menschlichen Seele, nicht der äußeren Realität, und nicht anders verhält es sich in ihrem Sprechen von Königen und Kammerfrauen, von Jägern und Bediensteten – oder eben von Stiefmüttern und Stiefkindern: nicht die soziale Stellung, allein die psychische Einstellung entscheidet darüber, was im Erleben eines Kindes als «stiefmütterlich» empfunden wird[10]. Mit anderen Worten: wenn die Märchen von einer Stiefmutter sprechen, so kann damit an sich jede Frau gemeint sein, die sich außerstande fühlt, ihr Kind wirklich zu lieben; der Grund dafür aber kann buchstäblich in allem möglichen auch außerhalb der Frage der Blutsverwandtschaft liegen. Und umgekehrt: eine wirklich «mütterliche» Beziehung hängt keinesfalls von der biologischen Abstammung ab – GUY DE MAUPASSANT etwa hat bereits vor über 100 Jahren in einer ergreifenden Kurzgeschichte beschrieben, wie ein Kind sich seinen Pflegeeltern, seinen «Stiefeltern» mithin, weit inniger verbunden zu fühlen vermag als seinen «wahren» Eltern im Sinne der Blutsverwandtschaft[11]. Niemand, wenn er in einem Märchen von bösen Stiefmüttern

hört, hat also Grund, eine solche Rede auf sich selber zu beziehen, nur weil er in der Rolle einer «Stiefmutter» sich befindet.

Jedoch dies zugestanden: Wächst damit das Problem nicht eher noch, als daß wir es verschwinden sähen? Wenn man zur «Stiefmutter» eigentlich erst durch das eigene Betragen wird, wäre es dann nicht geradewegs die Pflicht z. B. jener Mutter gewesen, ihre «Stieftochter» liebzugewinnen wie ihr eigenes Kind? Je mehr wir die biologische Seite der «Stiefmutter» vergleichgültigen, desto mehr verstärkt sich scheinbar notwendig der Eindruck moralischer Schuld, wenn jemand in das archetypische Bild der «Stiefmutter» einrückt, und was im ersten Anlauf als Trost gemeint war, kehrt sogleich als verschlimmerter Vorwurf zurück.

Ein zweites hängt damit zusammen: Man kann den bestehenden Konflikt der «bösen Stiefmutter» nicht ohne weiteres mit Hilfe der *«Jung*schen» Interpretationsmethode «subjektal» lösen, indem man in dem Bild der verfolgenden Hexenmutter einfachhin das generelle Problem von Abschied und Reifung symbolisiert sieht[12]. An sich ist der Gedanke dieses Ansatzes nicht falsch: *jedes* Kind muß sich irgendwann von seiner Mutter lösen, und je inniger es sich mit seiner Mutter verbunden fühlt, desto schwerer wird ihm innerlich die notwendige Trennung fallen; der Schmerz des Abschieds, das Herausfallen aus der mütterlichen Obhut kann subjektiv erlebt werden wie ein liebloses Fallengelassenwerden von seiten der Mutter, und so mag es unter Umständen gerade einer besonders wohlmeinenden Mutter widerfahren, daß sie mit all ihrer Fürsorge und Güte eines Tages in den Augen ihres Kindes wie «gestorben» erscheint, indem die ursprünglich freundliche Beziehung zwischen Mutter und Tochter sich in ein unauflösliches Geflecht von Vorwürfen und Verlassenheitsängsten verwandelt. Bis ins Detail kann es sich dabei ganz so verhalten, wie das Märchen es schildert: was möchte man in einem solchen Augenblick der Trennung von der eigenen Mutter als Kind wohl darum geben, dürfte man an der Stelle wenigstens des eigenen *Haushündchens* sein[13]! *Ein Tier* genießt ein Vorrecht, das uns Menschen seelisch völlig abgeht: es darf einfachhin *sein,* es nimmt unverrückbar einen bestimmten zugewiesenen Platz wie selbstverständlich ein, es ist in gewissem Sinne ein «fertiges», in sich vollendetes Wesen; der Mensch indessen ist nach einem Wort FRIEDRICH NIETZSCHES das niemals «festgestellte Tier»[14]; er ist ein ewig Heimatloser, ein immer wieder neu zu seiner Freiheit Verurteilter, ein nur im Aufbruch Wirklicher; immer wieder deshalb, am schmerzhaftesten aber unzweifelhaft am Beginn der Pubertät, muß er sich lossagen von allem, was ihm als Hof- und Heimstatt galt[15], so zögernd auch immer, muß er sich hinübertrauen in eine fremde, feindselig scheinende, von Schleiern der Trauer

verhangene Welt, die unentdeckt seiner wartet, ohne daß er es ahnt. Es gehört so viel an Forschheit und Unbändigkeit, ja, in gewissem Sinne auch an Frechheit und Ungebärdigkeit dazu, die Fesseln des eigenen Elternhauses zu zersprengen, daß es in solchen Phasen des Umbruchs und des Aufbruchs an Mißverständnissen und Mißhelligkeiten aller Art selten zu mangeln pflegt. Was die Mutter als Undankbarkeit, wird ihre Tochter als Ungerechtigkeit erleben, und es scheint besonders bei empfindsamen Gemütern den Abschied fast zu erleichtern, wenn man dem anderen, der eigenen Mutter zum Beispiel, die Schuld daran geben kann, daß man sich zunehmend von ihr glaubt entfernen zu müssen[16]: hat sie nicht durch ihre Lieblosigkeit und Unleidlichkeit ihr Kind selber vertrieben, bis diesem inmitten der Not und Entbehrung des Bleibens nicht länger mehr sein konnte? Was sonst erscheinen möchte wie der Anfang eines persönlichen Lebens in Eigenständigkeit und Freiheit, enthüllt sich unter solchen Umständen weit eher als Flucht in einem Feld von Zwang, Notwendigkeit und Schmerz.

All diese Momente lassen sich bei dem «Schwesterchen» der Grimmschen Erzählung deutlich beobachten: – ihnen eignet ersichtlich eine gewisse Berechtigung zur Beschreibung *jedes* menschlich schwierigen Abschieds.

Doch eben deshalb ist die Typologie dieses JUNGschen Schemas zu allgemein, um das Besondere speziell der Eingangsszene des Märchens von *«Brüderchen und Schwesterchen»* zu erfassen.

Wenn man die eigentliche Spannung dieser Geschichte verstehen will, darf man das Motiv der «Stiefmütterlichkeit» nicht einfach als einen subjektiven Reflex in den Augen des «Schwesterchens» interpretieren, man muß vielmehr all der Mütter gedenken, die objektiv von ihrem Kind als «stiefmütterlich» erlebt wurden, obwohl (oder indem) sie alles nur Erdenkliche taten, um gerade diesen Eindruck zu vermeiden.

Warum insbesondere fällt es dem *«Schwesterchen»* so schwer, sich von seiner Mutter zu trennen? Die Antwort kann nicht länger lauten, *aller* Abschied sei schwer. Ein Kind vermag sich relativ leicht und rasch von seiner Mutter zu lösen, wenn es auf den einzelnen Stufen seiner Ichentwicklung den Herausforderungen der jeweils neuen Schwierigkeiten durch einen entsprechenden Grad innerer Reifung buchstäblich sich «gewachsen» fühlt[17], bzw. wenn es nicht durch äußere Faktoren aus dem Schutzbereich seiner Mutter weggedrängt wird, noch ehe es gelernt hat, sich hinlänglich selbst zu beschützen. Ein Kind hingegen, das zu früh der Geborgenheit seiner Mutter entbehren muß[18], wird keinen Schritt seiner eigenen Entfaltung freiwillig tun, sondern es wird sich in seiner Unsicherheit und Angst wie verzweifelt an den so schmerzlich entbehrten mütterlichen Rückhalt zu klammern suchen; indes: der liebsten Mutter auf Erden bleibt, wenn es so steht, schließlich nichts anderes übrig, als immer von neuem ihr Kind die Stufen des Lebens, wenn schon nicht hinaufzutragen, so förmlich hinaufzuschubsen. Zwischen Mutter und Kind entsteht auf diese Weise beizeiten ein Teufelskreis, indem die heftigen Ansprüche des Kindes, sich bei der Mutter anzuklammern, die Mutter ihrerseits zu einer ebenso heftigen Abwehr veranlassen, die von sich her wieder die Verlassenheitsängste des Kindes verstärken muß, aus denen heraus das Bedürfnis nach Anklammerung allererst seine oft dramatische Kraft entfaltet. Bei allem, was die Mutter unter diesen Umständen tut, überschreitet sie niemals den verborgenen Kordon einer Urangst, die sie selbst im Schatten ihrer eigenen Persönlichkeit erzeugt und die sie Zug um Zug im Abwehrkampf gegen ihre Symptome in ihrer Wurzel geradewegs verstärkt. Fragt man freilich, worin diese Wurzel gründet, so liegt sie zumeist wohl in der inneren *Widersprüchlichkeit der Mutter selbst,* die in ihrem Wesen beides zugleich dem Kinde zu sein scheint: Mutter *und* Hexe, verstorbene Güte *und* dämonischer Anspruch, abweisende «Stiefmutter» *und* verfolgende Kindesräuberin – eine «unheimliche» Frau, die über die Macht verfügt, aus allen Quellen des Lebens die Sprache der Angst hervorzulocken, und dies wohl nicht erst bei Eintritt der Tochter in die Pubertät.

Die wirkliche Dramatik einer «zauberischen» «Stiefmutter» tritt zutage, wenn man sich z.B. eine Mutter vorstellt, die es eigentlich herzensgut meint, die aber bereits durch die bloße Existenz ihres Kindes hoffnungslos überfordert ist. Wäre des «Schwesterchens» (Stief-)

Mutter einfach eine bösartige Hexe, so wäre sie niemals imstande, in gewissem Sinne die gesamte Welt ihrer Tochter zu beeinflussen und zu gestalten. Eine lediglich kalte, kinderabweisende Mutter würde niemals diesen Schmerz der Trennung, diese Trauer der Sehnsucht nach der vergangenen, nach der «verstorbenen» Mutter auslösen können, wie wir sie an «Brüderchen» und «Schwesterchen» bei ihrer Flucht aus dem Elternhaus beobachten. Nur ein Kind, das im Grunde wohl weiß, wie sehr seine Mutter ihm gut will, mag später die «gute Mutter» vermissen. Was indessen die gute Mutter in die böse Mutter verwandelt, was, anders gesagt, den Tod der «alten», der «richtigen» Mutter herbeigeführt hat, beschreibt das Märchen nicht näher. Es fällt freilich auf, daß in der Geschichte *kein Vater* erwähnt wird – man muß also annehmen, daß diese Frau ihre Tochter ganz allein aufziehen muß[19]; erwähnt immerhin wird *der Mangel an Nahrung*[20] sowie die Tatsache, daß die «Stiefmutter» die Krusten an den Broträndern abschneidet, um sie den Kindern zu geben[21]: so taten es jahrhundertelang die «älteren», d.h. die zirka 40 Jahre alten Leute, als es noch keine Dentisten gab, die in den Labors millimetergenau künstliche Zähne herstellen konnten; man wird also annehmen dürfen, daß die «Stiefmutter» bereits selber eine relativ alte Frau ist.

Wie aber, das ist jetzt die Frage, wird für ein Kind aus der liebenden Mutter von einst eine «böse Hexe» und «Stiefmutter»? – Schon den wenigen Angaben des Märchens zufolge genügt zur

Erklärung das folgende Bild: Da ist eine Frau, die mit ihrem Kind im großen und ganzen wohl zurechtkommt, solange nicht von außen noch schwere Belastungen hinzutreten. Doch genau das scheint in der Kindheit des «Schwesterchens» der Fall gewesen zu sein. Nehmen wir beispielsweise an, was den Frauen, die heute zirka 40 bis 50 Jahre alt sind, millionenweise geschah: der Krieg brach aus, und der Vater mußte fort; er fiel an der Front, er geriet in Gefangenschaft, er wurde vermißt – jäh und plötzlich stand die Mutter allein. Auch wirtschaftlich verschlechterte sich die Lage – es hieß mit einemmal haushalten. Existenznot und Sorgen prägten die Tage, und der ohnehin schon beengte Spielraum an freien Gefühlen wurde von Stund an noch schmaler. Oder einfacher noch: der Vater stirbt an einem Unfall, an einer Krankheit, oder er geht fort aufgrund einer Scheidung – gleichgültig wie, es genügt, daß *die Mutter* sich seelisch von einem bestimmten Zeitpunkt an in der Erziehung ihrer Tochter *allein gelassen* fühlt, um die Lage einer «Stiefmutter» wider Willen entstehen zu lassen.

Am einfachsten daher, man denkt sich als Vater des «Schwesterchens» einen Mann, der in der Erziehung des Kindes einfach keine Rolle spielt – er ist im Geschäft, er ist beruflich überbeansprucht, er hat für sein Kind keine Zeit; in jedem Fall ist es die Mutter, die für ihre Tochter als einzige da ist – da zu sein *hat.* Und nun unterstellen wir einmal, daß diese Mutter mit einem noch kleinen Kind recht gut umgehen kann, ja daß sie den Bedürfnissen der ersten Lebensjahre sogar in einer fast verwöhnenden Haltung entgegenkommt; dann genügt es, sich vorzustellen, daß einfach das Älterwerden des Kindes, verbunden womöglich mit dem Schwächerwerden der Kräfte im Vorrücken des eigenen Alters, eine solche Frau *überfordert*: sie hat unter Umständen wohl gelernt, für ihr Kind alles zu tun und ihm alles zu geben, wessen es bedarf, aber sie hat niemals gelernt, mit ihm wie mit einem heranreifenden Erwachsenen wirklich zu reden; sie hat vielleicht wohl gelernt, durch Gefälligkeit und Zuvorkommen Konflikte zu vermeiden, doch sie verfügt gerade deshalb nicht im geringsten über die Fähigkeit, ihre eigenen Interessen offensiv zu vertreten und offen die anfallenden Konflikte mit verbalen Mitteln auszutragen – genug, es langt aus, eine Frau sich zu denken, die aufgrund ihrer ganzen Persönlichkeit wie notwendig einfach daran scheitert, daß ihre Tochter eines Tages größer wird, und man begreift mit einemmal, wie wenig an moralischer Schuld darin liegt, wenn eine Frau als Mutter in den Augen ihres Kindes «stirbt» und in ihr selber eine scheinbar ganz andere, hexenartige Persönlichkeit die Oberhand gewinnt; und rechnen wir nun noch die Möglichkeit hinzu, daß äußere Belastungen der genannten Art im Leben dieser Frau den Bogen einfach überspannen, so hat man in etwa den möglichen Erfahrungshintergrund der Geschichte von *Brüderchen und Schwesterchen* vor Augen. – Als Anschauungsmaterial mag eine kleine Episode der *Tierpsychologie* dienen. Vor

Jahren beobachteten Verhaltensforscher eine Schimpansenmutter, die offenbar zu alt und zu schwach war, um ihr Junges zu ernähren und mit sich zu tragen; das Jungtier aber lief der Alten ständig hinterher, klammerte sich an sie und schlug sogar auf sie ein – es war neurotisch aus Angst, die Mutter zu verlieren. Als das Muttertier schließlich starb, lag das Junge tagelang neben ihm – es war außerstande, selber zu leben. Diese Angst ist es, die den Anfang der Geschichte von «Brüderchen und Schwesterchen» bildet.

Doch wozu, wird jemand vielleicht fragen, sollen derartige Hypothesen gut sein – das Märchen sagt halt von all dem nicht viel. Nun, der Nutzen, ja die Notwendigkeit solcher Überlegungen liegt auf der Hand. Wer einen anderen Menschen wirklich verstehen will, darf sich niemals damit begnügen, ihn gewissermaßen nur als Zeitgenossen, in der Gegenwart, kennenzulernen; der andere hat immer eine eigene Geschichte durchlaufen, aus welcher allein sich sein Charakter erklärt – in diesem Sinne ist insbesondere die Psychoanalyse nichts anderes gewesen als der Versuch, das historische Denken des 19. Jahrhunderts bis in die Betrachtung der Biographie einzelner Menschen voranzutreiben[22]; das Problem aber besteht regelmäßig darin, daß kein Mensch die entscheidenden Jahre seiner frühen Kindheit auch nur einigermaßen korrekt zu erinnern vermag, allenfalls verfügt er über ein paar konfus erscheinende Erinnerungsreste und ein Bündel traumähnlich verdichteter Szenen der Vergangenheit.

Wer hinter Schilderungen dieser Art nicht in groben Zügen die Schwierigkeiten und Notlagen *der Eltern damals* herauszulesen vermag, der wird auch zu dem Menschen an seiner Seite nicht wirklich Zugang gewinnen – gewiß die meisten Ehestreitigkeiten haben darin ihren Grund. Und, was in unserem Zusammenhang noch wichtiger ist: wir verstehen endlich, *wie wenig an Vorwurf und Schuld* für eine Frau darin liegt, von ihrer Tochter als «Stiefmutter» empfunden zu werden.

Speziell im landläufigen christlichen Bewußtsein scheint unausrottbar der oberflächliche, feuchtfröhliche Optimismus einer bestimmten Ideologie von «Freiheit» und «Verantwortung» zu herrschen, wonach Menschen gut sind, einfach wenn sie gut sein wollen, und schuldig werden, wenn sie es nicht wollen. Worauf Moraltheologen und -dozenten dieser Art «freiwillig» niemals kommen, ist die simple Feststellung, daß Menschen bereits durch die Eigentümlichkeit ihres Charakters bzw. ihrer Persönlichkeit oder Lebensumstände in bezug zu bestimmten Aufgabenstellungen schlechterdings überfordert sein können[23]. «Dann sind sie in moralischem Sinne auch nicht schuldig», lautet das Unisono solcher Moralerklärer; aber solche Erklärungen entfernen sich weit von dem Erleben all derer, die sehr deutlich spüren, daß sie in wesentlichen Fragen des Lebens buchstäblich versagt haben, und zwar nicht, weil sie sich versagen wollten, sondern weil sie so waren, wie sie sind, und schon von daher nicht *mehr* zu geben hatten, als sie gegeben haben. Solchen Menschen hilft es nicht weiter, wenn man sie für «unschuldig» erklärt – sie *fühlen* sich schuldig, und es hilft ihnen noch viel weniger weiter, wenn man sie für «schuldig» erklärt, denn das tut ihnen unrecht. Das einzige, was hier weiterführt, ist eine Haltung, wie die Psychoanalyse sie zu vermitteln sucht: es kommt entschieden darauf an, die Moralisiererei insgesamt einzustellen und die Frage nach «Schuld» oder «Unschuld» ganz auszuklammern[24]; statt dessen gilt es, sich um ein möglichst konkretes Verständnis für die Situation damals zu bemühen, um aus den Fehlern, Verwicklungen und Begrenztheiten der Vergangenheit für die Zukunft zu lernen. Nicht was man *gewollt* hat, sondern wie man *gewesen* ist und was daraus sich ergeben mußte, ist die entscheidende Frage, und erst in einem solchen Raum vorurteilsfreien und verurteilungsfreien Begreifens und Akzeptierens erwächst das Kostbarste, was unter Menschen möglich ist: ein reifendes Einverständnis auch mit den Zuständen von Schwäche und Versagen gegenüber denjenigen Menschen, die uns am meisten anvertraut bzw. ausgeliefert waren: den eigenen Kindern.

Man muß in der Psychotherapie insbesondere von Frauen nur immer wieder die verzweifelten Selbstvorwürfe so mancher Mutter mitanhören, die sich schuldig spricht für all das, was sie ihrem Sohn, ihrer Tochter «schuldig» blieb, und man wird bald mit Händen greifen können, daß allein ein Denken jenseits der Bewertungsschablonen der Moral das Getto solcher ebenso quälen-den wie nutzlosen Selbstbeschuldigungen zu öffnen vermag. Die wirkliche Einsicht lautet zumeist, daß man die schlimmsten Fehler gerade aus einem *Übermaß an gutem Willen* begangen hat und daß man eigentlich schon damals über Fähigkeiten hätte verfügen müssen, die speziell in der christlichen Moral bis heute kein Thema darstellen: wie man sich *wehrt* gegen Überbeanspruchungen, wie man ohne Schuldgefühle es wagt, nein zu sagen und sich gegenüber fremden Wünschen zu verweigern, und wie man sich ein Recht nimmt, *selber* zu sein und *selber* zu leben, statt sich unter dem Lastdruck von Pflicht und Verantwortung tagaus, tagein zu «opfern» und «hinzugeben».

Und dann verbleibt noch das häufig schier unabsehbare Ausmaß an Hilflosigkeit, *Tragik* und Scheitern. Wenn es, um eine an sich gute Mutter in den Augen ihres Kindes in eine Hexe zu verwandeln, bereits genügt, daß der Vater krank wird oder stirbt, bzw. daß in eine ohnehin schon angespannte Lage von außen her noch eine unvorhersehbare zusätzliche Belastung hinzukommt, wer will dann noch von «Schuld» sprechen? Für Frauen, die sich mit dem Vorwurf ihrer Tochter herumquälen, eine «Stiefmutter» (gewesen) zu sein, gibt es rückblickend jedenfalls gar keinen anderen Weg, als sich selber Gerechtigkeit widerfahren zu lassen und sich in vollem Umfang zu vergegenwärtigen, wie sehr sie selber seinerzeit gelitten haben, als sie ihr Kind leiden machten.

Am allermeisten trifft dies auf den Vorwurf zu, *jähzornig* (gewesen) zu sein[25], denn in nur wenigen Fragen des menschlichen Verhaltens zeigt sich die ganze Ohnmacht einer moralisierenden Bewertungsweise sosehr wie in dem vergeblichen Abwehrkampf gegen die aufgestaute Wut ungezügelter Triebdurchbrüche. Es scheint in der Klage der Kinder am Anfang des Märchens von *«Brüderchen und Schwesterchen»* nur wie ein weiterer Belastungspunkt unter anderen zu sein, wenn wir von den grausamen *Schlägen und Strafen* hören, die von der (Stief-)Mutter verhängt werden – zu dem Klischee der bösen Hexe gehört offenbar auch *die Maßlosigkeit ihres Zorns.* Aber noch einmal: damit eine Mutter zur «Zauberin» wird, die das gesamte Leben ihres Kindes in Bann schlägt, bedarf es seiner spezifischen Mischung aus Liebe *und* Haß, oder anders gesagt: so schrecklich die Mutter in ihren Strafen auch erscheinen mag, so darf das Bild der guten, wohlmeinenden Mutter im Hintergrund doch niemals gänzlich in Vergessenheit geraten; und zwar gilt dies nicht nur für die Sicht des Kindes, es bietet im Grunde bereits so etwas wie eine Erklärung des *Jähzorns* der Mutter selbst.

Moralisch betrachtet, stellt der Jähzorn eine Form der Unbeherrschtheit dar, sich besser zu beherrschen heißt denn auch die einzige Empfehlung, die in moralischer Absicht gegen die Neigung zum Zorn zu ergehen pflegt. Und doch wirken solche Ratschläge so, wie wenn man einen spritzenden Wasserhahn durch Zudrücken mit der Hand am Überlaufen hindern wollte. Nicht an einem Mangel an Selbstbeherrschung, eher an einem erzwungenen Übermaß an Beherrschung leidet der Jähzornige. Statt seine Aggressionen beizeiten in der jeweiligen Situation auf angemessene Weise zu äußern, frißt er die Gefühle der Antipathie und des Aufbegehrens solange in sich hinein, bis daß sie sich gewaltsam entladen[26], und so sehr er sich in solchen Momenten des Durchbruchs der Sache nach auch im Recht fühlen mag, so leid tut ihm doch das Laster seiner vermeintlichen Schwäche. Allein, der gute Vorsatz, künftig sich besser im Griff behalten zu wollen, faßt das Problem gerade am falschen Ende an. Nicht noch mehr Kontrolle, sondern der Mut, sich früh genug von Fall zu Fall mit den eigenen Anliegen zu Wort zu melden, könnte den inneren Stau ein Stück weit entlasten. Doch gerade ein Mensch, der sich zwingt, immer wieder auf andere Rücksicht zu nehmen, wird zu einer solchen Entlastung des eigenen Drucks schwerlich imstande sein.

In moralischer Sicht wird stets unterstellt, daß unsere Handlungen vom eigenen Ich aus, in Freiheit, gesteuert würden, und so scheint es natürlich ein leichtes, den erkannten Fehler in Zukunft zu meiden[27]. Leider sieht die Wirklichkeit anders aus: der Jähzorn entstammt nicht einer Fehleinstellung oder Schwäche des Ichs gegenüber seinen aggressiven Triebregungen, sondern der *Ohnmacht gegenüber dem* drakonischen Befehl seines *Überichs*. Solange jemand die eigenen Belange zugunsten eines anderen zurückstellt, weil er in seinem Ich davon überzeugt ist, ihm nur

auf diese Weise nützen und helfen zu können, wird ihn keinerlei Gefühl von Zorn und Ärger heimsuchen. Zum Vorbau des jähzornigen Erlebens hingegen gehört, daß die Selbsteinschränkung nicht vom Ich beschlossen, sondern vom Überich diktiert wird: es geschieht aus Pflichtgefühl, wenn die Mutter «nur für ihr Kind da sein» will, es entstammt nicht ihrer inneren Freiheit, sondern ihrer zwanghaften Icheinschränkung und Selbstunterdrückung, wenn sie dem Kind «sich ganz aufopfert», und so läßt sich bei aller Sorgfalt und moralischen Korrektheit das Gefühl nicht ausschalten, das dem Ich sagt, es werde nur immer wieder ausgebeutet und um sein Leben betrogen. Irgendwann, bei einem scheinbar nichtigen Anlaß, bevorzugt aber in Augenblicken, da irgendein Detail sich nicht so fügt, wie es das überstrapazierte Pflichtgefühl verlangt, bricht dieser angestaute Unmut sich Bahn und überschüttet mit der Eruptivkraft eines Vulkans wahllos die Nächststehenden – das eigene Kind mit Wahrscheinlichkeit am häufigsten und heftigsten. Eine Mutter, die in der Erziehung ihres Kindes gerade infolge ihres subjektiv übermühten guten Willens immer wieder zu unkontrollierten Jähzornsattacken neigt, erlebt die eigene Aggressivität nicht als ein Mittel, um sich durchzusetzen, sondern als einen Durchbruch von Affekten, die eine Stärke demonstrieren, die sie selber nicht besitzt: jeder der Anfälle ist so etwas wie *eine persönliche Niederlage.* Denn so wenig der Rückstau der eigenen Interessen vom Ich ausgeht, so wenig steht das

Ich der Mutter hinter ihren Strafaktionen; ihre eigene Persönlichkeit ist vielmehr eingekeilt zwischen der Zwangsunterdrückung des Überichs und der aufgestauten Triebdynamik des Es, die durch sinnvolle Kompromisse miteinander zu verbinden sie sich außerstande zeigt. Gleichwohl kann es *post festum* zu einer Art nachgereichter Rechtfertigung kommen, die subjektiv sogar recht glaubhaft scheinen mag. Genau besehen, ergeben sich die Anlässe zu geharnischten Schimpfkanonaden nämlich nicht allein aus einer sozusagen privaten Wut, sondern sie greifen an den Stellen und Inhalten ein, an denen es *in der Kindheit der Mutter selber bereits* Strafen regnete, und zwar so heftig, daß sich das kleine Ich des Kindes dagegen nicht zu wehren vermochte; es konnte die erlittene Gewalt nur als einen in sich nicht weiter verstehbaren Teil der Realität hinnehmen und in sich aufnehmen: So und nicht anders hatte man sich zu verhalten! Insofern tritt gerade bei besonders heftigen Jähzornsausbrüchen im Grunde weder das eigene Ich noch das eigene Es in Erscheinung, sondern es fährt lediglich *die Strafgewalt des eigenen Überichs,* wie eine drohend lastende Gewitterwolke, mit der Kraft eines Blitzstrahls auf diejenigen «Untaten» des Kindes hernieder, die am nachhaltigsten der eigenen elterlichen Zensur anheimfielen. M. a. W.: der Jähzorn der Mutter bildet nichts weiter als die Nachhallwirkung des Donnergrollens der eigenen Kindheit, und so entsteht das Paradox, daß ein Kind womöglich gerade dort, wo es buchstäblich am fühlbarsten und am meisten «handgreiflich» seiner Mutter zu begegnen meint, in Wahrheit gar nicht auf seine Mutter, sondern auf eine automatisierte, an sich unpersönliche Strafinstanz in seiner Mutter trifft.

Nur wenn man von derlei Brechungen ausgeht, kann man eine Merkwürdigkeit im Leben vieler Menschen verstehen, die sonst als ein unlösbares Rätsel erscheinen müßte: – den eigentümlichen Kontrast zwischen den oft äußerst kultivierten Strafzielen und den ausgesprochen unkultivierten Strafmethoden. «Meine Mutter», erzählte mir vor einer Weile eine Frau aus ihrer Kindheit, «konnte beim Essen im Restaurant oder bei Familienfeiern in größerem Rahmen vollkommen außer sich geraten, wenn ich mit Messer und Gabel zu ungeschickt verfuhr. Sie tobte dann wie wild, beschimpfte und erniedrigte mich und schien überhaupt nicht zu merken, wie sehr sie sich in den Augen der anderen mit ihren Unbeherrschtheiten blamierte.» Diese Frau schien tatsächlich nicht wahrzunehmen, daß sie den Worten nach eine Vornehmheit und Gebildetheit in ihre Tochter einpflanzen wollte, die sie in gewissem Sinne durch ihr eigenes Betragen widerlegte. Eine der unheimlichsten Tatsachen der menschlichen Kulturgeschichte besteht darin, daß alle Inhalte von Humanität und Zivilisation in einer Form tradiert und «angeeignet» werden können, die in ihrer unpersönlichen Äußerlichkeit bzw. in ihrer im Überich verinnerlichten Außenlenkung gerade das Gegenteil dessen bewirken müssen, was sie den Worten nach an Werten zu vermitteln

oder zu schützen vorgeben [28]. «Du hast es kaputt gemacht – du bekommst nichts», fährt eine Mutter ihr Kind an; und als dieses leise zu weinen beginnt, erklärt sie noch zusätzlich: «Du weißt doch: wenn du weinst, bekommst du gar nichts.» Zwei solcher Sätze können ein ganzes Menschenleben erdrosseln, belehren sie doch schon ein kleines Kind, daß eine Unachtsamkeit, ein vermeidbarer Fehler oder ganz einfach schon ein Malheur nicht wiedergutzumachende Folgen zeitigen kann und, schlimmer noch, daß jede Gefühsäußerung, die keine Zustimmung gegenüber der elterlichen Autorität enthält, *unterdrückt* werden muß: selbst das Weinen läßt sich verbieten oder umgekehrt: es läßt sich erlernen, daß nur derjenige zu etwas kommt, der all seine Gefühle, insbesondere seine Traurigkeit, wie etwas Strafwürdiges verdrängt. Am Ende ist die gesamte Moral nichts weiter als ein erzwungenes System der Außenanpassung, der Überlebensstrategie – ein Haufen toter Regeln, in denen es kein Ich gibt, das ihnen Sinn und Wert verleihen könnte [29].

Der Jähzorn insbesondere besteht förmlich aus diesem *Widerspruch zwischen Inhalt und Form,* zwischen Ich und Überich, analytisch gesprochen; er ergibt sich aus dem Konflikt zwischen einem pflichtbewußten, terroristischen Überich und einem an sich schwachen, kaum durchsetzungsfähigen Ich; und eben in dieser Widersprüchlichkeit bietet die Problematik des Jähzorns sich geradewegs als Exemplarfall für unsere These dar, daß die Moral, weit davon

entfernt, die menschlichen Konflikte zu lösen, so lange nur als ein strukturelles Teilmoment innerhalb der psychischen Zerrissenheit existiert, als es kein Ich gibt, das imstande wäre, von sich her die Inhalte des kulturellen Zusammenlebens mitzutragen und mitzugestalten [30].

Am meisten bei jedem «pädagogischen» Jähzornsanfall imponiert dem Außenstehenden zweifellos der extrem *regressive* Zug, mit dem hier absolut archaische Verhaltensweisen in den Dienst moralischer Unterweisungen gestellt werden. Der Jähzornige *schreit und brüllt,* ganz so als seien seine Worte erst von einer bestimmten Lautstärke an verstehbar; es geht aber gar nicht um das, *was* er sagt, er agiert im Grunde so primitiv wie im Tierreich, wo das lautstarke Knurren und Fauchen in sich bereits Argument genug ist, um zu zeigen, wer als Herr des «Hauses» (des Reviers) das Sagen hat [31]. Der Jähzornige *stampft mit dem Fuß,* schäumt mit dem Mund, er *schlägt* wahllos auf einen Wehrlosen ein, und er verteidigt in all dem wie ein Platzhirsch seinen «Standpunkt», indem er möchte, daß der andere sich augenblicklich vor ihm aus dem Staube macht [32]. Der Jähzornige ist, so besehen, *wie ein Tier mit menschlichem Anspruch;* aber wenn man verstehen will, warum er so handelt, so muß man in ihm einen Menschen erkennen, der selber als Kind schon kaum leben konnte, ein verschüchtertes Wesen, das wie ein gehorsamer, bissiger Hund gegenüber seinem (inneren) Herrn nur alles ganz richtig machen möchte.

Einzig so erklärt sich, daß eine Frau (oder ein Mann) als Mutter (oder als Vater) persönlich die Güte und Fürsorge selber sein kann, während sie (oder er) gleichzeitig mit unglaublicher Härte auf ihre (seine) Tochter einprügelt und die schlimmsten Strafen über sie verhängt; es sind buchstäblich *zwei* Seiten, *zwei Instanzen* in ein und demselben Menschen tätig, die nur mittelbar miteinander zu tun haben und die sich nicht selten sogar gegenseitig bekämpfen und behindern. Dieselbe Frau, die *als Person,* in ihrem Ich, gütig, bescheiden und verständnisvoll sein kann, vermag doch in ihrer Rolle *als Mutter,* in Dienst genommen von der Pflicht der Erziehung, von grausamer Strenge und despotischer Unduldsamkeit zu sein, und erst ein Blick in die eigene Kindheit kann zeigen, wie beides zusammenhängt: man sieht dann ein Kind vor sich, das selber mit drakonischen Strafen dazu gezwungen wurde, ganz «lieb» und «brav», «fügsam» und «aufmerksam», «fleißig» und «hilfsbereit» usw. zu werden, während es all dies doch nur lernen konnte um den Preis schwerer Ängste, die sich sogleich wiedermelden, wenn irgend etwas in dem Bereich der eigenen Verantwortung eintreten sollte, das sich von der gesetzten Norm zu entfernen droht.

Und all das steht in dem einen Satz: «Die Stiefmutter schlägt uns alle Tage, und wenn wir zu ihr kommen, stößt sie uns mit den Füßen fort»? Allerdings, wenn wir dem weiteren Gang des Märchens folgen: *Nichts* in dieser Geschichte läßt sich verstehen ohne den Hintergrund eines solchen Urwiderspruchs im Wesen der «Mutter» und «Stiefmutter» selbst, und wir werden noch sehen, wie vor allem gegen Ende des Märchens die Mutterschaft des «Schwesterchens» selber auf das deutlichste die angenommenen Konflikte der «Stiefmutter» wiederholen wird. Allerdings wird es nun wirklich die höchste Zeit, das Augenmerk endlich von der «Alten» weg dem «Schwesterchen» zuzuwenden. *Sein* Schicksal, nicht das seiner Mutter, ist ohne Zweifel das eigentliche Thema des Märchens, wenngleich sich bereits gezeigt haben dürfte, daß nichts im Leben dieses Kindes sich ohne den «dämonischen» Einfluß seiner wahrhaft hexenartigen «Stiefmutter» zu gestalten vermag.

Wie wird ein Kind, ein Mädchen zumal, auf die Gestalt einer Mutter antworten, die sich derart widersprüchlich darbietet wie die «Stiefmutter» in dem Märchen von «Brüderchen und Schwesterchen»? Das ist jetzt die Frage, zu deren Beantwortung wir einer Ergänzung bedürfen. Wir haben in der Schilderung des mütterlichen Jähzorns ein Problem noch außer acht gelassen, das den abstrakten Begriff der Verantwortung mit den konkreten Inhalten der einzelnen Aggressionsanlässe gefühlsmäßig verbindet: *das Problem der spezifischen Angst.* Die Mutter würde nicht immer wieder mit ihrem Verantwortungsgefühl sich auf den Plan gerufen wähnen, wenn sie nicht von Fall zu Fall *in Angst* um ihre Tochter versetzt würde. Es beunruhigt und bedrückt sie, daß sie ihre Tochter vor den Gefährdungen des Lebens niemals endgültig zu schützen vermag, denn sie empfindet es als die Pflicht einer guten Mutter, unter allen Umständen dafür zu sorgen, daß dem Kind kein vermeidbares Unheil zustößt; und so kommt es, daß sie auf jede drohende Gefährdung ihres Kindes mit einer geradezu panischen Angst reagiert. Diese Angst, wohlgemerkt, gilt nicht eigentlich dem Wohl der Tochter, sie richtet sich vielmehr auf das Bemühen, *den drohenden Vorwürfen des eigenen Überichs* mit allen Kräften zuvorzukommen. Es ist *der narzißtische Zug* dieser Angst, der das Bemühen, nur ja eine gute Mutter zu sein, schließlich in das Gehabe der «Stiefmutter» deformiert: am Ende steht eine Frau vor uns, die in dem Bestreben, gegenüber ihrer Tochter *niemals* schuldig zu werden, in Wahrheit ihrem Kinde *alles* schuldig bleibt, und es ist *die Angst vor den Strafen des eigenen Gewissens,* die eine an sich über die Maßen gewissenhafte Mutter so gewissen- und bedenkenlos in ihren Strafaktionen auftreten lassen kann.

An sich, wenn es so steht, vermag natürlich alles mögliche die Pflichtangst einer solchen Mutter zu erzeugen: das Kind ist krank, es ißt nicht genug, es bleibt in der Schule zurück, es geht draußen auf der Straße spielen, es drängt sich in die Nähe zweifelhafter Freunde – im Grunde genügt es, daß die Mutter die jeweilige Situation nicht genau genug zu *kontrollieren* vermag, um die entsprechenden Angst- und Zornreaktionen in ihr wachzurufen. Und doch mag das mühsam zusammengehaltene Geflecht von Aufsicht und Vorsorge in der frühen Kindheit und Jugend noch einigermaßen zuverlässig und zusammenhängend funktionieren; an sein gewaltsames *Ende* gelangt dieses Arrangement unfehlbar bei Eintritt der Tochter in die Pubertät, und dieser Augenblick ist es denn auch, an dem unser Märchen mit seiner Erzählung beginnt.

Glücklich möchte man manchmal *die Tiere* preisen, schon deshalb, weil viele von ihnen rein instinktiv über bestimmte Verfahren verfügen, um nach einer gewissen Zeit die Jungtiere von den Eltern zu trennen[33]. Von den nordamerikanischen *Grizzlys* weiß man, daß sie ihre Jungen mit Bärengeduld aufziehen. In Augenblicken der Gefahr schicken sie die Jungtiere auf die Bäume und lassen sie dort oben so lange warten, bis die Luft wieder rein ist; es kommt aber der Tag, an dem die Elterntiere ihre Kleinen ohne Not in die Baumwipfel treiben und einfach fortgehen; die Jungtiere warten einen Tag, eine Nacht lang auf die Rückkehr der Alten – umsonst; der Hunger schließlich holt sie auf die Erde herunter, auf daß sie selber sich ihre Nahrung suchen und zeigen, ob aus ihnen erwachsene Bären geworden sind. Die *Schwäne* tragen ihre graubraunen Jungen voll Stolz wochenlang auf dem Rücken umher; sie sind schier entsetzt, wenn diese winzigen Federbälge unter ihren Augen einfach im Wasser untertauchen und für Sekunden verschwinden; sie geben ihnen Geleit und Schutz gegen reißende Strömungen, und sie verteidigen sie mit ihren mächtigen Flügeln gegen allzu neugierige Spaziergänger im Stadtpark. Doch eines Tages werden die alten Schwäne mit kräftigen Flügelschlägen die Jungen von ihrem See vertreiben, daß sie selbst auf die Suche gehen, wo sie Brutplätze finden für die Aufzucht eigener Jungen. Ganz anders in dem Märchen von *«Brüderchen und Schwesterchen»*.

Gerade wer in gewissem Sinne ein wirkliches Zuhause nie kennengelernt hat, wird sich doch immer wieder am heftigsten dahin zurücksehnen; die Angst vor den eigenen Eltern weitet sich in seinen Augen zur Angst vor der ganzen Welt, und so wird er gerade dort seine Zuflucht suchen, wo objektiv am wenigsten Zuflucht bestand[34]. Man hat in grausamen, leider immer noch nicht gesetzlich verbotenen Versuchen mit Mäusen durch Stromstöße Tiere dressiert, die ihren eigentlichen Schutzraum, *das Dunkel,* zu fürchten begannen und schließlich aus lauter Angst dort Unterschlupf suchten, wo objektiv wirklich Gefahr für sie lauert: in den *hellen* Flächen, auf denen sie jedem Beutegreifer weithin sichtbar sind[35]. Eine solche *Umkehrung der Fluchtrichtung* aus Angst gerade in die Zonen der objektiv größten Gefahr bestimmt die Psychodynamik fast aller seelisch Leidenden: sie hängen sich mit allen Kräften an das, was sie unweigerlich immer von neuem enttäuschen und quälen wird, und sie meiden aus Angst vor Enttäuschung gerade diejenigen Beziehungen und Möglichkeiten, an denen sich ihre unglückseligen Erfahrungen endlich zum Guten wenden könnten. – Insofern ist es unendlich viel wert, daß in dem Grimmschen Märchen das «Brüderchen» sein «Schwesterchen» davon überzeugt, dem unerträglich gewordenen Leben im Hause der «Stiefmutter» den Rücken zu kehren und buchstäblich das Weite zu suchen. Alles, was Märchen als Entscheidungen im Verlauf von Stunden und Tagen berichten, wird man im wirklichen Leben sich *zeitzerdehnt,* als einen Prozeß von Monaten und Jahren vorstellen müssen[36]. Es ist offenbar jetzt, zu Beginn der Pubertät, für das «Schwesterchen» eine Lage entstanden, in der es seine Mutter endgültig nur noch als «Stiefmutter» erlebt – als chronisch zurückweisend, schimpfend, schlagend, tretend, verbietend. Das «Schwesterchen» selber scheint dabei durchaus nicht zu ahnen, daß der «Tod» seiner Mutter bzw. deren Verwandlung in die «Stiefmutter» einfach damit zusammenhängt, daß es jetzt deutlich vom Mädchen zur Frau zu reifen beginnt, ja, daß es dieser Wandel des eigenen Wesens ist, der die Mutter selber derart verwandelt.

Kein Kind wird jemals begreifen, daß es schon Strafe dafür verdient, erwachsen zu werden und als Frau heranzureifen; und doch kann es unter bestimmten Voraussetzungen bereits wie ein Vergehen erscheinen, insbesondere in der sexuellen Entwicklung auf der Stufe kindlicher Unschuld *nicht* stehengeblieben zu sein. Mehr oder minder ausgesprochen, kann ein Mädchen, kaum 12 oder 13 Jahre alt geworden, in aller Schärfe zu spüren bekommen, daß die Mutter es ablehnt und haßt einfach dafür, kein Kind mehr zu sein. Noch nach vielen Jahren wissen sich Frauen daran zu erinnern, wie es ihnen damals erging – beim

Einkauf der Wäsche und Kleidung, beim Zurechtmachen im Bad, beim Ausgehen zum Tanzen, ins Kino, zur Einladung einer Freundin: stets stand die Mutter dahinter und bekämpfte ihre Tochter wegen ihres vermeintlich liederlichen, häßlichen, hochmütigen, aufreizenden und herausfordernden Äußeren. Vielen Frauen, vor allem solchen, die wirklich sehr schön sind, steht es noch heute fest, daß sie seit eh und je dreinschauen wie Vogelscheuchen. Sie merken kaum, wie sehr die massiven Gefühle von Selbsthaß und Selbstablehnung ihren Grund in den jahrelangen Verurteilungen und Totalabwertungen ihrer Mutter haben[37], die in ihrer Tochter zwei ganz verschiedene, einander vollkommen entgegengesetzte Ziele durchzusetzen suchte. Die «gute» Mutter wäre eigentlich erfreut gewesen über die aufblühende, zusehend auffallende Schönheit und Weiblichkeit ihrer Tochter, und sie persönlich hätte gerne alles getan, diese Seite nach Möglichkeit zu fördern; in ihrem Überich aber, entsprechend ihren Vorstellungen von Sittsamkeit und Anstand, brach, je erfolgreicher sie in ihren Bemühungen wurde, jetzt umso mehr die Befürchtung aus, die Tochter könnte den Gefahren der eigenen Anmut sowie dem Andrang der eigenen Antriebe wehrlos erliegen, und so begann sie, zu tadeln, was sie loben, und zu bestrafen, was sie stärken hätte mögen.

Wäre der Konflikt *vom Ich her* zu formulieren gewesen, so hätte die Mutter sagen müssen: «Ich bewundere Dich und bin richtig glücklich, Maria, wie schön Du bist. Aber ich bin mir sicher, daß ich nicht die einzige bin, die das sehen wird. Paß auf Dich auf und sei nicht gar so leichtsinnig.» Eine solche Warnung hätte die Tochter als Kompliment verstehen können, und sie hätte gelernt, daß sie mit ihrem Wesen etwas Kostbares und Schützenswertes darstellt, das es nicht leichtfertig zu vertun gilt. In der Sprache des Überichs aber mußte ein solcher mütterlich gemeinter Ratschlag in eine stiefmütterliche Verhexung sich wandeln, die darauf abzielte, der Tochter durch den Ruin ihres Selbstvertrauens *sicher* zu bleiben, und als das geeignete Mittel dazu durfte die doppelte Verschiebung: von ästhetischer Wertschätzung in moralischen Vorwurf und dann wieder vom moralischen Vorwurf zur ästhetischen Abwertung gelten[38]. Im Originalton hörte sich das etwa so an: «Wie du schon wieder aussiehst! Wirf Deine Haare nicht so wild in den Nacken. Guck nicht so herausfordernd drein! In dem Pullover hält Dich jeder für eine Schlampe. Wie Du nur gehst – schlimmer als auf dem Laufsteg.» Es gibt am Ende kein Kleidungsstück, keine Bewegungsart, keine Geste, die von der «Stiefmutter» nicht als ganz «unmöglich», als «unerträglich» und «einfach schrecklich» hingestellt würde, mit dem Ergebnis, daß die Tochter in ihrem Urteilsvermögen sich selbst gegenüber sich zunehmend irritiert und verunsichert fühlt und sie sich erneut umso verzweifelter an gerade die Instanz um Bestätigung und Anerkennung wenden wird, von der die Erschütterung jeglichen Selbstwertgefühls ihren Anfang nahm: an die eigene Mutter. Unvermeidbar kommt es so auf seiten der Tochter wie der Mutter zur *Ausbildung eines doppelten Teufelskreises,* den wir wie folgt kennzeichnen können.

Zum einen: Um die quälenden Minderwertigkeitsgefühle auszugleichen, die sie sich selber als heranwachsender Frau entgegenbringt, wird die Tochter geneigt sein, ihren Einsatz an Koketterie und Kontaktsuche, an Werbeverhalten und äußerem Charme nach Möglichkeit noch zu steigern; an Verehrern und Bewerbern wird sie vermutlich keinen Mangel leiden, und doch wird ein jeder mit seinen Annäherungsversuchen auf eine unsichtbare Trennwand abwehrender Angst treffen: Es steht trotz allen Bemühens einem solchen Mädchen eigentlich doch bereits fest, daß niemand es wirklich mögen könnte, und so nimmt es aus *Angst vor Enttäuschung* den Mißerfolg stets schon vorweg, indem es sich ihn selbst bereitet, ganz so als sei es immer noch leichter erträglich, sich selbst zu enttäuschen, als von einem anderen enttäuscht zu werden. Es ist die ständige Angst vor dem für unmöglich gehaltenen «Erfolg», die jeden wirklichen Erfolg verhindert[39]. Hernach freilich hebt jedesmal der melancholische Kampf gegen die drohende Verzweiflung an, und es beginnt wieder das Betteln und Flehen um Anerkennung mit allen nur denkbaren Mitteln einer sich entfaltenden Weiblichkeit; statt sich selber zu mögen, hat ein solches Mädchen gelernt, auf Sein oder Nichtsein alle anderen ringsum zu fragen, was es in ihren Augen wert ist, und auf der anderen Seite hat es gelernt, jedes Lob, jedes aufmunternde Angeblicktwerden, jeden Zuruf eines Jungen gerade nicht als Bestätigung, sondern als Beweis der Verachtung, ja als Bestätigung seiner *Verächtlichkeit* zu verbuchen. In all dem aber wird ihm nur selten bewußt werden, daß es mit diesem Programm der Zerstörung von Nähe und Zärtlichkeit im Grunde die aufsässigbrave Tochter seiner (Stief-)Mutter bleibt und in Wirklichkeit auf das genaueste dem mütterlichen Verbot jedes näheren Kontaktes mit einem Jungen oder einem Manne nachkommt.

Zum anderen kann jedoch auch die Mutter über ihren Erfolg nicht glücklich sein. Zwar hat sie die entschwindende Macht über ihre Tochter durch die erzwungene Ohnmacht des Kindes scheinbar zurückgewonnen, aber auch sie wird nur sehr begrenzt bemerken, daß sie mit ihren pflichtgemäßen Verfälschungen und Verbiegungen selber die Ursache für die immer wieder überschießenden mädchenhaften Kompensationsversuche der Tochter darstellt; weit eher wird sie geneigt sein, in den Ausbruchsversuchen des Mädchens den manifesten Beleg für seinen schlechten Charakter und sein obstinates Wesen zu erkennen, dem es mit Nachdruck zu steuern und entgegenzuwirken gilt. Je verzweifelter daher das Mädchen versuchen wird, die (stief-)mütterlichen Abwertungen zu widerlegen, desto sicherer wird es diese provozieren, und beide, Mutter und Tochter, werden keine Chance haben, diese «Verhextheit» aller Beziehungen zu durchbrechen. Die entscheidende Erkenntnis müßte lauten, daß das «Schwesterchen» ganz zu Recht nach einer Liebe sucht, die es auch als heranreifende Frau meinen und gelten lassen würde, denn erst wenn es eine solche umfassende, in gewissem Sinne vorbehaltlose Akzeptation erleben könnte, vermöchte es seine Bemühungen um die Gunst eines anderen entkrampft und entängstigt genug zu gestalten, um auch den erwachenden *sexuellen* Anteil seiner Beziehungen in einer relativ harmonischen Form anzunehmen und zuzulassen; so aber ist es gerade die Sexualität, um derentwillen die (Stief-)Mutter ihre Tochter in Ungeduld und Heftigkeit mit Liebesentzug, ja mit aggressiver Lieblosigkeit bestraft, und gerade das wieder muß dazu führen, daß besonders die Sexualität von der Heranwachsenden als das Hauptmittel eingesetzt wird, um die schmerzlich vermißte Liebe der Mutter *anderweitig* zu suchen – ein Kreislauf des Scheiterns zwischen Mutter und Tochter, der beide wechselseitig in einer *Beziehungsfalle* gefangenhält, die sich schematisch in etwa auf diese Weise darstellen läßt:

Mutter → Tochter

Ich liebe dich nicht, weil du schön bist.

Du bist nicht schön, und niemand hat dich lieb.

Ich hasse dich (denn du machst mir Angst, ich könnte auf dich nicht genügend aufgepaßt haben).

Tochter → Mutter

Ich möchte schön sein, um geliebt zu werden.

Ich muß mich besonders schön machen, um doch noch geliebt zu werden.

Ich möchte geliebt werden, aber ich kann doch niemandem glauben, daß er mich lieben könnte (deshalb suche ich ständig nach einer Nähe, die ich zugleich fliehe, um nicht enttäuscht zu werden).

(Stief-)Mutter und Tochter richten sich auf diese Weise in einem unglückseligen Gemisch aus wechselseitig unverständlichen Strafaktionen und Frustrationen ein, wobei die Tochter die Mutter und die Mutter die Tochter für buchstäblich *böse* hält: Die Tochter versteht nicht, daß die «böse» Mutter im Grunde aus angstbesetzter Fürsorge und Hilflosigkeit so verzweifelt und willkürlich um sich schlägt, und die Mutter versteht nicht, daß ihre Tochter nur deshalb so liebeheischend und anlehnungsbedürftig sich gibt, weil sie im Grunde jegliches Selbstvertrauen verloren hat, und beide leiden, ohne es zu wissen, an einer ständigen Widersprüchlichkeit infolge einer *Angstmoral*, die insbesondere das Wesen der Mutter zwischen Ich und Überich, zwischen Mutter und Stiefmutter, zwischen Fürsorge und Verstörung zerspaltet. Unter diesen Umständen kann es nicht ausbleiben, daß *die innere Zerrissenheit der Mutter* sich in der *Zwiespältigkeit der Tochter* fortsetzt, und damit eigentlich beginnt das merkwürdige *Zwiegespräch* zwischen dem «Schwesterchen» und seinem «Brüderchen».

Bisher könnte ein Einwand gegen unsere Deutung des Märchens lauten, daß wir die Gestalt der «Stiefmutter» ganz entgegen dem Wortlaut des Märchens durch Einführung von phantastischen Hypothesen viel zu positiv gezeichnet hätten; vor allem von den ursprünglich wohlmeinenden Zügen der «Stiefmutter» erzähle das Märchen gar nichts. Ein solcher Einwand träfe formal wohl zu, er griffe psychologisch aber ins Leere. Psychologisch gesehen, hängt alles davon ab, den «Tod» der «guten» Mutter in der Einleitung des Märchens *als eine Erinnerung* oder, besser, *als ein verborgenes Wissen* um die andere Seite ein und derselben Frau zu verstehen, die beides gleichzeitig und in eins ist: Mutter *und* Hexe bzw. Mutter *als* Hexe und Hexe als Mutter; und dieser Gegensatz ist nicht anders begründbar als durch das angegebene Gegenspiel zweier psychischer Instanzen in ein und derselben Person – als durch den *Kontrast zwischen Ich und Überich,* zwischen persönlich gutem Willen und moralisch diktierter Starre, zwischen liebevoller Sorge und einer oft genug grausamen Strenge. Ohne diese Voraussetzung wäre vor allem *die Spaltung der Persönlichkeit* nicht verständlich, die in der Gestalt des «Schwesterchens» und des «Brüderchens» dem Märchen den Titel geliehen hat. Um es so zu sagen: Im Schatten einer Mutter, die nur «böse»: verbietend und strafend, schimpfend und schlagend

auf ihre Tochter einzuwirken sucht, könnte allenfalls ein Kind heranwachsen, wie wir es in dem Wesen des «Schwesterchens» antreffen, ein verschüchtertes, scheues, selbstunsicheres, haltsuchendes, angsterfülltes, von unsäglicher Traurigkeit und Einsamkeit gezeichnetes Mädchen, das jeden Tag mehrmals vor den Spiegel treten muß, um sich die Tränen aus den Augen zu wischen und um zu vermeiden, daß jemand bemerken könnte, wie es unter dem Schleier äußerer Wohlangepaßtheit und Heiterkeit innerlich leidet. Ein solches «Schwesterchen» wird unter dem Druck der Jähzornsattacken seiner (Stief-)Mutter sich selber immer wieder den heftigsten Anfällen von Gefühlen einer abgrundtiefen Verlassenheit ausgesetzt sehen; doch zu wem könnte oder dürfte es von seinen Erlebnissen *sprechen?* Allen anderen wird die «Stiefmutter» nicht zu Unrecht als eine vorbildliche Frau erscheinen, die auf mustergültige Weise ihre Tochter erzieht, und alle Leute werden sie loben, daß es ihr vergönnt ist, eine derart *liebe und schöne Tochter* zu haben. Niemand will wissen und niemand wird jemals wissen, was für eine Tragödie sich in Wirklichkeit in der Seele eines solchen «Schwesterchens» abspielt. Doch das Mädchen, dessen Geschichte das Grimmsche Märchen uns schildert, ist niemals nur einfach das «Schwesterchen»; es ist, spätestens vom Einbruch der Pubertät an, zugleich stets auch sein eigenes Gegenbild in der Gestalt seines *«Brüderchens»,* und dessen so grundverschiedenes Wesen hätte niemals den Mut, sich selbst zu

vollziehen, gäbe es inmitten des Ozeans der Tränen im Erleben des «Schwesterchens» nicht immer wieder korallene Inseln des Glücks in den üppigen Gestalten einer exotischen Fülle und Schönheit, versteckte Lagunen traumnaher Nächte, in denen das *mildere* Dasein der Mutter die bizarren Gebilde verborgenen Lebens wie in Meerestiefen geformt hat. In dem «Brüderchen» spricht jene Seite des Mädchens sich aus, in welcher die Ahnung von Liebe und Leben nie gänzlich erloschen ist, und sie *kann* nur gewachsen sein im Gedenken an die «verstorbene» *«gute»* Mutter, die trotz allem *auch* existiert – existiert haben *muß.* Allerdings trifft es zu, daß diese «gute», nicht nur wohl*meinende,* sondern auch wohl*tuende* Weise der Mutter mit Beginn der Pubertät vollkommen zurückgetreten ist, und so begibt sich jetzt die entscheidende Wende, daß in dem heranwachsenden Mädchen gerade diejenigen Kräfte, die den Erfahrungen mit der «guten» Mutter entstammen, am heftigsten in den Widerspruch zu der «Stiefmutter» treten und endgültig zu Aufbruch und Abschied mahnen. Denn dies scheint ganz sicher: an der Seite der (Stief-)Mutter ist auf die Dauer kein Leben mehr möglich.

In dem «Brüderchen» verkörpert sich mithin der Bereich, den man in der Sprache C. G. JUNGS als *animus*[40] bezeichnen könnte: in ihm tritt derjenige Anteil in der Seele einer Frau zutage, der nach außen drängt und erobern will, der zupacken möchte und auf die Bewältigung der äußeren Realität gerichtet ist, der in gewissem Sinne die «männliche», aktive Seite umschließt. Man darf jedoch im Kontext des Grimmschen Märchens sich nicht einfach mit der Verwendung einer bestimmten Terminologie beruhigen; man muß vielmehr sehen, daß die Gestalt des «Brüderchens» selber das Ergebnis einer Ichspaltung darstellt, mit welcher das «Schwesterchen» auf die Zerspaltenheit und Widersprüchlichkeit im Erleben seiner Mutter bzw. Stiefmutter zu antworten sucht. Wohl lebt in dem «Brüderchen» noch so etwas fort wie ein Lebensmut, der trotz allem nicht gänzlich zerstört ist; doch klingt es weit eher nach dem Mut der Verzweiflung als nach Aufbruch und Eroberung, wenn wir das «Brüderchen» zur *Flucht* aus dem Hause der «Stiefmutter» mahnen hören.

Was soll auch das «Schwesterchen» anderes tun? – Es ist endgültig ein Lebensabschnitt zu Ende, in welchem die Suche nach der (verlorenen) Mutter noch irgendwie sinnvoll erscheinen konnte; was von der «Mutter» in den Augen der Heranwachsenden übriggeblieben ist, kommt inzwischen einer dämonischen Travestie der «Mutter» gleich, und bereits die Unerträglichkeit des Zusammenlebens erzwingt die zögernde, traurerverschattete Flucht in die Welt; und diese Gefühlslage gilt es, genauer zu beschreiben.

Solange wir von dem «Brüderchen» als von dem *«animus»* des «Schwesterchens» sprechen, müssen wir eigentlich eine Abspaltung annehmen, die sich «lediglich» im Hintergrund der *«persona»*, der Form der Außenanpassung, aus dem verdrängten bzw. als unbrauchbar

liegengebliebenen psychischen Material aufbaut[41]; die Dynamik, die sich aus solchen Abspaltungsvorgängen in der Tiefe des Unbewußten ergibt, kann so energiereich, gefährlich und furchtbar sein wie die Bewegungen des glutflüssigen Magmas im oberen Erdmantel, aber sie wird nicht in einer derart bewußtseinsnahen Zwiespältigkeit und Traurigkeit erlebt, wie wir es bei dem «Schwesterchen» antreffen. – D. h., genaugenommen dürfen wir fortan eigentlich auch nicht mehr von dem *«Schwesterchen»* sprechen, sondern es handelt sich offenbar bei dem «Brüderchen» *und* dem «Schwesterchen» um die zwei gegensätzlichen Seiten des Ichs ein und desselben Mädchens, das auf dem Weg, eine Frau zu werden, zwischen Angst und Aufbruch, zwischen Klammern und Klettern, zwischen den regressiven und den progressiven Strebungen in seiner Seele hin- und hergerissen wird. Und selbst diese Darstellung trifft noch nicht wirklich den Kern; denn es geht in der Grimmschen Erzählung nicht um ein Mädchen, das gewissermaßen zwischen zwei gleich starken Antrieben zu wählen hätte und lediglich nicht wüßte, wohin es sich wenden sollte, es geht weit eher um die Beschreibung eines vollendeten Dilemmas: Zwischen der Angst vor der (Stief-)Mutter und der Angst vor der Welt draußen weiß dieses Mädchen nicht ein noch aus – *das* ist die bittere Tragödie, mit der dieses Märchen beginnt; und was das «Brüderchen» spricht, ist nicht der Ratschlag einer höheren Einsicht als vielmehr die unausweichliche Folgerung aus einer unhalt-

bar gewordenen Lage. Auch das «Brüderchen» weiß eigentlich nicht weiter, es weist als Ausweg nur in die Richtung einer *Flucht ohne Ziel,* eines planlosen Exodus, eines Weggangs, ohne zu wissen, wohin. Und die einzigen Wegbegleiter sind dementsprechend der «Jammer» und der «Hunger» sowie die betrübliche Erinnerung an die «gute Mutter», die von alledem nichts weiß, da sie «tot» ist. Selbst wenn hier die Rede von *Gott* geht, so nur mit dem hörbaren Unterton einer wehklagenden Hoffnungslosigkeit, als wäre dort droben, in einer anderen Welt, doch jemand, der alles versteht, der aber zu fern scheint, um helfend zur Seite zu stehen. Eine Religiosität dieser Art ist wie ein Versuch, im Himmel zu finden, was sich auf Erden verweigert, ein «Glauben ohne Hoffnung», wie WILLIAM FAULKNER es einmal genannt hat[42], ein Warten auf nichts, nur ein stummes Gebet.

Nicht selten im Verlauf einer Psychotherapie erzählen Frauen, wie sie die Phase der Loslösung von ihrer Mutter in den entscheidenden Jahren der Jugend auf eine Weise erlebten, die ganz dem Märchen von *Brüderchen und Schwesterchen* entspricht. Sie hingen im Grunde sehr an ihrer Mutter, die sie immer wieder zwischen einer bestimmten Art von Überfürsorge und Einschüchterung hin- und herriß; auf der anderen Seite aber spürten sie auch deutlich, daß in ihrem Elternhause auf die Dauer kein «Auskommen» möglich war. Kein Entwicklungsschritt im Leben solcher Mädchen gelang im Grunde «freiwillig», sondern er vollzog sich jeweils nur unter dem massiven Druck von mütterlichem Zorn und Unwillen – gegen eine Angst, die immer wieder rückwärts haltsuchend ihre Arme ausstreckte. Manche dieser Mädchen flohen schließlich von den Eltern weg an einen Studienort, andere versuchten, sich in ihrem Beruf freizuschwimmen, andere warfen sich in die Arme eines Jungen, und schon aus lauter Ärger über die Wesensart der eigenen (Stief-)Mutter würden die meisten von ihnen es heute noch für ganz unsinnig halten, wenn man ihnen sagte, sie seien in gewissem Sinne nach wie vor von gerade dieser Frau, der ihre größte Fluchtanstrengung galt, niemals recht losgekommen. Tatsächlich haben viele Frauen, besonders solche, die unter großen Anstrengungen sich finanziell durch Ausbildung und Arbeit vom Elternhaus unabhängig zu machen suchten, subjektiv damals den Eindruck gewonnen, endlich «alles», die ganze Kindheit, hinter sich gelassen und ein ganz neues Leben begonnen zu haben; sie würden gereizt und verdrossen antworten, wollte man ihnen erklären, daß sie innerlich im Grunde unverändert von ihrer Mutter abhängig geblieben seien, haben sie doch wirklich in ihrem Bewußtsein alles getan, um sich aus der Bindung an ihre Mutter zu lösen. Und doch gibt es ein deutliches Indiz, das damals wie heute eine ganz eindeutige Sprache redet: die schier unendliche Traurigkeit, die das «Schwesterchen» und das «Brüderchen» (d. h. *das heranwachsende Mädchen in diesen beiden auseinanderfallenden Seiten*) auf ihrem Weg in die Welt begleitet.

Nicht viele Menschen werden verstehen, wie es den «Schwesterchen» unter den Frauen, den «Brüderchen» unter den Männern ergeht, wenn sie auf ihrer Flucht in die Welt, unter einem regenverhangenen Himmel, das Gefühl haben müssen: «Gott und unsere Herzen, die weinen zusammen!» Für die meisten Menschen wird Traurigkeit nicht *mehr* zu bedeuten haben als ein momentanes, situativ bedingtes Erleben, das durch bestimmte Gründe verursacht ist und mit dem Verschwinden dieser Gründe selbst sein Ende nimmt, oder, noch einfacher, sie nehmen «Traurigkeit» für eine Art vorübergehender Wetterfühligkeit oder für eine Erschöpfungsreaktion auf zuviel Streß und Arbeit. Frauen (und Männer) aber, wie sie das Grimmsche Märchen beschreibt, erleben die Traurigkeit durchaus nicht mehr nur als einen sich wandelnden Zustand, sondern als eine endgültige Schicksalsbestimmung, als ein «Verhängnis» im wörtlichen Sinne; für sie hat sich die «Traurigkeit» in ein Weltgefühl verwandelt, das von jedem Detail des irdischen Lebens bestätigend und belastend auf sie zurückkommt[43]. Es ist, als sei die Schwermut zu einer objektiven Qualität der Dinge selbst geworden, als sei sie ihre Seele und innere Wirklichkeit, die nur darauf warte, von entsprechend sensiblen Menschen endlich als ihre verborgene Wahrheit entdeckt zu werden. In solchen Zuständen fühlt ein Mensch gewissermaßen nicht mehr sich selber, sondern er fühlt nur die Allmacht der Umstände und Gegenstände ringsum, die von seiner Ohnmacht Besitz zu ergreifen drohen, und er lebt in ihnen, ohne noch merken zu können, daß er es selber ist, der sie mit seinem Empfinden begabt und belebt. Der Hauptinhalt einer solchen Trauer entstammt dem, was die Psychoanalyse als «Objektverlust» bezeichnet[44]: Es ist ein Gefühl, als sei das eigene Innere wie leergeräumt; man weiß nicht mehr, *wer* man selber ist und *woran* man mit sich selber ist, jetzt, nachdem diejenige Person sich entfernt hat, die bisher den ganzen Halt und Inhalt des eigenen Lebens «ausmachte». Lediglich ein Erinnerungsnachbild der alten Muttersehnsucht scheint noch in Gestalt «Gottes» zu existieren, der wie ein Gefährte des Unglücks das eigene Weinen begleitet – in ihm lebt offenbar die Sehnsucht bzw. die Erfahrung jener «guten» Mutter fort, die es einmal im Leben des Kindes gab, ehe die «Stiefmutter» die Oberhand gewann[45].

Es bliebe tiefenpsychologisch nun freilich zu kurz gedacht, den bitteren Verlust der «guten» Mutter für die *einzige* Quelle der Traurigkeit des «Schwesterchens» zu halten. Mindestens ebenso stark wie *der Inhalt* des Gefühls dieser weltweit sich dehnenden Melancholie muß *die Verarbeitungsweise der bestehenden Konflikte* selbst sich auswirken. Wir hören, wie sehr das «Brüderchen» sich von der «Stiefmutter» mißhandelt und drangsaliert fühlt, als wie ungerecht es ihre Behandlung empfindet und wie hilflos es sich diesem Gebaren ausgeliefert sieht; mit keinem Wort aber hören wir etwas von wirklichen «Auseinandersetzungen» – von Rede und Widerrede, von dem Versuch wenigstens einer Verteidigung und Rechtfertigung. In der Biographie eines Mädchens, dessen Seele am Anfang der Pubertät nach dem Vorbild der Grimmschen Erzählung in die Gestalt eines «Brüderchens» und eines «Schwesterchens» zerfällt, muß man sich vorstellen, daß die «Mutter» mit ihrer strafgewaltigen, jähzornigen Autorität jede Entwicklung eines eigenen, «egoistischen» Wollens oder gar der Ichstärke einer einigermaßen resoluten Widerstandsfähigkeit sehr früh schon im Keim erdrückt hat. Ein Mädchen im Umkreis einer solchen Erziehung wird einem äußeren Beobachter vermutlich als ungewöhnlich «brav» erscheinen. Tatsächlich aber verbirgt sich hinter dieser Bravheit eine schwere Erschütterung des Selbstbewußtseins und des Selbstvertrauens eines solchen Kindes[46]. «Jähzorn» der «Mutter» – das bedeutet ja nicht nur, daß die Mutter ab und zu aus der Haut fährt und danach «alles» wieder gut ist; es bedeutet ganz im Gegenteil, daß einem Kind die Erde, auf der es lebt, nach und nach unheimlich wird: Nie kann es wissen, wann das Erdbeben des gestrigen Tages wiederkehren wird[47]! Vor allem: es muß unentwegt mit gespannter Aufmerksamkeit herauszufinden suchen, inwieweit es selbst an dem «Erdbeben» schuldig war, wie es also womöglich beim nächsten Mal durch besondere «Bravheit» eine neuerliche Katastrophe vermeiden könnte. Es gab in der Antike Völker, die den Göttern der Erde, um sie zu versöhnen, blutige Opfer darbrachten[48]; nicht anders wird ein Mädchen, das unter den unvorhersehbaren «Erdstößen» seiner

Mutter immer wieder in Angst und Schrecken versetzt wird, bereit sein, alles nur Erdenkliche zu tun und vor allem: alles nur Erdenkliche *zu opfern,* wenn sich dadurch nur ein neuerlicher Wutausbruch der Mutter verhindern läßt. Zum Wesen eines solchen «Schwesterchens» gehört eine Gehorsamsbereitschaft gleich einem Blatt, das gelernt hat, sich in jeden Windhauch zu fügen, um dem drohenden Sturm keine Angriffsfläche zu bieten; es gehört dazu eine Aufmerksamkeitslenkung, die immer mehr von den eigenen Interessen weg auf die Frage gerichtet wird, was *in der Mutter* vor sich geht, was *sie* meint und will, und wie es sich ergründen läßt, am besten, noch ehe die Mutter es selber mitteilen muß. Insofern gehört zu der Erlebnisweise eines «Schwesterchens» die fast selbstverständliche Grundhaltung, daß es so gut wie ausgeschlossen ist, mit eigener Kraft für sich selbst, für das eigene Glück etwas zu dürfen, ja, daß es vollkommen unmöglich ist, so etwas wie ein eigenes Recht zu beanspruchen oder auch nur zu glauben, daß man über eigene Rechte und Bedürfnisse gegenüber dem Leben verfüge – verfügen *dürfe.* Doch eben diese *prinzipielle Rechtlosigkeit,* dieses Gefühl, daß es am besten sei, niemals etwas als sein eigen zu betrachten, weil es einem ohnedies plötzlich und unverhofft wieder weggenommen werden könnte, diese *Schutzarmut aus Angst* vor der jederzeit drohenden Enttäuschung wird immer wieder auch in späteren Jahren einbruchartig, in heftigen depressiven Anfällen (parallel zu den

Jähzornsattacken der Mutter in der frühen Kindheit) erlebt werden, in Form von Weinkrämpfen und plötzlichen Trauerphasen, die nicht selten tagelang anhalten können, bis sich der Alltag mit seinen Themen scheinbar lindernd darüberschiebt[49]. Es ist dem Ich dabei zumeist nicht bewußt, wie nichtig in der *heutigen,* erwachsenen Realität die jeweiligen Anlässe eines solchen «weltweiten» Weinens zu sein pflegen, und es *kann* nicht sehen, daß sich hinter den Ausbrüchen einer abgrundtiefen Traurigkeit zumeist uralte Szenen dramatischer Zornesausbrüche der eigenen Mutter *damals* verbergen.

Am allerwenigsten aber ahnt es, daß mit Hilfe der traurigen Bravheit *starke eigene Aggressionen niedergehalten* werden sollen; dennoch verhält es sich so. – Ein Kind, das in einem Jähzornanfall von seiner Mutter geschlagen wird[50], lernt nicht nur, die eigene Rechtlosigkeit und Ausgeliefertheit wie selbstverständlich hinzunehmen, es sieht sich vor allem gezwungen, jede aufkommende Regung zur Gegenwehr in sich zu ersticken. Aus der spontanen Neigung, sich kämpferisch für sein Recht einzusetzen, wird die Haltung, sich wie in Schauern zusammenzukrümmen, den Kopf zwischen die Hände bzw. zwischen die angehockten Knie zu bergen und immer wieder, selbst Jahrzehnte danach noch, die Schläge zu spüren, die damals blindwütig auf Rücken und Gesäß niedergingen. Traurigkeit – das ist unter den gegebenen Bedingungen wesentlich auch *diese erzwungene Wehrlosigkeit aufgrund einer vollkommenen Verdrängung eigener*

Aggressionen. Ein «Schwesterchen» dieser Art wird auf seiner Flucht in die Welt seine Mutter schon deshalb mitnehmen, weil es vor ihr *auf der Flucht ist* – weil es mit anderen Worten niemals gelernt hat, einen bestehenden Konflikt anders zu lösen als durch Ausweichen, Rückzug, Nachgeben – durch «Fliehen». Es ist diese Fluchthaltung selbst als die einzig verbleibende Lösungsform bestehender Konflikte, die all die Erfahrungen mit dem Jähzorn der Mutter als eine schwere Hypothek dem weiteren Weg ins Leben aufbürden wird. Wenn es etwas gibt, das insgeheim trotz allem ein solches Dasein mit einem gewissen Wert ausstatten kann, so ist es der ausgeprägte Wille, *anders* zu sein als die (Stief-)Mutter. Einzig diese Negativität des Andersseins, einzig der Abstand von dem gefürchteten, gehaßten, geliebten und ersehnten Vorbild der Mutter kann u. U. doch noch dazu führen, von sich ein wenig positiv zu denken; ja, es erlaubt womöglich sogar eine Art indirekter Kritik an der Wesensart der Mutter. «Ich verstehe nicht, wie man so sein kann.» «Ich würde doch niemals...» «Wie kann man nur zu einem Menschen sagen: ...» Solche und ähnliche Redewendungen moralischer Fassungslosigkeit hört man nicht selten im Munde eines «Schwesterchens», wenn es von seiner Mutter redet oder von Menschen, die ihr gleichen. Daß man die eigene Mutter *auch* mit sich nimmt, wenn man rein negativ an sie gebunden bleibt, stellt eine Dialektik des Unbewußten dar, die sich für lange Zeit der Wahrnehmung entzieht und die erst

sehr viel später, im Umgang mit anderen Menschen, insbesondere im Umgang mit den eigenen Kindern, wiederentdeckt werden muß; – wir werden noch sehen!

Einstweilen müssen das «Brüderchen» und das «Schwesterchen» sich notgedrungen auf «eines langen Tages Reise durch die Nacht» begeben[51]. Was in den Märchen ein Tag, stellt in der Wirklichkeit des Lebens, wie gesagt, sich oft als ein Prozeß von Monaten und Jahren dar, und so kann man auch diese Wanderung durch das «Tal der Tränen» sich gar nicht lang genug vorstellen. Das Gefühl einer nicht endenden Melancholie und Müdigkeit überschattet diese Zeit der «Flucht», und so sehr sie die Kinder auch von der «wirklichen» Mutter wegzuführen scheint, so führt sie innerlich doch zu ihr zurück. «Ich warte immer darauf, daß endlich jemand kommt, um mich abzuholen, – ein UFO, das vom Himmel niederschwebt, oder ich träume am hellichten Tage davon, wie eine Wolke mich umfängt und zu den Sternen trägt, oder ich phantasiere, ich stürbe langsam an Leukämie: – ich liege auf einem weißblauen Bett, mit feinen Blümchen gemustert, und fühle mich ganz schwach, aber meine Augen sind weit geöffnet und schimmern leuchtend, wie manchmal bei Fieberkranken, Sie verstehen: so ausdrucksvoll; und alle Leute kämen, um von mir Abschied zu nehmen; alle wären zum erstenmal in meinem Leben gut zu mir, und es täte ihnen leid, daß ich jetzt fortgehen muß.» Die Frau, die vor Jahren so zu mir sprach, weinte und

schluchzte bei diesen Worten wie ausgegossen. «Mitunter wünsche ich mir, ich fiele einfach auf offener Straße tot um», fügte sie stockend hinzu; «ich bin oft so müde, mein Herz schlägt so matt, bestimmt ist mein Blutdruck viel zu niedrig. Ein Mensch kann doch nicht immerzu alles ertragen.» So ähnlich wird man die Mitteilung des Grimmschen Märchens sich übersetzen müssen, daß am Abend jenes ersten «Tages» ihrer Flucht das «Brüderchen» und das «Schwesterchen» «sich in einen hohlen Baum setzten und einschliefen». Der *«hohle Baum»* ist ein deutliches Symbol für den Schoß der Mutter[52], in den – fernab von der «wirklichen» Mutter! – sich zu verkriechen die ganze Sehnsucht eines solchen Mädchens ausmacht. Wer nie eine Geborgenheit ähnlich dem Mutterschoß in seiner Kindheit erlebt hat, den wird sein Leben lang diese Sehnsucht nicht loslassen, sich endgültig und für immer *verkriechen* zu können, und alle Gefahr und Mühsal wäre vorüber; doch da es sich für dieses Leben, so wie man es kennengelernt hat, durchaus nicht vorstellen läßt, wo und wie es einen solchen Ort mütterlicher Geborgenheit geben könnte, so formt sich das Verlangen nach einem befriedeten Leben in das *Verlangen nach einem friedlichen Tod;* – jeder Mutterschoß wird zum Grab für ein Kind, das er *ausstieß* in ein Leben endloser Daseinsangst; und aus einer Stätte von Nahrung und Halt, wie sie sich darstellt im «Baum», wird auf diese Weise ein lebendiger Sarg, ein Wartesaal des Todes[53].

Und doch geht dieses Leben im Warten unmerklich weiter. Der Maler FRITZ VON UHDE hat auf seinem Bild *«Schwerer Gang»* einmal die Fluchtwanderung eines Mannes und einer Frau dargestellt[54], die, wie zum Trost dicht aneinandergeschmiegt, mit ihren Habseligkeiten, ein Bündel in der Rechten *sie*, eine Zimmermannssäge über dem Rücken *er*, sich in eine nebel- und regenverhangene Welt begeben, auf einem morastigen Weg, in den tief die Rillen der Karrenspuren sich eingeprägt haben (siehe Tafel 2); blattlose Trauerweiden am Bachlauf weisen die Richtung dieses Wegs ohne Ende, der sich in einem graugelben Nichts zu verlaufen scheint. Die schleppenden Schritte der Wandernden wirken entkräftet und müde,

und stützten sie sich nicht gegenseitig, so vermöchte vor allem die Frau kaum noch einen Schritt vor den andern zu tun. Wohl zeigen sich niedrig geduckte Häuser am Wege, doch scheinen sie zu arm, um gastlich zu sein; in diesen Hütten läßt sich nicht hoffen, Einkehr zu finden. Trostloser, heimatloser, erschöpfter und ausgesetzter hat eine solche «Wanderung» in das Niemandsland des Lebens niemand gemalt als auf diesem Bild FRITZ VON UHDE. Gerade er aber nannte sein Bild nicht nur «Schwerer Gang», sondern auch *«Der Gang nach Bethlehem»*. Unvermerkt, wollte er sagen, begibt sich auf diesen Wegen ins scheinbare Nichts vielleicht doch das Wichtigste: die Geburt unserer wahren Gestalt, der Anfang unseres wirklichen

Menschseins. Vielleicht am unsichtbaren Ende des Weges wartet ein Licht, das die Nächte erhellt. Tatsächlich geht das Grimmsche Märchen in diese Richtung weiter. Doch so weit sind wir noch nicht; und vor allem, ob es ein «Bethlehem» gibt, ist dem «Brüderchen» und dem «Schwesterchen» durchaus nicht verheißen. Ein Mädchen, wie es die Grimmsche Erzählung uns schildert, ist innerlich in dieser Zeit der Verzweiflung wirklich nicht «unterwegs»; es kann nur die Schwermut selbst zur Heimat erwählen, und auch wenn es «weitergeht», kann es sich nur in die eigene Wehmut zusammenkrümmen, als wäre in jener Verkehrung der Antriebsrichtung fortan einzig das Dunkel ihm Höhle und Schutz.

2. Satz: Durchführung: Verwandlung und Vermählung

a) Die innere Zerspaltenheit

Niemand kann sagen, wie lange ein solches Höhlendasein im Leben einer heranwachsenden Frau *de facto* währen mag; es ist ein Gefühlszustand, der subjektiv dauert wie ohne Anfang und Ende, und im Leben einer Frau, wie das Grimmsche Märchen sie schildert, wird er nicht nur rein zeitlich die gesamte Pubertät über anhalten, sondern vor allem die Form von Begegnung, Liebe und Heirat entscheidend mitbestimmen. Allerdings wäre es gewiß ein Fehler, ein Mädchen von der Art des

«Schwesterchens» in seinem Erscheinungsbild sich als ein demonstriert depressives Wesen vorzustellen. Gerade ein «Schwesterchen» wird alles tun, um hinter dem Anschein heiterer Fröhlichkeit und munterer Geselligkeit die Schleier der Schwermut und die Schatten der Angst mit äußerster Sorgfalt vor den Augen anderer zu verbergen: Man darf nicht dem anderen mit seiner Traurigkeit zur Last fallen – *das* hat als eine der obersten Verhaltensregeln zu gelten. Und so kann von einem bestimmten Augenblick an, je stärker die Traurigkeit im Inneren sich eingräbt, nach außen hin die Zeit des «Brüderchens» beginnen. Von dem Lebensdurst dieses «Brüderchens» hängt im folgenden alles weitere ab.

Da ist zunächst der Moment des *Erwachens* selbst. Die Gefahr bestünde durchaus, daß der «Schlaf» in der Höhlung des «Baumes» nie oder, wenn, dann mit einem *«bösen* Erwachen» an sein Ende gelangte. Nicht wenige Frauen, schon dreißig und älter geworden, entdecken voller Entsetzen, daß ihnen das Leben entgleitet wie der Schemen eines gespenstischen Traums, und wohin sie auch greifen – nichts bleibt in ihren

Händen zurück. Glücklicherweise wachen «Brüderchen» und «Schwesterchen» *früh genug* auf, zu einem Zeitpunkt, da die Sonne bereits «heiß» herniederscheint. – Jedes Detail dieser Darstellung ist ein Symbol, und so wie vorhin noch der *«Regen»* als Bild für die Schwermut des heranwachsenden Mädchens in den beiden Gestalten des «Brüderchens» und des «Schwesterchens» gelten durfte, so wird man jetzt in der *Mittagshitze der Sonne* jene Zeit symbolisiert finden, in welcher die Sehnsucht nach Leben einen Höhepunkt an Vitalität erreicht, wie er in allen späteren Jahren nie mehr auch nur entfernt zu erklimmen sein wird.

Zu den Geheimnissen der Jugend zählt die unerhörte Fähigkeit, mit einer Leichtigkeit, als wäre der eigene Körper den Gesetzen der Schwerkraft nicht unterworfen, Hindernisse aller Art überspringen oder aus dem Wege räumen zu können. Mit einer noch unverbrauchten Antriebsstärke und in fast noch kindlicher Unbekümmertheit gibt es kein Ziel, das zu weit, kein Ideal, das zu hoch, keine Gefahr, die zu tief erscheinen könnte, um als Schranke der eigenen Entschlußkraft gelten gelassen zu werden. Gerade deswegen erscheinen die Jahre der Jugend den Erwachsenen regelmäßig als eine Verwegenheit, die es zu zügeln gelte; und doch gibt es für die Augen eines Lehrers oder Erziehers kaum ein großartigeres Schauspiel menschlicher Reife und Entwicklung, als miterleben zu dürfen, wie ein Junge, ein Mädchen, die Fesseln und Einschnürungen einer teils bestärkenden, teils er-

stickenden Kindheit zersprengt und zu seinem eigenen Wesen emporwächst. Kein Wunder, daß gerade diese am meisten kontrastreiche Phase des Lebens in den Riten und Mythen der Völker immer wieder thematisiert und dramatisiert wurde und bis heute in Märchen und Liedern erzählt und besungen wird[1]. Es ist, als wenn (in Abwandlung des Bildes der Grimmschen Erzählung) über eine tiefgefrorene Tundrenlandschaft die ersten Strahlen der wärmeren Sonne hereinbrächen und nach den Monaten der Dunkelheit und der Kälte der arktische Sommer mit der drängenden Heftigkeit eines allzulang aufgesparten Lebens unter dem jähen und üppigen Blühen der Moose und Sträucher überraschenden Einzug hielte und allerorten, selbst wo man es niemals vermuten durfte, das Leben seinen Siegeslauf anträte. Und doch bleibt unten im Boden das Eis metertief gefroren; es hindert die Schmelzwasser am Abfluß und bildet Sümpfe und Moore. – Ganz so «erwacht» jetzt im Höchststand der «Sonne» das Leben von «Brüderchen» und «Schwesterchen» als ein in sich zweigeteiltes: ebenso mutiges wie verschüchtertes Dasein.

Nicht selten, wenn man die Märchen liest, gewinnt man den Eindruck, als ob hier alle Konflikte und Widersprüche der Psyche wie mit Absicht auf ein Maximum ihrer Intensität getrieben würden, so z.B. hier *das Auseinanderfallen* in die zwei Gegensatzgestalten des «Brüderchens» und des «Schwesterchens». In der Psychiatrie kennt man den Begriff der *«multiplen»* bzw. der *«dissoziativen*

Persönlichkeit»[2]; man bezeichnet damit einen Menschen, der gewissermaßen in mehreren Existenzformen, die voneinander unabhängig agieren, so gegensätzlich sein kann wie R.L. STEVENSONS *«Dr. Jekyll und Mr. Hyde.»*[3] Bei einer «multiplen Persönlichkeit» handelt es sich meist um mehr als zwei verschiedene Lebensweisen, indem z.B. jemand gleichzeitig als Ehemann, als Sozialarbeiter, als Frauenmörder und als Bigamist sein Leben führt; es geht aber nicht darum, daß er etwa nur verschiedene gesellschaftliche *Rollen* spielen oder extrem unterschiedliche Handlungsweisen begehen würde, sondern daß seine Persönlichkeit in die verschiedenen in sich selbständig organisierten Teile auseinanderfällt, wobei der eine Teil von dem anderen im Wachzustand nichts weiß. Ein Modell dieses Typs tritt etwa auf in dem berühmten *«Brüdermärchen»*[4] der Brüder Grimm (KHM 60), wo der eine der Brüder sich vom anderen trennt und beide über lange Zeit hin voneinander unabhängig in ganz verschiedenen Welten auftreten. In dem Märchen von *«Brüderchen und Schwesterchen»* hingegen wird von Anfang an zwar eine gewisse Aufspaltung der Persönlichkeit in zwei «Personen» vorausgesetzt, doch treten die beiden Gestalten niemals beziehungslos auseinander; es kommt im Gegenteil dem Märchen sehr darauf an, die unverbrüchliche *Einheit* und Zusammengehörigkeit von «Brüderchen» und «Schwesterchen» zu betonen. Insofern kann man wohl von einer erheblichen *Gefahr* der Doppelbödigkeit und der inneren Zwiespältigkeit sprechen, die sich in dem Auftreten der beiden Kindergestalten äußert, aber man hat es ganz sicher nicht mit dem Syndron einer «multiplen Persönlichkeit» zu tun.

Wer von «Doppelbödigkeit» und «Zwiegespaltenheit» im Leben eines Menschen hört, könnte des weiteren geneigt sein, eine andere «Diagnose» für das Auseinandertreten von «Brüderchen» und «Schwesterchen» zu stellen, die wir indessen gleichermaßen von vornherein ausschalten können: die Annahme einer «psychopathischen» Persönlichkeit[5]. Der Begriff der «Psychopathie» war von Anfang an rein deskriptiv gemeint, d.h., er beschreibt mehr oder minder gewisse Typen und Charaktere der Psychologie, er gibt aber keinerlei Aufschluß über das Zustandekommen der jeweiligen Eigenarten; da das Reden von «Psychopathie» bzw. von «Psychopathen» im allgemeinen Sprachgebrauch heute eher ein Schimpfwort denn ein Wort der Seelenheilkunde bezeichnet, ist es im Grunde nur zu begrüßen, daß die «Psychopathologie» alter Schule heute weitgehend durch die Neurosenlehre der Psychoanalyse abgelöst worden ist. Andererseits kann das Denken in bestimmten Gestalten und Typen gerade für das Verständnis der «Volkspsychologie» des «Märchens» mitunter recht gute Dienste tun, und so lohnt es sich schon, einen Augenblick lang die Verdachtsdiagnose der Psychopathie auf das Märchen von «*Brüderchen und Schwesterchen*» anzuwenden. «Psychopathisch» könnte man m.E. einen Menschen nennen, der chronisch vor seinen Mitmenschen in mehreren widersprüchlichen Rollen auftritt, um sich vor ihnen zu schützen bzw. um aus der Vervielfältigung der Formen seiner Selbstdarstellung Vorteil zu ziehen. In gewissem Sinne ist jeder «Psychopath» ein notorischer *Lügner*[6]: In einem dramatischen Wechselspiel von Angsterlebnissen und Sicherungsphantasien, von Minderwertigkeitsgefühlen und überkompensierten Hochstapeleien ist der «Psychopath» in einem selbstgeschaffenen Netz der verschiedenartigsten Lebensformen gefangen, die er allesamt glaubt ausfüllen und aufführen zu müssen, um wenigstens *etwas* an Schutz, Geborgenheit, Wertschätzung und Liebe zu erlangen. – Gemessen an diesem Vorbild, kann man von einem Mädchen, wie wir es uns im Hintergrund des «Brüderchens» und des «Schwesterchens» vorstellen müssen, differentialdiagnostisch nur sagen, daß es mit einer «psychopathischen» Persönlichkeit durchaus *nichts* gemein hat. Die «Spaltung» in der Psyche eines solchen Mädchens ist nicht die einer Vervielfältigung von Rollen gegenüber der Umwelt, sondern eine ganz und gar absichtslose unkalkulierte Widersprüchlichkeit zwischen der Sehnsucht nach Leben und der Angst vor dem Leben – eine klar erkennbare Fortsetzung der inneren Widersprüchlichkeit der «toten» Mutter und der lebenden «Stiefmutter» bzw. eine Brechung der an sich einheitlichen Persönlichkeit des Mädchens an dem verinnerlichten Widerstand der in sich widersprüchlichen Mutter.

Vielen Frauen, die unter vergleichbaren Bedingungen aufwachsen mußten, steht noch deutlich vor Augen, wie widersprüchlich jenes «Aufwachen» in der «Hitze» der «Sonne» sich in der Zeit ihrer Jugend gestaltete. Ausnahmslos muß es in der Lebensgeschichte eines «Schwesterchens» zu einer extremen Spannung zunächst im Gefühl, dann aber auch im Verhalten gekommen sein. «Sie müssen wissen», erklärte mir eine Frau, «daß ich noch niemals mit meiner Mutter über ‹so etwas› hätte sprechen können. Sie brauchte es mir gar nicht zu verbieten; ich wußte einfach, daß sie es nicht wollte. Um so mehr schämte ich mich dafür, eine Frau zu werden. Ich empfand es schlechtweg als eine Zumutung. Als ich die Tage bekam, sagte meine Mutter bloß: ‹Du fängst aber früh damit an.› Das war alles. Ich wußte anfangs gar nicht damit umzugehen, ich wußte nicht, wann es kam, ich fühlte mich nur immer so elend dabei, daß ich am liebsten die Vorhänge zugezogen hätte und gar nicht mehr vor die Tür gegangen wäre. Eines Tages sagte meine Mutter: So kannst Du nicht mehr gehen, und befahl mir, einen BH zu kaufen. Ich erinnere mich noch genau daran, wie ich im Kaufhaus vor dem Spiegel stand und mich betrachtete. So ist das also, dachte ich. Jetzt bin ich wirklich eine Frau. Für einen Augenblick war ich richtig stolz; doch dann überfiel mich ein brennendes Schamgefühl, und ich hätte am liebsten alles wegmachen mögen. Vielleicht war es meine eigene Unsicherheit, die mit dazu beitrug, jedenfalls empfand ich es seit jener Zeit als äußerst peinlich, daß die Jungen hinter mir herschauten und ihre Bemerkungen machten. Ich wußte nie, was ich darauf sagen sollte. Ich hatte nur Angst. Wir hatten damals zu Hause ein paar Kaninchen, für die wir einen kleinen Stall aus Lattenholz angefertigt hatten. Immer wenn ich sie füttern ging, dachte ich: So bist Du selbst – so verkrochen und nach innen gezogen vor Angst. Auf der anderen Seite war ich eine heillose Träumerin. Mein Paradies war die Welt der Bücher und, wenn ich irgend Gelegenheit fand, das Kino. Mein Lieblingsfilm damals war «Mädchenjahre einer Königin» mit *Romy Schneider.* Ich spürte eine solche Sehnsucht nach Liebe in mir, daß ich oft gar nicht aufhören konnte, die Kaninchen zu streicheln oder die Bäume oder auch nur einen kleinen Käfer. Richtig schlimm wurde es erst, als ich einmal, mit 13 vielleicht, im Bad entdeckte, wie es sich anfühlte, wenn ich mich berührte. Ich bekam eine furchtbare Angst, meine Mutter könnte etwas davon bemerken, wenn sie des Morgens das Bett machte. Ich wollte es nicht tun. Aber manchmal passierte es. Ich hatte nicht eigentlich Schuldgefühle, ich fühlte mich nur wie verfolgt, als wenn man mir durch die Wände hindurch zuschauen könnte. Ich schämte mich immer sehr. Dabei ging es mir bestimmt nicht eigentlich um Sexualität, ich hätte nur so gerne gewollt, daß jemand mich in den Arm genommen und ganz sanft gestreichelt hätte, und oft wußte ich einfach nicht wohin mit mir selber. Ich spürte ein solches Verlangen, meine Brust irgendwogegen zu drücken... Ich haßte mich, und ich suchte nach Liebe, aber aus lauter Angst

saß ich oft nur abends am Fenster und schaute den Mond an. Verrückt, nicht?» Ebenso widersprüchlich und zerrissen zwischen Angst und Erwartung wie in diesem Beispiel müssen wir uns die Jugend eines Mädchens vorstellen, dessen Seele in der Gestalt eines «Schwesterchens» und seines «Brüderchens» auseinandertritt. «Hitze» und «Durst» sind die starken Gefühle, die das «Brüderchen» nach dem «Erwachen» endgültig veranlassen, das «Schwesterchen» bei der Hand zu nehmen und mit ihm noch tiefer im «Wald», in der Welt des Unbewußten, nach dem «Brünnlein» zu suchen. Das «*Rauschen*» des Wassers darf gewiß zunächst als das Rauschen und Drängen des eigenen Blutes verstanden werden und als ein Verlangen, aus der Quelle des Lebens zu *«trinken»,* wobei das «Brüderchen» jetzt unzweideutig den zögernden Wunsch des Mädchens nach einem männlichen Gegenüber verkörpert. Allerdings: von einem «Gegenüber» kann zunächst noch nicht die Rede sein. Die Form, in welcher die Triebmacht des sexuellen Begehrens *als erstes* erfahren wird, wird von dem «Brüderchen» offenbar erlebt als ein «Bedürfnis an sich», und schon diese einfache Feststellung scheint erneut geeignet, eine bestimmte Art von Moralvorstellung über den Haufen zu werfen. Insbesondere in der katholischen Moraltheologie gilt nach wie vor offiziös die Lehre, jede Erfahrung sexueller Lust sei Sünde, wenn sie außerhalb der ehelichen Bindung an den Partner freiwillig gesucht oder auch nur in Gedanken vorgestellt werde[7]. Nach dieser Anschau-

ung bildet die «personale Begegnung» den *Grund,* und jedenfalls schafft sie allererst die *Erlaubnis* herbei, daß auch sexuelle Gefühlsregungen im Umgang mit sich selbst und mit anderen ins Spiel kommen dürfen. In Wahrheit stellt dieses Konzept die einfachen Tatsachen der Antriebspsychologie schlicht auf den Kopf. *Antriebspsychologisch* gesehen, hat die Natur im Verlauf der Evolution ein kompliziertes Geflecht von Beziehungen bereitgestellt, um zwischen der Innenwelt und der Außenwelt eines Lebewesens zu vermitteln. Im Sinne der *Verhaltensforschung* ist ein «primärer Trieb», wie Hunger und Sexualität, dadurch gekennzeichnet, daß im eigenen Körperinneren (im zentralen Nervensystem) angeborenermaßen eine bestimmte spezifische Energie zur Ausführung bestimmter Verhaltensweisen hervorgebracht wird; auf diese Weise entsteht eine Handlungsbereitschaft, die bei entsprechendem Triebstau ein zugehöriges Such- bzw. Appetenzverhalten einleitet, das auf immer niedrigere Reizschwellen, ja sogar auf immer unspezifischere Reize reagiert, bis hin zu reinen Leerlaufhandlungen[8]. Mit anderen Worten: das Problem speziell der sexuellen Entwicklung liegt gerade darin, daß sich als erstes nicht, wie die christliche Moral es verlangt, eine «personale Beziehung» ergibt, die am Ende auch die Sexualität «heiligen» bzw. legitimieren würde, sondern daß umgekehrt die Sexualität sich mit der Wucht eines Triebbedürfnisses meldet, das allererst dazu nötigt, sich auf die Suche nach einem geeigneten Partner zu begeben; eben dies aber: ein Verlangen – man weiß kaum, wonach, ist das Beunruhigende und Ängstigende «erwachender» Sexualität in der «Hitze» der Gefühlssehnsucht und im «Durst» ungestillten Verlangens.

Wie wenig der «Lebens*durst*» des «Brüderchens» auf eine fremde «Person» gerichtet ist, bzw. umgekehrt: wie stark die beginnende Begierde zunächst der bloßen Befriedigung des Triebbedürfnisses selbst gilt, zeigt die Suche der beiden Kinder nach dem «Brünnlein». Eine Form der Sexualität, die so stark *als reines Verlangen* erlebt wird, daß sie am Ende ihr Genügen auch ohne einen anderen Partner findet, kann man kaum anders verstehen denn als eine narzißtische oder «onanistische» Art der Triebbefriedigung. Mit den Augen der FREUDschen Psychoanalyse gelesen, stellt das «Brünnlein» unzweifelhaft ein Bild für das weibliche Genitale dar, und das «Trinken» daraus bezeichnet demnach das entsprechende Verhalten[9]. Es ist ein Tun tief im «*Wald*»[10], ein *einsames* Geschehen, das gleichwohl dem Zweck dient, sich selbst tiefer kennenzulernen, den «Durst» zu stillen und schließlich sogar den späteren Rückweg ins Leben kennenzulernen[11].

Es ist an dieser Stelle erstaunlich, was Kinder- und Hausmärchen alles zu sagen vermögen, wenn man ihre Symbolsprache beachtet. Im Sinne wiederum einer bestimmten Moral müßte man den Gang des «Brüderchens» und des «Schwesterchens» zum «Brünnlein», wenn «das» darunter zu verstehen ist, ganz energisch verbieten; man müßte

als moralischer Reinheitsfanatiker bereits das bloße Auftauchen derartiger Bilder und Symbole in Träumen und Märchen untersagen – es gehört sich vor allem nicht, Kindern und Jugendlichen, wenn es so steht, derartige Geschichten nahezubringen. Aber die Kinder und Jugendlichen sind *unbefangen*; sie träumen *von* und *in* solchen Bildern, und sie hätten von sich her gewiß zunächst keine Scheu, dem eigenen Verlangen, dem «Rauschen» der «Quellen», buchstäblich «nachzugehen», würden sie nicht von Ängsten gehindert, die sehr viel früher bereits grundgelegt wurden, jetzt aber, am Beginn der Pubertät, in aller Heftigkeit aufbrechen.

b) Die Tierverwandlung

Wie kann eine Frau ihrem Kind gegenüber gleichzeitig als Mutter und als Hexe erscheinen? – So unsere bisherige Frage. «Indem sie selber aufgrund ihrer eigenen Überforderungen zwischen Güte und Strenge, Fürsorge und Jähzorn, Erschöpfung und aggressiver Wut ihr eigenes Verhalten extrem aufspaltet», – so unsere bisherige Antwort. *Jetzt* müssen wir genauer fragen: Wie kann eine «Stiefmutter» die Gestalt einer dämonischen Zauberin, einer Schwarzkünstlerin, einer «*Hexe*» annehmen?

Zweierlei ist dazu vonnöten, und das Grimmsche Märchen schildert es bravourös: *Zum einen* muß die Person der Mutter sich in eine unsichtbare und ungreifbare, in eine allerorten herum-

schleichende, auf unheimliche Weise «*heimlich*» allgegenwärtige Macht verwandelt haben. Es ist mit anderen Worten nicht die «wirkliche» Mutter, die das Zeug hat, eine ganze Welt zu verhexen, es ist das verinnerlichte Erinnerungsnachbild der Mutter, die Negativseite ihrer «*imago*», von dem das Gefühl einer im vorhinein beschlagnahmten, verbotenen, gefährlichen Welt ausgeht[12]; es ist das im Bild der eigenen Mutter verfestigte eigene schlechte Gewissen, das sich bei jedem eigenständigen Kontakt mit der Welt ringsum zu Wort meldet. *Zum anderen* gehört zur Thematik der «Hexe» unabdingbar die angstbesetzte Dämonisierung der Sexualität[13]. Nicht das Triebbedürfnis selbst, erst die böse «Hexe» verwandelt die Quellen des Lebens in ein Gift, das aus lebenden Menschen reißende Raubtiere zu machen droht, indem all die Wünsche eines heranwachsenden Mädchens buchstäblich «verwunschen» werden. Man darf weder etwas Eigenes wünschen, noch darf man überhaupt eigene Wünsche haben – diese Lektion der frühen Kindheit gewinnt ihre äußerste Aktualität *jetzt,* beim Verlassen der Kindheit, beim Eintritt in ein eigenes Leben, und sie weitet sich nunmehr zu einem Totalverbot jeder warmen Gefühlsregung, die sich einem anderen Menschen mitteilen könnte, sie okkupiert fortan jedes freie Sich-Verströmen und Ausfließen, ja, sie infiziert bereits das Gefühl der Sehnsucht nach Leben und Liebe mit dem Empfinden, verfolgt und «gesehen» zu werden.

Es zählt zu den Ängsten, die biographisch wie empfindungsmäßig am tiefsten reichen, von einer strafenden, jedenfalls kontrollierenden Macht *gesehen* zu werden, ohne sich vor ihr verbergen oder ihr ausweichen zu können[14]; ein solches Gefühl ist identisch mit dem Empfinden vollständiger Ohnmacht und Ausgeliefertheit; wir müssen aber, was jetzt, am Anfang der Pubertät, *innerlich* erlebt wird, noch einmal rückschließend als die *äußere* Realität der Kinderjahre annehmen: als «Stiefmutter» verhielt die Mutter von «Brüderchen» und «Schwesterchen» sich mithin wirklich so, wie wir es bisher unterstellt haben: als eine ständig beobachtende und hinterrücks lauernde, als eine aus Angst unablässig Angst verbreitende Strafinstanz, nur daß jetzt mit dem «Erwachen» der Sexualität die Art der verinnerlichten mütterlichen «Aufsicht» noch intensiver, noch quälender, noch spezifischer erfahren wird.

Wichtig ist dabei, daß dem «Brüderchen» und dem «Schwesterchen» subjektiv wohl bewußt zu sein scheint, *wem* sie die «Verhexung» der «Quellen» zu verdanken haben – es scheint nicht nur eine Mitteilung für den Leser, sondern auch ein Teil der Wahrnehmung der Kinder selbst zu sein, wenn wir hören, wie die «Hexe» ihren Kindern zu schaden trachtet; ein solches Wissen um die Machenschaften der «Stiefmutter» ist mehr, als was den meisten Frauen zu wissen vergönnt ist, bzw. mehr, als sie in der Regel auch späterhin sich einzugestehen wagen. Im Leben eines heranwachsenden «Schwesterchens» besteht offenbar keine Chance, die einbrechen-

den sexuellen Schuldgefühle und Ängste am Anfang der Pubertät mit der Mutter zu erörtern oder sogar in Widerspruch zu ihrem Einfluß aufzulösen. Theoretisch könnte man denken, daß jemand, der um die Herkunft seiner Gefühle in etwa weiß, auch über sie Macht gewinnt und sie zumindest relativieren kann. Im Leben von «Brüderchen» und «Schwesterchen» scheint die Angst (vor) der Hexe jedoch so groß zu sein, daß demgegenüber das Ich des heranwachsenden Mädchens zur Gegenwehr sich außerstande fühlt – eine Situation ist eingetreten, wie man sie in der psychoanalytischen Behandlung nicht selten antrifft: daß jemand in Gedanken zwar bestimmte Zusammenhänge seines derzeitigen Erlebens mit bestimmten Gegebenheiten der Kindheit zu erkennen vermag, daß er aber von der Energie seiner Gefühle vollkommen überschwemmt wird.

Was die Lage von «Brüderchen» und «Schwesterchen» zudem noch erheblich erschweren muß, ist der Abwehrvorgang der *Projektion*[15]: Es ist eben nicht so, als ob die beiden fliehenden Kinder (d. h. die Person des Mädchens, das in diesen beiden Kindern verkörpert ist) in ihren Ängsten die Worte der «Stiefmutter» wiedererkennen könnten, vielmehr erleben sie die Warnungen der Mutter wie etwas, das von außen als die Sprache der Dinge selber ihnen entgegenschallt, und so sehr wir vorhin noch die Diagnose einer «multiplen Persönlichkeit» zurückweisen mochten, so deutlich herrscht jetzt doch geradewegs ein quasi *paranoisches* Lebensgefühl[16]. Aus

der Angst vor sich selbst, vor der eigenen Triebmacht, ist jetzt eine Angst vor bestimmten Teilen der Welt geworden; auf diese Weise ist das Angsterleben besser *lokalisierbar,* und darin liegt denn auch der Hauptvorteil der projektiven Angstverarbeitung; zugleich aber ist die Angstproblematik selbst eben deswegen nicht mehr zu lösen, da sie dem eigenen Ich jetzt nicht mehr als eine neurotische Triebangst, sondern wie eine ganz berechtigte Realangst vorkommen muß. Allein das Wissen um den *symbolischen* Charakter märchenhafter Erzählweise befähigt uns, *als Leser,* zu einer Distanz, die dem Ausbruch einer echten Paranoia entgegensteht; für ein heranwachsendes Mädchen hingegen, das mitten in der geschilderten Problematik steht, ist ein solcher innerer Abstand nur sehr schwer zu gewinnen, und so kann man leichthin verstehen, wie stark es einfach von dem quantitativen Grad der Angst selbst abhängt, ob die entsprechenden Erlebnisse zu «schizophrenen», «psychopathischen», «paranoischen» oder zu «ganz normalen» Gefühlszuständen führen. Ja man kann speziell die «paranoische» Erlebnisweise unter diesem Aspekt auch als *Verlust des symbolischen Denkens* beschreiben *bzw.* als *projektive Verselbständigung der Symbolisierung in der Realität*[17]: Einem Paranoiker kann es subjektiv durchaus als evident erscheinen, daß gewisse Veränderungen seines Gemütszustandes auf *das Wasser* zurückzuführen sind, das er soeben getrunken hat – es enthält seiner unwiderleglichen Überzeugung nach eine chemische Substanz, die von einer anderen ihm feindlich gesonnenen Person dem Wasser beigemischt worden ist.

So betrachtet, besitzen Märchen einen außerordentlichen therapeutischen Wert; denn indem sie uns immer wieder dazu anleiten, den Gefühlsbedeutungen bzw. der Erlebnisinnenseite symbolischer Darstellungsweisen nachzuspüren, bilden sie in uns gerade die Fähigkeit aus, die äußere Wirklichkeit nach der Art der Dichter, der Musiker und der Maler in ihren poetischen Worten, in ihrer inneren Musikalität, in ihrer wahren Gestalt zu vernehmen und wahrzunehmen; erst wenn das Wissen um den Ursprungsort aller Bilder in der eigenen Seele sich auflöst, kann es dahin kommen, daß die psychischen Inhalte wie physikalische oder chemische Gegebenheiten der Dinge selbst von außen an uns herantreten und uns in eine Welt voller Angst einschließen, aus der es von selbst für uns kein Entrinnen mehr gibt. Die Beschäftigung mit der bloßen Erzählform der Märchen bereits kann, wie wir sehen, vor einer solchen Gefahr nachhaltig schützen; noch mehr freilich ist es *der Inhalt,* die Botschaft der Märchen, die einhellig lautet: *Die Triebkraft der Liebe verdient nicht die Furcht, die eine bestimmte Art von Moral bis zum Paranoischen, bis zum Wahnhaften hin erzeugen kann;* die Liebe ist vielmehr die einzige Energie, die uns über alle Barrieren der Angst hinweg schließlich doch noch ins Leben trägt.

Eben ein solches *Wunder der Überwindung der Angst* durch die elementare Kraft der Liebe ereignet sich im Leben von «Brüderchen» und «Schwester-chen». *An sich* befinden die beiden Kinder sich in einem unentrinnbaren Dilemma, dessen Zwiespältigkeit sie in ihren eigenen Gestalten verkörpern: auf der einen Seite steht das «Brüderchen» mit seinem unstillbaren «Durst» nach Leben, auf der anderen Seite das «Schwesterchen» mit seiner Angst vor der Verwandlung des «Brüderchens» in ein reißendes Tier. Was soll ein Kind tun, das sich ebenso vor dem Leben fürchtet wie es sich nach dem Leben sehnt und das nur die Wahl zu haben scheint zwischen dem Tod des «Verdurstens» und dem Tod des «Gefressenwerdens»? Man glaubt unmittelbar die warnenden Worte der «Stiefmutter» zu hören, wenn das so munter zwischen den Steinen dahinfließende Wasser in seinem «Rauschen» die drohende Gefahr der Tierverwandlung «anklingen» läßt. Zu hören vermag diese geheime Warnung bezeichnenderweise allerdings nur das «Schwesterchen»; zu *ihm,* dem Mädchen, muß die Mutter mit ihrer eigenen Angst immer wieder in ähnlicher Weise gesprochen haben, wie es jetzt buchstäblich elementar dem Kind entgegenschallt – ein weiteres Indiz dafür, daß die Grimmsche Erzählung wesentlich *aus der Sicht des Mädchens* zu verstehen ist (und nicht etwa als eine reale Geschwistergeschichte interpretiert werden darf)[18]. Andererseits verkörpert das «Schwesterchen» eigentlich nur *die Hälfte* der Gesamtpersönlichkeit des Kindes; seine andere Hälfte, das «Brüderchen», kommt um vor «Durst», und so wird es, je länger desto unabweisbarer, diesem Drängen nachgeben.

Ein Wort wie «*nachgeben»* klingt nun freilich im Sinne einer asketischen Moral sogleich nach Schwäche, Haltlosigkeit und mangelndem Rückgrat, nach einem Zusammenbruch der Tugend vollkommener «Enthaltsamkeit», und in gewissem Sinne trifft das auch zu. Es gibt Märchen wie *«Schneeweißchen und Rosenrot»,* die davon erzählen, wie es einem heranwachsenden Mädchen gelingt, *schrittweise* die Ansprüche des Es (des «Brüderchens») mit den Ansprüchen des geängsteten Überichs (des «Schwesterchens») zu versöhnen[19], und man möchte natürlich einem jeden Kind wünschen, daß ihm eine solch harmonische Entwicklung vergönnt sei. In der Geschichte von *Brüderchen und Schwesterchen»* indessen kann von einer solchen Harmonie und Versöhnung keine Rede sein; was sie verhindert, ist die unwandelbare Angst des «Schwesterchens». Die Quellen des Lebens zu genießen gilt ihm als eine tödliche Gefahr, *von einem wilden Tier zerrissen zu werden.* Es ist der Alptraum so vieler Mädchen und Frauen, denen die Sexualität wie ein tierischer Überfall, wie eine blutrünstige Orgie, wie ein Gefressenwerden von Ogern erscheint und die aus Angst vor sich selbst und vor der unheimlichen Welt des Mannes sich in ständiger Fluchtbereitschaft halten[20]. Mit dem Bild des *Tigers,* in den das «Brüderchen» sich zu verwandeln droht, falls es aus dem «Brünnlein» trinken sollte, verbindet sich der Gedanke an tropische Schwüle und urwaldartiges Dickicht – eine Assoziation, die noch die ganze Exotik der neu hereinbrechenden Antriebe widerspiegelt; das Bild des *Wolfes* hingegen verweist eher in die Einsamkeit der Tundren und Steppen, eine Verknüpfung bereits nicht mehr mit üppigem, wenn auch gefahrvoll blühendem Leben, sondern mit drohender Kälte und Leere. Beide aber, der «Tiger» wie der «Wolf», imponieren durch ihre *fressenden Zähne*. In solchen Angstvisionen ist die sexuelle Thematik gänzlich in das *oral-sadistische Erleben* verschoben worden, so als sei es gewissermaßen immer noch besser, von fleischgierigen Bestien zerrissen als von einem Manne geliebt zu werden[21].

Natürlich sprechen sich in solchen Bildern die Ängste eines Ichs aus, das sich noch zu schwach fühlt, um der Auseinandersetzung mit der eigenen Triebmacht standzuhalten. Entscheidend für die konkrete Symbolsprache des Märchens ist jedoch nicht allein dieser «dynamische» Gesichtspunkt, sondern mehr noch eine strukturelle Eigentümlichkeit im Charakter eines solchen «Schwesterchens»: Wir haben einleitend bereits den stark *depressiven* Zug im Wesen des «Schwesterchens» hervorgehoben und auf das Gefühl hingewiesen, im Schatten des Jähzorns sowie der Überbemühtheit der eigenen Mutter prinzipiell unberechtigt auf der Welt zu sein; ein Kind, das mit einem solchen Selbstgefühl aufwächst, wird nach dem Gesagten von vornherein die größten Schwierigkeiten im Umgang mit den eigenen Wünschen haben: sie *auszusprechen* wäre gleichbedeutend mit dem Vorwurf, lästig zu sein, und schon einen bestimmten Wunsch, so verborgen auch

immer, zu hegen, hat als etwas Ungehöriges zu gelten.

Was wir indessen noch nicht genügend betont haben, ist *die Selbstvergrößerung,* das Voluminöswerden der unterdrückten Wünsche. Jemand, der allzulange an Hunger und Durst leiden muß, wird schließlich an nichts anderes mehr denken können als an ganze Güterwagen voll Getränke und Nahrungsmittel; von einem bestimmten Punkt an aber erzeugt gerade diese «Maßlosigkeit» der eigenen Wunschvorstellungen in der Phantasie aufgrund der tatsächlichen Entbehrungen in der Realität neuerliche Ängste und erzwingt einen noch stärkeren Rückstau der jeweiligen Wunschregungen – ein Teufelskreis, wie er speziell für die *oralen* Gehemmtheiten im *depressiven* Charakterbild kennzeichnend ist[22]. Gerade eine solche depressive Frustrationsschleife im Umgang mit den eigenen Wünschen aber bildet in der Erzählung von *«Brüderchen und Schwesterchen»* den Hintergrund, vor dem nun auch die sexuellen Triebregungen die Bühne des Lebens betreten. Ein Mädchen, das als Kind schon gelernt hat, alle eigenen Wünsche zu unterdrücken, wird mit Eintritt der Pubertät natürlich erst recht seinen Wünschen als einer heranwachsenden Frau gehemmt und verschüchtert gegenüberstehen – auch *dies* ist eine Form, in welcher der Einfluß der (Stief)Mutter sich als eine hexenartige Verwünschung geltend machen kann, indem nicht erst die Unterdrückung bestimmter sexueller Wünsche, sondern bereits die Verdrängung der oralen Wunschwelt jetzt die Angst

vor der maßlosen Raubtierhaftigkeit aller Wünsche, speziell der Sehnsucht nach Liebe, hervortreibt. Der Mechanismus der «Tiger»- und «Wolfsphantasien» ist vor diesem Hintergrund psychoanalytisch relativ leicht zu erklären, wenngleich zumeist äußerst schwer aufzuklären: ein Kind, das von sich aus keinen eigenen Wunsch über die Lippen bringen darf noch kann, wird von vornherein alle anderen als «frech», «vorlaut», «unverschämt» und «gewalttätig» erleben; es weiß nicht, daß es die anderen nur deshalb als so schlimm und bösartig erlebt, weil es selber aus Angst viel zu rücksichtsvoll, brav, bescheiden und «lieb» sein muß; und noch weniger weiß es – ganz entsprechend der schon erwähnten Verdrängung der eigenen Jähzornsreaktion – von dem latenten Wunsch, auch selber einmal in ähnlicher Weise fordernd und «verschlingend» sein zu dürfen. Selbst in der analytischen Therapie später wird es nicht leichtfallen, die Einsicht heraufzuführen, daß die Angst vor den «Tigern» und «Wölfen» im Grunde eine Angst vor sich selbst: vor der Verwandlung des eigenen «Brüderchens», vor dem maßlos erscheinenden Anspruch der eigenen (sexuellen) Wunschwelt darstellt.

Näher betrachtet, erscheinen die *Tiger*- und *Wolfängste* in der klassischen Phantasiegestalt der *Vampire* und *Werwölfe*[23]. Gerade Menschen, die von klein auf niemals unbeschwert haben leben dürfen und denen selber schon als Kindern mit steten Appellen und Opferverpflichtungen buchstäblich alles Blut aus den Adern gesogen wurde, leiden nicht selten bis in ihre Tagträumereien hinein unter der Angst, von blutsaugerischen Wesen angefallen zu werden oder sich selber in derlei Ungeheuer verwandeln zu können. Weit im Vorbau der eigentlichen sexuellen Problematik stehen dabei regelmäßig Einstellungen, die in der Tat Gefahr machen, jede Art von menschlicher Beziehung und Nähe in ein wechselseitiges «Fressen» und «Gefressenwerden» zu verwandeln.

Erneut bietet sich hier Gelegenheit, unsere zunächst stark hypothetische Rekonstruktion der «Stief»-Mutter zu verifizieren: gerade die stark *oral-sadistisch* besetzten Tiger- und Wolfsphantasien des «Schwesterchens» sind entwicklungspsychologisch nur unter dem Einfluß einer Mutter verstehbar, die in ihrem eigenen Beispiel zumindest teilweise als ein Vorbild von Selbsthingabe und Selbstaufopferung empfunden wurde, während sie zugleich durch eben diese Haltung selber als fordernd und aussaugend erlebt werden mußte. Stets im Schatten schwerer oraler Gehemmtheiten lauern eine Vielzahl unausgesprochener, nie gelebter, wohlgehüteter, wegen ihrer Maßlosigkeit gefürchteter eigener Wünsche nach Nähe und Liebe, und sie machen sich zumeist in einer chronischen Angst geltend, von dem anderen (ähnlich wie von der eigenen Mutter) nicht genügend geliebt zu werden bzw. umgekehrt: lieblos und willkürlich verstoßen zu werden; hinwiederum wird diese Angst ganz erheblich durch die *weitgehende Sprachlosigkeit* verstärkt, die ein Hauptkennzeichen oraler Gehemmtheit darstellt[24]: es ist nicht

möglich, auch nur entfernt über die eigenen Zweifel, Befürchtungen, Sorgen und Schrecknisse zu reden – man darf dem anderen nicht durch aufdringliche Fragen zur Last fallen, man darf ihn nicht durch die wüsten Unterstellungen und Vermutungen der Angst beleidigen, man darf ihn nicht mit dem ganzen Ausmaß an Hilfsbedürftigkeit und Ohnmacht verängstigen. Statt dessen drängen sich nicht selten Phantasien vor, in denen die oralen und die sexuellen Wünsche eine merkwürdige Fusion eingehen. Hört man genau zu bzw. erwirbt man sich ein hinreichendes Maß an Vertrauen, so führt eine Psychoanalyse depressiver Frauen nicht selten zu ausgedehnten *Fellatio-Phantasien,* bei denen das männliche Genitale die Brust der Mutter zu ersetzen pflegt[25]. Was sich in solchen Darstellungen nahezu «obszön» anhört, gibt in Wahrheit ein gut verstehbares Bedürfnis wieder: um überhaupt zu einer «erwachsenen» Form von Liebe imstande zu sein, müßte als erstes eine generelle, ja gewissermaßen *totale* Erlaubnis gegeben sein, sich an den anderen anlehnen, anklammern, «festsaugen» zu dürfen, wie man es bereits als kleines Kind gemocht und gemußt hätte, es aber niemals durfte.

Die Frage stellt sich natürlich, ob und wie eine solche Liebe vom «Anlehnungstyp» (eine «anaklitische Objektbeziehung» in der Sprache FREUDS[26]) bei einem derartigen Ausmaß oraler Gehemmtheiten jemals gelingen kann. Sie könnte gelingen, ließe sich jemand finden, der selber um die unausgesprochenen Nöte und Ängste eines solchen

Mädchens wüßte und es bei der Hand nehmen könnte, um es ganz allmählich an der Stelle der drohenden «Hexenmutter» ins Leben zu geleiten; doch auf dem Wege dahin müßte er vor allem «die Welt draußen» entängstigen: er müßte gegen die «hausgemachte» Angst versuchen, das Mädchen nach und nach ins Leben zu locken bzw. zum Leben «zu verführen», indem er all die Angstinhalte: eigenes Wünschen, eigenes Begehren, die Sehnsucht nach Liebe etc. aus ihren Verknüpfungen mit den mütterlichen Strafdrohungen zu lösen vermöchte. Zur Befreiung eines Mädchens jedenfalls, wie das Grimmsche Märchen es in den Gestalten von «Brüderchen» und «Schwesterchen» schildert, bedürfte es unbedingt eines gewissermaßen väterlichen Freundes, der durch seine Gegenwart alles das einübte, was bisher als «verboten» oder als «verwunschen» galt: an erster Stelle das offene Sprechen, dann: das Äußern eigener Gefühle und Interessen, dann: die Fähigkeit, sich selber zu wehren und abzugrenzen sowie, damit verbunden, den Mut, an unklaren Stellen nachzufragen und Konflikte zu lösen statt, wie bisher, sie zu fliehen, und schließlich: ein Selbstvertrauen in die erwachenden Kräfte des eigenen Körpers und der eigenen Seele, ein freudiges Entdecken der neuen Möglichkeiten an Gefühl und Empfindung und vor allem: eine allmähliche *Drehung der Aufmerksamkeitslenkung* von dem Starren nach rückwärts in ein erwartungsvolles Schauen in die Zukunft. Es müßten in all dem gerade diejenigen Kräfte entfaltet werden, die in dem «*Brüderchen*» ihre Ausprägung finden. Doch all das erscheint zunächst aus einem einfachen Grund als unmöglich: es gibt ersichtlich in der Grimmschen Erzählung kein Gegenüber, an dessen Person das «Schwesterchen» inmitten der Pubertät die *andere* Seite seines Wesens integrieren könnte. – Manchmal hört man vor allem von Theologen die Meinung vertreten, die Psychoanalyse sei ein Verfahren der «Selbsterlösung»[27]. Nun wohl: an einer kleinen Kindergeschichte wie dem Märchen von «*Brüderchen und Schwesterchen*» läßt sich ganz gut erkennen, welche Probleme bestehen und entstehen, wenn ein heranwachsendes Mädchen zwischen Angst und Hoffnung gezwungen ist, «sich selbst zu erlösen», und zwar nicht, wie meist unterstellt wird, in einer Haltung von Hochmut und Stolz, sondern weil aufgrund einer grenzenlosen Einsamkeit und Traurigkeit gar kein anderer Weg besteht, als *allein* mit den Widersprüchen der eigenen Seele wie des Lebens draußen fertigzuwerden.

In ganz dramatischer Weise zeigt die Grimmsche Erzählung denn auch, wie hilflos das «Schwesterchen», allein auf sich gestellt, dem Zwiespalt von Todesfurcht und «Verdursten» ausgeliefert ist: Es gibt in dem Dilemma von Triebangst und drohendem Triebdurchbruch keine Chance zu Ausgleich und Kompromiß, es ist zwischen Überich und Es keine Relativierung der Ansprüche möglich, und was wir früher als die Grundsituation im Hause der (Stief-)Mutter angenommen haben, das hat sich jetzt in der Psyche des Mädchens strukturell verfestigt: der Ausfall eines klärenden Dialogs. Bereits die Gestalt der (Stief-)Mutter haben wir uns als wesentlich überichgeleitet vorgestellt und gerade darin das Hauptproblem ihrer Ambivalenz erblickt; wir sehen jetzt aber, wie schwer es einem Mädchen, das im Schatten einer solchen (Stief-)Mutter aufwächst, naturgemäß fallen muß, im Umgang mit sich selbst der Zwickmühle seiner Kindheit zu entkommen. Wie soll es, dem niemals freiwillig etwas erlaubt wurde, sich selbst *jetzt,* bei Eintritt in ein erwachendes, erwachsener werdendes Leben, so etwas wie eine Generalerlaubnis zum Sein geben können? Es steht nicht anders zu erwarten, als wir es hier kommen sehen: daß die Mahn- und Warnworte der Mutter *an jeder Stelle* sich wieder melden und den Weg in ein größeres Leben versperren. Das einzige, was dem «Schwesterchen» in seiner Angst gerade noch gelingen kann, ist so etwas wie ein flehentlich erwirkter, fast gnädiger *Aufschub* der Triebbefriedigung[28] von seiten des «Brüderchens». Immerhin, das ist anzumerken, bedeutet allein dieser Aufschub schon viel: er trägt dazu bei, Angst zu verringern.

Bei der Lektüre des Märchens von «Brüderchen und Schwesterchen» sollte man an dieser Stelle denken, die Brüder Grimm erzählten nicht richtig, sie vertauschten gewissermaßen die logische Reihenfolge der Ereignisse: Wenn «Tiger» und «Wolf», woran nicht zu zweifeln ist, das drohende Aufbrechen oder Durchbrechen der eigenen (sexuellen) Triebstrebungen symbolisieren, so sollte bei wachsendem «Durst», allein schon aufgrund der höheren Triebspannung, die Raubtiergefahr eigentlich in gleichem Maße zunehmen; es sollte, mit anderen Worten, die Schilderung tunlichst mit dem «Reh» beginnen und über die Wolfsgefahr mit dem «Tiger» endigen. Doch gerade das ist – zu Recht! – nicht der Fall; vielmehr, daß in einer Antiklimax – in der für Volkserzählungen typischen Dreierstaffelung – die Angst des «Schwesterchens» geradewegs *abnimmt,* während der «Durst» des «Brüderchens» Schritt für Schritt *zunimmt.* Es ist allem Anschein nach *der Aufschub selbst,* der in der Entwicklung des Mädchens die drohende Triebgefahr verringert. Was, rein energetisch betrachtet, als ein vollendetes Paradox anmutet: die Abnahme der Triebangst bei wachsender Triebspannung, erscheint als so widersinnig nicht, wenn wir es *entwicklungspsychologisch* betrachten: Für die innere Reifung eines Mädchens (bzw. eines Jungen) ist es in der Tat nicht unwichtig, wie lange es (oder er) imstande ist, eine bestimmte Triebspannung durch Verzicht bzw. durch Aufschub der Befriedigung auszuhalten oder überhaupt erst aufzubauen. Zur Stärkung des Ichs trägt es nicht unerheblich bei, vor den Kräften des Es nicht wie wehrlos zu kapitulieren, und es ist gerade die sogenannte «Pubertätsaskese», es ist dieser über Jahre hin geführte Abwehrkampf gegen die als so drängend gefühlten Triebregungen, der dem Ich nach und nach eine Kraft verleiht, die am Ende die Forderungen des Es als weniger «gefährlich» vernimmt.

1

Karl Friedrich Schinkel

Schloß am Strom

2
Fritz von Uhde
Schwerer Gang

3
La Dame à la licorne

4
Gustav Klimt
Liebe

In psychoanalytischer Betrachtung bleibt gleichwohl in der Erzählung von «Brüderchen und Schwesterchen» *ein Mangel* bestehen, der von innen heraus, aus der Kraft des heranwachsenden Mädchens allein, nicht überwunden werden kann. Wenn wir von «Verzicht» oder von «Aufschub» sprechen, so herrscht die gewiß zu harmlose Vorstellung, als sei es das Ich des Mädchens selber, das sich der Bedürfnisse seines eigenen Lebensdurstes in freier Entscheidung und innerer Überzeugung zu erwehren suche. Wir wissen bereits, daß es sich so nicht verhalten kann. Es ist, wie wir sehen, durchaus nicht das Ich, es ist allein das Überich bzw. es ist die Angst, die das Ich unter dem Druck seines Überichs vor den Forderungen des Es empfindet, durch welche das «Brüderchen» sich immer von neuem zu «Verzicht und «Aufschub» gedrängt sieht. Zwar gewinnt das Ich durch die Atempause des Aufschubs an eigener Stärke, aber es ist ihm nach wie vor nicht möglich, nach irgendeiner Alternative für die scheinbar so gefährlichen Wünsche des «Brüderchens» Ausschau zu halten. Es sind, wie das Märchen versichert, buchstäblich *alle* Quellen und Wasserstellen, die von der «Hexe» verwunschen wurden, und so ist es schließlich der Totalitarismus und der Rigorismus des Überichs selbst, der über kurz oder lang unvermeidbar den Triebdurchbruch erzwingt. Am Ende scheint alles auf eine moralische «Schwäche» und «Haltlosigkeit» im Leben eines Mädchens hinauszulaufen, von dem wir inzwischen wissen, daß sein Hauptpro-blem ganz und gar nicht in einer Charakterschwäche besteht, sondern im Gegenteil darin, daß es seit Kindertagen einer letztlich unerfüllbaren Übermoral Folge leisten muß und mußte.

Manch ein Leser mag an dieser Stelle sich fragen, ob eine solche Betrachtung der strukturellen Konflikte und ihrer psychodynamischen Verarbeitungsformen im Leben eines heranwachsenden Mädchens, wie wir sie hier vorschlagen, bei der Interpretation eines Märchens nicht eine zu große und sozusagen unangemessene Mühe darstelle. Man kann nur sagen: keinesfalls! Schon jetzt dürfte deutlich sein, daß es keinen großen Unterschied macht, einem Märchen zuzuhören oder einem Menschen, der vertrauensvoll genug ist, uns seine Träume, sein Erleben, seinen Werdegang mitzuteilen. Was wir aber gerade dabei sind, zu lernen, ist die Tatsache, daß es nicht wenige Menschen gibt, die aufgrund ihrer seelischen Konstitution sich selbst ständig Unrecht tun und denen auch von anderen Menschen infolge zahlreicher Mißverständnisse immer wieder Unrecht getan wird. Es handelt sich bei Licht besehen um eine Art *falscher Buchführung im Umgang mit sich selbst,* die sich notwendig aus einem ununterbrochenen *Diebstahl des Überichs* ergibt: kein Mensch kann eine gewisse Selbstachtung gewinnen, solange er die richtigsten und vernünftigsten Dinge *nur wie auf fremdem Befehl* hin tun kann; Achtung für sich selbst – das ist zumindest daran gebunden, daß es so etwas wie ein Selbst überhaupt gibt. Alle Mühen, die das Ich aufbringt, und alle Er-folge, die es erringt, um nach dem Diktat des Überichs alles ganz richtig zu machen, treten ihm in der Abhängigkeit des Überichs nicht als seine Verdienste, sondern lediglich als erfüllte Pflichten in fremdem Auftrag gegenüber – es ist so, wie wenn in der Antike ein Sklave als Goldschmied Tag um Tag die kostbarsten Kleinodien herstellen würde, nur um zu erleben, daß er an jedem Abend wie ein Bettler in seine Hütte vor der Stadt zurückkehren muß; ihm gehört nichts, – daran ändert sich auch durch noch so viel Fleiß und Tüchtigkeit nicht das geringste. So bereits in den eigenen Augen. Aber auch von außen her betrachtet fällt es schwer, das Verhalten eines Menschen wirklich zu würdigen, der aus lauter gutem Willen schließlich doch immer wieder anders handelt, als er will oder soll. In unserem Falle sehen wir, wie trotz allen Flehens des «Schwesterchens» aus lauter «Durst» das «Brüderchen» schließlich doch von dem «Brünnlein» trinken *muß.* Angst und Versagen, Zögern und Zusammenbruch, Unbeherrschtheit und Strafe – *das* sind die Kategorien, in denen ein Kind wie das Mädchen der Grimmschen Erzählung im Hintergrund des «Brüderchens» und des «Schwesterchens» sich selbst wahrnehmen muß: Es kann nicht darauf stolz sein, daß es zumindest zweimal der «Versuchung» *widerstanden* hat; denn nicht aus Überzeugung, sondern nur aus angstvoller Unterwürfigkeit hat es sich so lange gegen den Triebanspruch zur Wehr gesetzt. Es kann aber auch die letztlich unvermeidbare *Triebbefriedi-*

gung nicht genießen – sie «passiert» eigentlich nur gezwungenermaßen, und sie bewirkt eine Veränderung, die nach Meinung des «Schwesterchens» im Grunde niemals sich hätte ereignen dürfen: Es ist, mit anderen Worten, für ein Zeichen der *Schwäche* zu halten, daß beim dritten Mal das «Brüderchen» alle Warnungen in den Wind schlägt und dem Zwang seines «Durstes» folgt.

Dabei wäre mit Händen zu greifen, wie die Jugend eines Mädchens sich gestalten könnte, das *nicht* durch den Faktor der Angst in den unseligen Konflikt von «Brüderchen» und «Schwesterchen» hineingetrieben würde. Stünde im Hintergrund des Mädchens eine Mutter, die durch ihr eigenes Vorbild einen Raum des Vertrauens und der Akzeptation zu schaffen verstünde, so wäre die Entdeckung der «Quellen» der eigenen Weiblichkeit wie ein Fest stolzer Freude und erwartungsvollen Glücks zu begehen. Statt dessen jedoch findet in dem Mädchen der Grimmschen Erzählung bei der «Berührung» der Sexualität durch das «Brüderchen» eine Verwandlung statt, die der gesamten Vitalität auf lange Zeit hin etwas Ichfremdes, Tierisches, nur mühsam zu Zähmendes aufprägt. Einzig, daß die Gefahr der *Raubtierverwandlung* gebannt werden konnte, scheint einen gewissen Gewinn dieser Szene darzustellen: wenn schon der Durst des «Brüderchens» unabweisbar gestillt werden mußte, so bildet *die Rehverwandlung* jetzt allem Anschein nach noch das kleinste Übel. Aber auch darüber bricht das «Schwesterchen» in hilfloses Weinen aus, und es wird in der Fassungslosigkeit seiner Trauer noch bestärkt von den Tränen der Reue des «Brüderchens».

Und doch fällt es schwer, die Dinge *nur* so zu sehen, wie das «Schwesterchen» sie in diesem Moment erlebt. Gewiß, das «Brüderchen» verliert beim Berühren der «Quelle» seine menschliche Gestalt; aber welch ein *Symbol* liegt in dem Bild des «Rehleins» verborgen! Fragt man heranwachsende Mädchen oder auch späterhin Frauen, in welch ein Tier ihrer Wahl sie am liebsten sich verwandelt sehen würden[29], so werden mit Vorliebe nicht wenige sagen: «In ein Reh», und sie verbinden mit dieser Auskunft die Attribute von Anmut und Adel, von Grazilität und Grazie, von Schönheit und scheuer Zurückhaltung, von zärtlicher Annäherung und sensibler Distanz. Die Phantasie, ein *«Reh»* zu sein, steht am Übergang zwischen der Unreife der Jugend und der vollendeten Weiblichkeit; sie markiert einen Schwebezustand all jener Gefühle, die ahnungsweise schon eine Witterung aufnehmen von der Weite der Welt, während sie doch noch nicht sich getrauen, aus dem schützenden Dickicht hervorzutreten. Vieles wäre in diesem Zustand bereits vorstellbar und möglich, aber nichts an Beziehung ist bislang wirklich geschehen, und über allem liegt noch etwas vom schimmernden Tau eines unberührten Morgens. Bei einem *geringeren* Quantum an *Angst* könnte ein solcher Zustand durchaus mit einer gewissen Freude und Aufbruchsstimmung erlebt werden; doch es gehört zum Leben und Erleben eines Mädchens, wie die Geschichte von «Brüderchen und Schwesterchen» es beschreibt, jeden Fortschritt der seelischen Entwicklung als eine beklagenswerte Tragödie, ja, als eine schiere Katastrophe zu empfinden; die mit allen Mitteln hätte verhindert werden müssen; und tatsächlich gibt es auch psychoanalytisch einen Punkt, der für den Gang des Weiteren bedenklich stimmen muß.

Wir sagten soeben, daß die allmähliche Abnahme der pubertären Sexualangst im Erleben des «Schwesterchens» von der «Tigerfurcht» weg zu der Befürchtung der «Rehverwandlung» am besten mit einem schrittweisen Wachsen der Ichstärke in der Zwischenphase des Aufschubs der Triebbefriedigung zu erklären sei: Das mag wohl zutreffen, ist aber erst nur die halbe Wahrheit; denn offenbar erkauft sich die relative Stärkung der Ichstruktur mit einer entsprechenden *Schwächung des Es.* Aus dem drängenden, «fressenden» Verlangen, das sich in den Bildern von «Tiger» und «Wolf» aussprach, ist jetzt eine Triebgestalt geworden, die jegliche Aggressivität, jeglichen «Biß» in der Durchsetzung der eigenen Bedürfnisse vermissen läßt. Aus dem gefahrvollen Wunsch, *selbst* auf die Jagd zu gehen und seine Beute «aufzureißen», ist nun ein Wesen entstanden, das selber nur noch als das *Opfer* fremder Jagd in Erscheinung tritt. Es hat sich, wenn man so will, die ursprünglich sadistische Komponente des sexuellen Erlebens nunmehr in eine deutlich *masochistische* Form gewandelt[30]. Diese Umformung scheint nach außen hin weniger gefährlich zu sein, doch führt auch sie eine Reihe von Problemen herauf, deren Auflösung alle Kraft und Phantasie – und eine gehörige Portion *Glück* beansprucht wird.

c) Die Schöne und das Tier

Das erste Problem ergibt sich gleich auf der Stelle. Zum Wesen des *«Rehleins»* gehört eine sonderbare Mischung aus Scheu und Keckheit, die es für das «Schwesterchen» unkontrollierbar zu machen droht. Die Angst, es könnte ihm *fortlaufen*, ist offensichtlich auch der Hauptgrund für die neuerliche Traurigkeit des «Schwesterchens». *Dennoch* kommt es jetzt trotz allem zum erstenmal zu einem echten *Ausgleich* des bestehenden Konfliktes. Auch das «Rehlein», erzählt uns das Märchen, ist *traurig* über das «Unglück» seiner Tierverwandlung, und es will gar nicht von dem «Schwesterchen» fortlaufen. Vor allem aber erklärt jetzt das «Schwesterchen» selber, daß es sein «Brüderchen» in Gestalt des «Rehchens» «nimmermehr verlassen» werde. Anscheinend wäre *diese* Gefahr durchaus gegeben, ja, sie scheint größer zu sein als ein möglicher Ausbruchsversuch des «Rehleins». Gewiß, es wäre denkbar, daß die jetzt endgültig erwachte Sexualität, die in dem «Reh» verkörpert ist, sich auf eine Weise abspalten und isolieren würde, die sie jeglichem Einfluß des «Schwesterchens» entziehen würde. Doch es zeigt sich jetzt, daß eine solche Gefahr unkontrollierten «Grasens» und «Ja-

gens» von dem Triebbedürfnis selbst her gar nicht zu befürchten steht. Entscheidend wird nunmehr, daß das «Schwesterchen» selbst sein «Brüderchen», d. h. *sich selbst* auch in der «Rehgestalt», als etwas ihm Zugehöriges anerkennt und *bejaht* und daß somit an die Stelle der ständigen Angst eine vertrauensvolle *Verbrüderung* tritt: Das «Schwesterchen» nimmt sogar sein *goldenes Strumpfband* und legt es dem «Rehchen» um den Hals.

Woher bei einem so armen Kind, wie «Brüderchen» und «Schwesterchen» zu Beginn des Grimmschen Märchens geschildert werden, plötzlich ein Strumpfband *aus Gold* stammt? Wieder läßt die Antwort sich nur *symbolisch* finden, indem gerade die offensichtlichen Ungereimtheiten der Geschichte in äußerem Verständnis als Hinweisschilder dafür fungieren, daß es gilt, den an der Oberfläche fehlenden Zusammenhang auf einer *tieferen* Ebene wiederzufinden[31]. Dann steht das «Strumpfband» selbst gewiß für eine deutlich *erotische Bereitschaft* – man muß bedenken, daß die Grimmschen Märchen zu einer Zeit aufgezeichnet wurden, in der es als schamlos gelten konnte, auch nur die Beine eines Konzertflügels unbedeckt zu lassen, und nun geht die Rede gar von einem «Strumpfband»! Es ist, als wenn das «Schwesterchen» bewußt die Signale seiner eigenen Weiblichkeit auf das «Rehlein» übertragen würde, in der Hoffnung, auf diese Weise in eine «goldene» Zukunft geführt zu werden[32]. Ohne Zweifel kommt in der runden Form des «Strumpfbandes», das dem

«Rehlein» um den «Hals» gelegt wird, auch bereits eine deutliche *Paarungssymbolik* von Männlichem und Weiblichem zum Ausdruck und verweist schon an dieser Stelle auf die geheime Wunschwelt des Mädchens; das *«Gold»* aber dürfte darauf verweisen, daß als ein möglicher Partner der Liebe nur ein «königlicher» Gemahl für das «Schwesterchen» in Frage kommen wird. Wie hochfliegend und kühn können doch gerade die Träume derer sein, die wie an den Boden gedrückt ihr Dasein verbringen müssen! Es ist aber, als wenn das «Schwesterchen» seine eigenen Hoffnungen und Wünsche hier noch vor sich selber durch die Sprache der Symbole *verhüllen* müßte: Eines Tages wird es seinem Prinzen, seinem König, seinem Erlöser und Retter begegnen, wenn es nur bis dahin das «Rehlein» an einem *Binsenband* anleinen kann, auf daß es ihm nicht zu früh in die Wildnis enteile.

Merkwürdig ist, wie sehr Märchen imstande sind, Schicksal zu spielen oder zu weissagen. Ein Kind, das genügend viele Märchen erzählt bekommt, um unter ihnen ein bestimmtes *«Lieblingsmärchen»* auswählen zu können[33], wird, ohne es zu wissen, nicht allein über die Hauptkonflikte seiner Kindheit Aufschluß geben, der Symbolismus der Märchenerzählung selbst wird zugleich auch die Tendenzen und Faktoren der weiteren Entwicklung vorgreifend andeuten, so daß man oft mit Erstaunen feststellen wird, wie sehr die spätere Biographie eines erwachsenen Menschen der Erzählung jenes «Lieblingsmärchens» der Kindheit entspricht – «Lieblingsmärchen» nicht als das «liebste» und sympathischste, wohl aber als das interessanteste, spannendste, fesselndste, *wichtigste* Märchen der Kindheit. Vor Jahren erzählte mir eine Frau, deren «Lieblingsmärchen» unsere Geschichte von «Brüderchen und Schwesterchen» war, wie sie als Kind an der Seite ihrer Mutter und ihres um vier Jahre jüngeren Bruders hatte leben müssen: sie war gerade sechs Jahre alt, als die Rote Armee im Winter 1944–45 die Bevölkerung der deutschen Ostgebiete in langen Flüchtlingskolonnen vor sich hertrieb. Diese Frau hatte erleben müssen, wie ihre Mutter unter erschütternden Weinkrämpfen sie und das Brüderchen nahm und buchstäblich ohne alles, ein paar Nahrungsmittel und ein paar Kleidungsstücke ausgenommen, sich mit ihnen auf den langen Weg nach Westen machte; sie mußte mit anhören, wie ihre Mutter des Nachts bis in den Schlaf hinein nach ihrem Gatten rief, der irgendwo an der Ostfront als vermißt galt; sie mußte das Brüderchen tragen, wenn die Mutter nicht mehr weiterkonnte, und sie mußte später tagaus, tagein auf das Kind aufpassen, wenn die Mutter auf dem Feld eines Bauern arbeitete, in dessen Nähe sie in einem kleinen Zimmer Unterschlupf gefunden hatte. «Wenn die Mutter des Abends nach Hause kam», berichtete diese Frau, «genügte irgendeine Kleinigkeit, und sie konnte vor Zorn aus der Haut fahren – sie war eben so erschöpft und verzweifelt. Ich hatte z.B. einmal unsere einzige Tischdecke aufgelegt,

Kartoffeln gebraten und das Besteck zurechtgelegt, als meine Mutter zu riechen meinte, es sei etwas angebrannt: Wir hätten kein Holz, wir hätten kein Essen, um es sinnlos zu verfeuern, schrie sie und schlug unablässig auf mich ein. Und so ging es oft. Ich konnte versuchen, alles so richtig wie möglich zu machen, ich wußte nie, wie meine Mutter abends reagieren würde.» Diese Frau war noch nicht 14 Jahre alt, als sie bereits dreimal ernsthaft sich hatte das Leben nehmen wollen – man mußte von Glück sagen, daß sie niemals mit Drogen in Berührung gekommen war. Ihr Hauptproblem *heute* waren Anfälle von Haarausreißen[34] und Gesichtzerkratzen – Momente, in denen sie in maßlosem Selbsthaß auf winzige Verfehlungen hin oder auch bloß infolge bestimmter peinlicher Erinnerungen wie rasend über sich herfallen mochte, nicht anders als ihre Mutter damals. Diese Frau empfand die Geschichte von «Brüderchen und Schwesterchen» schon als Kind als ihr «Lieblingsmärchen», und wirklich erinnerte sie sich, wie sie mit etwa 12 Jahren mit ihrem Bruder sich eines Vormittags auf den Weg gemacht hatte, um einfach fortzugehen; die beiden Kinder hatten stundenlang an der Zonengrenze gesessen, «dahinter lag so ein weites, offenes Feld, ich hätte nur immer laufen und laufen mögen, als begänne dort drüben eine andere, bessere Welt, von der ich selber nur leider ausgesperrt war»; dann waren Grenzsoldaten gekommen und hatten die beiden nach Hause zurückgeschleppt. Die geheime Hoffnung dieser Frau aber ging fortan in eine

Richtung, die sich in gewissem Sinne symbolisch auch in den Hoffnungen des «Schwesterchens» der Grimmschen Erzählung ausspricht: Eines Tages würde ein «König» in ihr Leben treten – der Vater würde zurückkehren, ein Bruder der Mutter würde aus der DDR in den Westen kommen, oder es würde eine hochgestellte Person, ein Lehrer oder der Pfarrer des Ortes, sich in sie verlieben und sie bei sich aufnehmen; und da aus all diesen Träumen nichts wurde, verlegte diese Frau ihre Hoffnungen schließlich auf *Gott:* sie studierte Theologie, sie wurde Gemeindeassistentin, und sie merkte schon fast nicht mehr, daß sie im Dienst gegenüber dem «jagenden König» «jenes Landes» bei allem Sprechen von den «lieben Schwestern und Brüdern» in kirchlichem Sprachgebrauch mit ihren Hoffnungen wie mit ihren Ängsten immer noch dem uralten Skript ihres Lieblingsmärchens aus Kindertagen, der Geschichte von «Brüderchen und Schwesterchen», Folge leistete.

Man kann freilich bei dem Stand der Dinge jetzt noch nicht von großen «Hoffnungen» und «Erwartungen» des «Schwesterchens» sprechen – es widerspräche seinem ganzen Wesen, wenn ihm irgendein Teil der Zukunft als etwas erscheinen würde, das es selber zu planen oder zu gestalten vermöchte. Im Gegenteil: kennzeichnend für die Haltung dieses Mädchens ist die ausgedehnte Bereitschaft, sich mit dem *status quo* zufriedenzugeben. Es *bedarf* allem Anschein nach zunächst eine ganze Zeit über einer solchen *Zurückgezogenheit* und Abgeschiedenheit, um die inneren Kräfte zusammenzuhalten und miteinander an wenn auch noch so dünnem «Faden» verbunden sein zu lassen. Bis in *die Handschrift* hinein läßt sich diese Neigung zur Abkapselung und Zurückgezogenheit im Leben vieler heranwachsender Mädchen dokumentieren, indem sie während dieses Abschnitts ihrer Entwicklung mit Vorliebe in eigenartig eingerollten, schleppend zähflüssigen, fast auf der Stelle sich drehenden Schnörkeln ihre Tagebücher, Poesiealben und oft fiktiven Liebesbriefe auszumalen pflegen. Zustande kommt in dem Märchen von «Brüderchen und Schwesterchen» allerdings auf diese Weise eine hochsymbolische Szene, die in den Erzählungen der Völker immer wieder auftaucht: Es handelt sich um das Motiv von der *«Schönen und dem Tier»*[35], bei dem die weibliche «Reinheit» und «Anmut» mit dem scheinbar wüsten und niedrigen Ansinnen männlicher Leidenschaft kontrastiert; dabei erscheint die tierhafte Gestalt der Männlichkeit indessen deutlich genug bereits nicht mehr als ein unabänderlicher Widerspruch zum Wesen des Weiblichen, sondern inzwischen als eine Aufgabe, die ihrer Lösung harrt: das «Tier» im Manne bzw. das als tierisch empfundene sexuelle Verlangen *nach* einem Mann wartet darauf, vermenschlicht zu werden und als ein dem Ich zugehöriger Teil der Psyche akzeptiert zu werden. Freilich: diese «Aufgabe» der seelischen Entwicklung zu definieren ist leichter, als sie zu lösen; und so ist es von großem Wert, wenn das Märchen an dieser Stelle im Umgang mit sich selbst ein allmähliches «Zähmen» des «Rehleins» anempfiehlt. Um die Gefahr zu überwinden, daß sich das «Rehlein» buchstäblich «verselbständigen» könnte, lernt das «Schwesterchen» jetzt die Kunst, in gewissem Sinne mitten im *«Walde» «häuslich»* zu werden und eine sehr sanfte Art der Zärtlichkeit gegenüber seinem so friedfertigen und ungefährlichen «Tiergefährten» einzuüben. Was das Märchen an dieser Stelle uns nahelegt, ist um so bewunderungswürdiger, als es vor dem Hintergrund uralter quälender Angst sich nunmehr wie eine idyllische Insel der Innigkeit ausnimmt. Wo gibt es schon eine Form der Pädagogik bzw. der moralischen Erziehung, die ein heranwachsendes Mädchen (einen Jungen) in der Kunst unterweisen würde, das «Rehchen» «aus der Hand fressen» zu lassen, ja sogar ein Vertrauen zu schaffen, das es ermöglicht, auf dem «Rücken» der Triebkraft sich auszuruhen und ruhig mit ihr einzuschlafen! Hat man uns nicht gelehrt, daß selbst die Träume der Nacht noch gefährlich sein können – erfüllt von den Schwaden schwül lüsterner Phantome und den Alpträumen der Angst unserer eigenen abgespaltenen Begierden? Was das «Schwesterchen» in diesem Moment lernt, ist menschlich etwas Wunderbares: hinabzusinken bis tief in das Unbewußte und keine Gefahr mehr zu spüren, die den neugewonnenen Zustand der Ruhe verheeren oder zerstören könnte.

Selbst die Anspielungen auf das *Abendgebet,* mit dem das «Schwesterchen» schlafen geht, sind sicherlich mehr als ein Zeichen der Biedermeierei der Brüder Grimm, die es scheinbar nicht lassen können, den kleinen Kindern immer wieder mit erhobenem Zeigefinger Tugend und Anstand beizubringen. Es geht vielmehr darum, mit den eigenen neu erwachten Triebwünschen sich gewissermaßen bis in die Nächte, bis in die Träume hinein von der Macht im Hintergrund des Daseins, die wir Gott nennen, als berechtigt, umfangen und getragen zu fühlen, so daß es nichts mehr an seelischen Regungen gibt, das als gefährlich und fremd abgespalten werden müßte[36]. Gegen die Unruhe und Angst, gegen die Alpträume verdrängter Triebwünsche setzt dieses Märchen das Bild eines Mädchens, das es zunehmend lernt, jeden Abend «seinen Kopf auf den Rücken des Rehkälbchens» zu legen und darauf zu schlafen wie auf einem Kissen. Wer, wenn die Nacht ihn in ihre Arme schließt, könnte so vertrauensvoll auf den Morgen hoffen? Daß dieses bisher von Trauer und Angst erfüllte «Schwesterchen» mitten in der Entwicklung zu sich selber als Frau für einen Moment lang eine solche innere Ruhe zu finden vermag, indem es «einschläft» auf dem «Rücken» der personifizierten Gestalt seiner eigenen Wünsche, ja daß es den Inhalt seiner eigenen Wünsche ans Leben zu empfinden vermag wie ein sich erfüllendes, stilles Gebet, weist einen Weg in die Zukunft weiterer Reifung, der in sich selbst zu Mut und Erwartung berechtigt. Tatsächlich ist das Bild von der *Schönen mit dem Tier* in sich selbst von einer eigentümlichen Faszinationskraft. Die wohl berühmteste künstlerische Darstellung dieses Motivs findet sich im Musée de Cluny in Paris in der Szenenfolge von der *«Dame mit dem Einhorn»*, einer Sammlung von Gobelins aus dem 15. Jahrhundert[37], die vor allem in RAINER MARIA RILKE[38] ihren adäquaten Interpreten gefunden hat. In RILKES Augen verkörpern diese Teppichbilder eine besitzlose «verhaltene» Liebe, einen «Eros der Ferne»[39]. Es handelt sich um die sechs Bilder, mit denen der Adlige *Jean de Chabannes* in Gestalt eines Löwen um die schöne verwitwete *Claude Le Viste* zu werben suchte – die Teppiche waren seine Verlobungsgeschenke, die er, offenbar in Brüssel, herstellen ließ. Wie A. F. KENDRICK 1921 herausfand, stellen diese Bilder in allegorischer Weise die fünf Sinne dar, wobei das sechste Bild sie alle zusammenfaßt, indem es gewidmet ist *a mon seul désir* – «meinem einzigen Verlangen», der schönen *Claude Le Viste*. Die Liebe, wenn diese Deutung zutrifft, *ist die Zusammenfassung* und *Einheit* aller Gefühle und Empfindungen, sie ist das Ende der Zerspaltenheit, und diese Erfahrung und Gewißheit setzt sich bis in die Details der Symbolsprache durch. Auf allen Teppichbildern tummeln sich kleine Tiere – Häschen und Hunde; ein angebundenes Schimpansenäffchen hockt im Hintergrund; Vögel bevölkern die Zweige der Sträucher und Bäume – wo die Liebe wohnt, soll man offenbar denken, kehren die Menschen zurück in ein verlorenes Paradies. Das am meisten «erotische» Bild indessen ist an fünfter Stelle dem *«Fühlen»* selbst gewidmet (siehe Tafel 3): Man sieht die Dame, diesmal ohne Dienerin, wie sie selber die Standarte hält, «mit der rechten Hand die lange Stange kräftig umgreifend, während ihre linke Hand das steil aufgerichtete Einhorn des Tieres zärtlich umfaßt.»[40]

Eine solche Symbolsprache geht allem Anschein nach auf *indische* Überlieferungen zurück, in denen das *Einhorn* eine ithyphallische Bedeutung gewann. Ursprünglich aber galt das Einhorn wohl als ein Symbol des zunehmenden Mondes. Auf den Reliefs von *Persepolis* z. B. finden sich Darstellungen des Kampfes zwischen Löwen und Einhorn, zwischen den Machtbereichen von Sonne und Mond, von Sommer und Winter, von Trockenheit und Regen[41]. Einzig die Liebe, wie sie in dem Bild der Dame mit dem Einhorn sichtbar wird, ermöglicht demnach die sich wechselseitig bedingende, wechselseitig befruchtende Widerspruchseinheit der menschlichen Psyche, und alles kommt darauf an, die Furcht vor dem fremden, dem scheinbar so unkontollierbar gefährlichen Teil der eigenen Psyche zu überwinden. Insbesondere *die versonnene Geduld der Frauen* fand RILKE in diesen Bildern vom «inneren» Mädchen, wie er sich ausdrückte, vom «nie noch geliebten Geschöpf», wie er auch sagte, vorbildlich ausgesprochen. Wohlgemerkt galten solche wartenden Frauengestalten, deren Wesen nach innen hin zu sich selber reift, diesem Lyriker orphischer Gesänge stets mehr als die Männer. «Die Männer sind mir fremd», äußerte er einmal zu *Katha-*rina Kippenberg, «ich sehe sie nur mir unverständliche Aktionen machen. Die Frauen rühren mich.»[42] Gerade von der Verhaltenheit der «Dame mit dem Einhorn», wie sie stolz für sich selber steht und doch inmitten spielender Tiere mit ihren Händen das Banner hält und das «Horn» der Liebe streichelt – d. h. den Mond und die Nacht, den Traum und die Sehnsucht, den fruchtbaren Regen und den dunklen Tod –: von all dem wurde RILKE zutiefst angesprochen. Ja, es überkam ihn beim Anblick der Wandteppiche im Musée de Cluny ein fast nostalgisches Gefühl, als er von den «jungen Mädchen» schrieb: «Sie sind ganz nahe daran, sich aufzugeben und so von sich zu denken, wie Männer etwa von ihnen reden könnten, wenn sie nicht da sind. Das scheint ihnen ihr Fortschritt. Sie sind fast schon überzeugt, daß man einen Genuß sucht und wieder einen und einen noch stärkeren Genuß: daß darin das Leben besteht, wenn man es nicht auf eine alberne Weise verlieren will. Sie haben schon angefangen, sich umzusehen, zu suchen; sie, deren Stärke immer darin bestanden hat, gefunden zu werden. – Das kommt, glaube ich, weil sie müde sind. Sie haben jahrhundertelang die ganze Liebe geleistet, sie haben immer den vollen Dialog gespielt, beide Teile. Denn der Mann hat nur nachgesprochen und schlecht. Und hat ihnen das Erlernen schwer gemacht mit seiner Zerstreutheit, mit seiner Nachlässigkeit, mit seiner Eifersucht, die auch eine Art Nachlässigkeit war. Und sie haben trotzdem ausgeharrt Tag und Nacht und haben zugenommen an Liebe und Elend. Und aus ihnen sind, unter dem Druck endloser Nöte, die gewaltigen Liebenden hervorgegangen, die, während sie ihn riefen, den Mann überstanden; die über ihn hinauswuchsen, wenn er nicht wiederkam..., die nicht abließen, bis ihre Qual umschlug in eine herbe, eisige Herrlichkeit, die nicht mehr zu halten war... Es sind ihrer zahllos mehr gewesen; solche, die ihre Briefe verbrannt haben, und andere, die keine Kraft mehr hatten, sie zu schreiben. Greisinnen, die verhärtet waren, mit einem Kern von Köstlichkeit in sich, den sie verbargen. Formlose, stark gewordene Frauen, die stark geworden aus Erschöpfung sich ihren Männern ähnlich werden ließen und die doch innen ganz anders waren, dort, wo ihre Liebe gearbeitet hatte, im Dunkel. Gebärende, die nie gebären wollten, und wenn sie endlich starben an der achten Geburt, so hatten sie die Gesten und das Leichte von Mädchen, die sich auf die Liebe freuen. Und die, die blieben neben Tobenden und Trinkern, weil sie das Mittel gefunden hatten, in sich so weit von ihnen zu sein wie irgend sonst; und kamen sie unter die Leute, so konnten sie's nicht verhalten und schimmerten, als gingen sie immer mit Seligen um. Wer kann sagen, wie viele es waren und welche. Es ist, als hätten sie im voraus die Worte vernichtet, mit denen man sie fassen könnte.»[43]

Diese «Unfaßbarkeit» im Wesen eines Mädchens, das zur Liebe heranreift, bzw. einer Frau, die durch die Liebe zu ihrem Wesen gefunden hat, macht die traumhaft-rätselhafte Faszination dieser Szene von der «Schönen mit dem Tier» aus. Es ist der Kontrast zwischen weiblicher Anmut und sinnlicher Animalität, von kindlicher Unschuld und ahnungsvoller Erwartung, der dieses Bild durchzieht. Die gesamte Spannung des Lebens einer Frau liegt darin: zwischen Hoffnung und Enttäuschung, zwischen Leidenschaft und Leid, zwischen Erwartung und Erfahrung: Glück und Unglück, Begehren und Entbehren, Verlangen und Versagen – alles, was das Märchen von «Brüderchen und Schwesterchen» an Überraschungen und Fügungen für den Lebensweg dieses Mädchens noch bereithalten wird, ist in diesem Bild in nuce enthalten, unter der Bedingung freilich, daß die harmonische Idylle des «Schwesterchens» mit seinem «Reh-Brüderchen» sich aus der angstbesetzten Reserviertheit nach außen hin öffnet.

d) Die Jagd auf das «Rehlein»

Tatsächlich betont das Märchen selbst, daß es «eine Zeitlang» dauert, die «Brüderchen» und «Schwesterchen» «allein in der Wildnis» zubringen. Wie lang diese «Zeitlang» im Leben eines Mädchens währt, kann jeweils ganz verschieden sein; zu dem Leben eines «Schwesterchens» hingegen gehört es, daß irgendwann die «Jagd auf das Rehlein» beginnt und eine äußerst stürmische, beseligende und bedrohliche Entwicklung anhebt; die Notwendigkeit dazu ergibt sich aus dem Gefühl der Sehnsucht selbst.

Aus der indischen Mythologie kennen wir die Überlieferung, wie Ushas, die Göttin der Morgenröte, sich in eine Gazelle verwandelte, als ihr Vater Prajapati (Brahma) sie verfolgte. Dieses Motiv von der «Hindin Morgenröte» zeigte Ushas als «die Kraft, durch die die anderen Götter veranlaßt werden, aufzuwachen, zu handeln und sich zu entwickeln». «Die Dichter vergleichen sie bald mit einem bezaubernden... Mädchen, bald mit einer juwelengeschmückten Tänzerin. Oder sie ist eine schöne Jungfrau, die dem Bad entsteigt, ein andermal eine prächtig gekleidete Gattin, die vor ihrem Gatten erscheint. – Immer lächelnd und der unwiderstehlichen Macht ihrer Reize sicher, schreitet sie vorwärts, ihren Schleier lüftend. Sie verscheucht die Dunkelheit und enthüllt die Schätze, die sich in ihren Falten verbergen. Sie erleuchtet die Welt bis zum fernsten Horizont. Sie ist das Leben und die Gesundheit aller Dinge. Dank ihr machen die Vögel ihren Morgenflug. – Wie eine junge Hausherrin weckt sie alle Kreaturen und schickt sie zu ihren verschiedenen Verrichtungen. Sie dient den Göttern, indem sie diejenigen weckt, die sie anbeten und die Feuer des Opfers anzünden wollen. Man bittet sie, nur diejenigen zu wecken, die gut und edel sind, und die Bösen schlafen zu lassen.»[44]

Vorstellungen dieser Art haben auch auf die griechische Mythe der Göttin Eos eingewirkt, der Gattin des Morgens, der Schwester des Sonnengottes Helios, die vor allem durch ihre stürmischen Liebesgeschichten berühmt wurde[45]. Insbesondere ihre Liebe zu *Tithonos* wurde von HOMER formelhaft besungen: an jedem Morgen, wenn sie den Menschen das Licht bringt, erhebt sie sich nach HOMERS Worten rosenfingrig vom Lager des Tithonos[46] – eine Maskulinform von *Tito,* einem Wort nichtgriechischer Sprache, das die Femininform von «*Titan*» darstellt[47]. «Als Gott und als sterblicher Jüngling war er (sc. Tithonos, d. V.) in Kleinasien heimisch und stand wohl dem Adonis und dem Phaeton nahe.»[48] «Es wurde erzählt: Eos, die Göttin mit dem goldenen Thron, hatte den göttergleichen Tithonos, einen Jüngling aus dem Geschlecht der Könige von Troja, geraubt. Sie ging darauf zu Zeus und bat für den Geliebten um ewiges Leben. Die Bitte wurde ihr gewährt. Sie hatte aber nicht bedacht, daß es besser gewesen wäre, Jugend für ihn zu erbeten und die Fähigkeit, das Alter abzustreifen. Solange also Tithonos jung war, lebte er in Freude mit Eos am Okeanos, am östlichen Rand der Erde. Nachdem aber weiße Strähnen auf seinem schönen Kopf erschienen und in seinem Bart sich mischten, teilte die Göttin sein Lager nicht mehr, sondern sie pflegte ihn wie ein kleines Kind, gab ihm die Speise der Götter und schöne Kleider. Und als das Greisenalter ihm schließlich die Bewegungen nahm, verbarg die Göttin ihn in einer Kammer und schloß die Türe. Nur die Stimme des Tithonos drang von dort heraus, keine Kraft ist sonst in seinen Gliedern geblieben. Was diese Erzählung nicht sagt, erfahren wir von anderen Erzählern: Tithonos hatte sich in eine Zikade

verwandelt.»[49] Insgesamt erscheint *Eos* in den griechischen Mythen mit ihrer unersättlichen Liebe «zu schönen Jünglingen, die sie entraffte», als «eine zweite, unersättliche Aphrodite» oder aber als eine, die mit ihren fortwährenden Leidenschaften von der Göttin der Liebe geradewegs gestraft ist[50]. Das scheinbar stille Motiv von der «Schönen und dem Tier» weitet sich in solchen Erzählungen wie von selbst zu dem *indischen* Bild von der *Liebegejagten* bzw. zu dem *griechischen* Bild von der *Liebejagenden.*
Für unser Märchen von «*Brüderchen und Schwesterchen*» lernen wir aus solchen entlegenen Vorlagen zweierlei: Da ist einmal die hellstrahlende Ambivalenz der Verführungskraft weiblicher Jugend und Schönheit, zum anderen aber, vor allem in der *indischen* Fassung, das Motiv der *Verfolgung durch den eigenen Vater,* wodurch ein wichtiges *zusätzliches* Detail der Tierverwandlung des «Brüderchens» beleuchtet wird. Wir haben die Aufspaltung in die Gestalten von «Brüderchen» und «Schwesterchen» bzw. die Tierverwandlung des «Brüderchens» bislang allein aus den Widersprüchen im Bild der «Mutter» und «Stiefmutter» mitsamt den dadurch bedingten Ängsten, Frustrationen und Verdrängungen abzuleiten versucht; insbesondere die ausgeprägte Sexualangst des heranwachsenden Mädchens im Hintergrund von «Brüderchen» und «Schwesterchen» erschien uns als eine direkte Folge der mütterlichen Angsterziehung. Daran wird sich auch im folgenden nichts ändern; es tritt aber jetzt ein Faktor hinzu, der ohne eine Mythe

wie die von der «Hindin Morgenröte», die von ihrem «Vater», der Nacht, verfolgt wird, in der Psychodynamik der Grimmschen Erzählung nicht leicht zu erkennen wäre: *der außerordentliche Einfluß des fehlenden Vaters.*
Im allgemeinen genügt es in der Psychologie, zu beobachten, wie Menschen miteinander agieren und aufeinander reagieren, die es «wirklich» gibt; eine Psychologie imaginärer Personen scheint demgegenüber den Bereich des Seriösen in Richtung des Phantastischen zu verlassen. Doch was die Märchen aller Völker zu ihrer Grundannahme erklären, bestätigt sich auch in der «seriösen» «Realität» immer wieder: die Menschen *sind* psychisch «phantastische» Wesen, und sie leben keineswegs nur mit den Menschen, die sie in ihrer Umgebung tatsächlich antreffen, sondern oft genug und weit intensiver noch mit den Menschen, die sie dort *nicht* antreffen – die ihnen *fehlen* und die sie ersehnen, weil sie ihrer im Grunde dringend bedürften.
Selbst psychoanalystisch kann man darüber streiten, welch eine Rolle *der Vater* vor allem in den ersten Monaten und Jahren im Leben seines Kindes spielt. So viel steht fest: überragend in der Entwicklung der frühen Kindheit ist ohne Zweifel *der Einfluß der Mutter.* Es ist ihr Herzschlag, ihr Atem, ihre Stimme, es ist die Art ihrer Bewegung, an die ein Kind sich gewöhnt, längst ehe es das Licht der Welt erblickt; – um die Stimme jenes Wesens zu identifizieren, das sich später als seinen Vater zu erkennen gibt, braucht ein Kind selbst im gün-

stigsten Falle mindestens 14 Tage nach seiner Geburt[51]. Daran liegt es, daß die Sprache, die ein Kind, ganz gleich in welcher Kultur, als seine eigene lernt, zu Recht als «Muttersprache» bezeichnet wird. Eine Vielzahl instinktiver Koppelungen verbindet zudem ein Neugeborenes mit seiner Mutter – vom Klammerreflex über den Blickkontakt, dem Saugreflex bis hin zu dem fabelhaften, aber ganz und gar «realen» Phänomen des «Ammenschlafs»[52]: es sind als erstes die Augen der Mutter, die das Kind sucht, es ist ihr Körper, bei dem es Schutz findet, und es ist ihre Nähe, in der es ruhig wird und einschläft. Der Vater hingegen tritt in das Erleben eines Kindes erst relativ spät ein, und so könnte man meinen, er spiele für das Kind überhaupt keine Rolle. Gleichwohl trifft diese Ansicht nicht zu. Im Gegenteil. Wie eine Frau als Mutter sich selber erlebt, hängt gewiß zu einem ganz erheblichen Teil von dem Verhältnis zu ihrem Mann ab, und so wirkt der Vater indirekt auf dem Weg über die Mutter von Anfang an auch auf die Seele seines Kindes ein.

Bekanntlich lassen sich Beobachtungen an Tieren nicht ohne weiteres auf Menschen übertragen; aber wie stark der Einfluß eines männlichen Tieres auf ein Junges sein kann, mit dem es äußerlich scheinbar gar nichts zu tun hat, zeigt auf dramatische Weise das Verhalten der Mitglieder eines Löwenharems[53]: mitunter geschieht es, daß der männliche Besitzer eines «Harems» wechselt, während eine der Löwinnen schwanger ist; dann kann es sein, daß die Frucht im Leibe des Muttertiers abstirbt aus Furcht vor dem Männchen, das nur den eigenen Nachwuchs duldet und anerkennt. So stark also, bis auf den Tod, kann die Feindseligkeit eines Männchens sich auf dem Weg über das Muttertier bereits auf ein noch ungeborenes Kind auswirken. Freilich: dieses Beispiel setzt die *Anwesenheit* des (Stief-) Vaters voraus. Aber man muß in diese Richtung nur einen Schritt weiter denken, und man wird leicht bemerken, wie stark es das Verhalten auch einer Menschenmutter gegenüber ihrem Kind verändern muß, je nachdem, ob sie sich bei ihrem Manne geborgen fühlt oder nicht, und ein *abwesender* Mann hinterläßt in aller Regel eine ganz empfindliche, kaum zu schließende Geborgenheitslücke im Erleben einer Alleinstehenden. Selbst eine Frau, die unter «normalen» Umständen mit sich selbst und ihrem Kind ganz gut zurechtkommt, kann sich durch das Fehlen ihres Mannes sehr bald überfordert fühlen, und von einer solchen Situation sind wir bei der Interpretation unseres Märchens bisher denn auch ausgegangen, um die Widersprüchlichkeit im Wesen der «Mutter» bzw. «Stiefmutter» von «Brüderchen» und «Schwesterchen» besser verstehen zu können. Noch nicht untersucht aber haben wir die Folgen, die sich für ein Kind *unmittelbar aus dem Fehlen des Vaters bzw. in bezug zu seinem fehlenden Vater* ergeben werden.

Durch S. FREUD ist die psychoanalytische Vorstellung aufgekommen, ein jedes Mädchen werde notgedrungen schon aufgrund des anatomischen Geschlechtsunterschiedes von seiner Mutter «enttäuscht»: von einem bestimmten Zeitpunkt an beginne es schmerzlich bei sich selbst und bei seiner Mutter das Fehlen der Männlichkeit zu entdecken, und so wende es sich unter dem Vorwurf, von der Mutter benachteiligt, d. h. «kastriert» auf die Welt geboren zu sein, mit desto größerer Intensität seinem Vater zu, um von ihm zu bekommen, was es bei sich selber so schmerzlich vermisse[54]. FREUDS Theorie der weiblichen Sexualität mutet, in dieser Form vorgetragen, vor allem durch ihre organgebundene, «biologische» Sprache heute fast schon bizarr an, und nicht wenige Autor(inn)en erblicken denn auch darin ganz einfach einen Beweis für die Selbstgefälligkeit und für den Machismo des Begründers der Psychoanalyse: so sähen die Männer sich nur allzugern – als so beneidenswert schon von Natur aus! Doch so einfach ist es nicht, einem Genie wie FREUD zu widersprechen; was er seelisch an Konflikten vor Augen hatte, existiert sehr wohl, wenn wir nur die somatisierende bzw. symptomatisierende Diktion FREUDS als Ausdruck ursprünglicher Beziehungsverhältnisse statt als Beschreibung biologischer Sachverhalte zu lesen versuchen. Nicht das Fehlen «des Männlichen» (des Penis), wohl aber das Fehlen des Mannes, seines Vaters, an der Seite seiner Mutter kann zu einer erheblichen Quelle von Angst und Frustration für ein heranwachsendes Mädchen geraten[55]. Die mangelnde Festigkeit bzw. die innere Haltlosigkeit der Mutter führt nicht nur in der angegebenen

Weise zu einer Fülle von Einschränkungen und Entbehrungen für das Kind, es bildet sich unter solchen Bedingungen vor allem eine überstarke *Sehnsucht nach dem fehlenden Vater* aus: wenn *er* wiederkäme, wenn *er* da wäre, könnte die ganze so angstdurchsetzte Welt doch noch in Ordnung kommen. Es kann sein, daß die Mutter manchmal selber seufzend so spricht oder daß die Tochter aus der Traurigkeit und Gereiztheit der Mutter sehr deutlich herausspürt, welch ein Loch in ihrem Leben die Abwesenheit ihres Mannes hinterlassen hat[56], und wenn *das* mit «Kastrationskomplex» bezeichnet wird, so enthält FREUDS Theorie gewiß eine bleibend gültige Einsicht.

Insbesondere aber kann es dahin kommen, daß die Tochter, in der Tat aus «Enttäuschung» an der mangelnden «Männlichkeit» ihrer Mutter, sich voller Sehnsucht ihrem fehlenden Vater zuwendet, den es sich gar nicht vortrefflich genug ausdenken mag. «Immer wenn die Tür aufging», erinnert eine Frau sich an ihre Kindheit, «dachte ich: Vater tritt herein. Aber er kam nie.» Diese Frau hatte als Mädchen wohl gesagt bekommen, daß der Vater vor Jahren schon verstorben war – das änderte nichts an ihren lebhaften Wunschphantasien, die ihrerseits wieder immer neue Enttäuschungen nach sich ziehen mußten. «Der Vater tritt herein» – das bedeutete, es würde endlich jemand kommen, der die verzweifelte Gereiztheit der Mutter abfinge und auflöste; allein schon durch seine Anwesenheit vermöchte er seine Tochter zu behüten und

zu beschützen; er würde sie auf seine Arme nehmen und ganz hoch in die Luft halten, und wenn er sie fallen ließe, so nur, um im übermütigen Spiel ihr zu bedeuten, daß er immer, wann irgend es sei, für sie bereitstehe, um sie aufzufangen und bei der Hand zu nehmen; der Vater, wenn er zurückkehrte, würde vor allem so etwas wie Kontinuität und Solidität in die so zerrissene und angstgejagte Erlebniswelt der alleinstehenden Mutter und ihrer Tochter bringen. «Ich entsinne mich noch», erklärte jene Frau weiter, «wie es bei uns zu Weihnachten war: Mutter schenkte mir einmal eine kleine, aber wunderschöne Puppe mit zwei langen geflochtenen Zöpfen; ich fand die Puppe so lieb – bis Mutter sagte, sie habe alles, was sie noch besaß, dafür ausgegeben. Ich habe wohl den ganzen Abend nur noch geweint. Ich mußte mit Mutter vor das Bild meines Vaters hinknien, und wir haben gemeinsam für ihn gebetet. Diese Augenblicke zählen zu den schlimmsten in meinem Leben, so daß ich später eine ungeheure Angst bekam, mich überhaupt auf irgend etwas zu freuen. Geschenke oder Lob wurden für mich zu einer regelrechten Bedrohung, die ich schon von weitem abwehrte. Dabei nach außen hin hielten alle mich für ein fröhliches Kind, und es war auch ganz ehrlich, wenn ich mit ihnen lachte und scherzte. Aber in Wahrheit war ich schüchtern und scheu und irgendwie immer sprungbereit, um innerlich oder äußerlich wegzulaufen.»

Was in unserem Zusammenhang an dieser Schilderung besonders wichtig

scheint, bezieht sich auf die unbewußte Fluchtrichtung, in welche ein solches Mädchen durch die Angst und Widersprüchlichkeit seiner Mutter getrieben wird. Bisher haben wir den Aufbruch von «Brüderchen» und «Schwesterchen» als eine Flucht ins Nirgendwo beschrieben, und im subjektiven Erleben trifft dies wohl auch zu; und doch, so sehen wir jetzt, wartet am Ende des Fluchtweges auf das fliehende Mädchen so etwas wie eine unbewußte väterliche Sehnsuchtsgestalt, die all die Wünsche nach Geborgenheit, Liebe, Bestätigung und Halt in sich vereinigt, welche an der Person der eigenen Mutter auf so bittere Weise widerlegt wurden. Der Vater, gerade weil er in der Wirklichkeit niemals erlebt wurde, erscheint wie ein verborgener Retter, der am Ende der Welt schon bereitsteht und wartet.

Es gibt in dem Märchen von *«Brüderchen und Schwesterchen»* einen sehr deutlichen Hinweis darauf, daß es sich so und nicht anders in dem Erleben des «Schwesterchens» verhält – das ist *die dreitägige Jagd des Königs jenes Landes,* in dessen «Wald» das «Schwesterchen» und sein «Rehlein» leben. Stets wenn die Märchen von *Königen* sprechen, meinen sie nicht die Herrscher und Machthaber in Geschichte und Politik[57], sondern Menschen, die durch die Sehnsucht und Liebe im Herzen eines Menschen zu einer absoluten Bedeutung aufsteigen, indem sich mit ihnen aller «Reichtum», alle Schönheit und Wertschätzung auch der eigenen Person verbindet. Ein «König» im Sinne der Märchen ist stets ein «Regent» in den

Regungen des Herzens, und seine uneingeschränkte Vollmacht beruht allein auf der grenzenlosen Verehrung und Hingabe der Liebe. In *allen* Märchen verhält es sich so; in unserem Falle aber scheint es ein verstärkendes Moment zu geben, das den möglichen Partner der Liebe zu der Würde eines Königs erhebt: *das Sehnsuchtsbild des eigenen Vaters.* In psychoanalytischer Terminologie müßte man sagen: es ist die kompensatorische Wunschphantasie, es ist die Idealisierung des Fehlenden, die für ein Mädchen, das unter so vielen Ängsten, zerstörten Wünschen und zerbrochenen Träumen aufwachsen muß, jeden möglichen männlichen Partner der Liebe in einen Prinzen und Königsgemahl, in eine väterliche Ersatzgestalt verwandelt und ihn mit einer Machtfülle begabt, als hinge in jedem Moment von der Geste seiner Hand, von dem Blick seiner Augen, von dem Tonfall seiner Stimme Leben oder Tod, Rettung oder Vernichtung, Heil oder Unheil ab. Gerade der Ausfall einer wirklichen Vaterbeziehung kann ein Mädchen im Getto von Angst, Traurigkeit und Sehnsucht dahin bringen, in «ödipaler» Fixierung von dem verlorenen Vater niemals mehr loszukommen, sondern ihn, den buchstäblich «Vermißten» oder «Verschollenen», in jeder Begegnung, in jeder Annäherung wiederzusuchen und wiederzuvermuten, jedoch gerade nicht so, daß es dabei zu einer ruhigen Haltung von Vertrauen und Geborgenheit kommen könnte, vielmehr drohen an jeder Stelle eines möglichen Gelingens der uralten Wünsche und Erwartungen zugleich auch die

schmerzlichen Erinnerungen an all die Enttäuschungen und Entbehrungen sich wieder zu melden, die bereits die frühe Kindheit so tragisch überschatteten.

Immer von neuem kommt es somit zu einem charakteristischen Schwanken: zwischen dem *Wunsch nach Anlehnung,* der Angst, *lästig zu sein* bzw. zurückgewiesen zu werden, und der *Bereitschaft,* der vermuteten Enttäuschung *durch eigene Flucht* zuvorzukommen. Das alles, wohlgemerkt, spielt sich im Grunde noch weit unterhalb der eigentlichen «ödipalen», sexuell bedingten Thematik ab, die ihrerseits freilich spätestens mit Anbruch der Pubertät alle bereits bestehenden Konflikte noch einmal dramatisch zu steigern pflegt.

Folgt man dem Wortlaut des Märchens, so hebt eines Tages, zum Schrecken des «Schwesterchens», jedoch zur leidenschaftlichen Freude des «Rehleins», eine ausgedehnte «königliche Jagd» an, deren einziges Ziel alsbald darin besteht, des «Rehleins» als Beute habhaft zu werden. Das Paradox ereignet sich, daß gerade das innerlich so scheue und zurückgezogene «Schwesterchen» in der anderen Seite seines Erlebens förmlich von einer Art «Jagdfieber» gepackt wird; dasselbe Mädchen also, das ursprünglich nichts *mehr* auf Erden fürchtete als die «Tiger» und «Wölfe» der Leidenschaft und Begierde, vermag jetzt in der Gestalt des «Rehleins» kaum noch zu leben ohne den *Genuß des Gejagtwerdens.* Aber es handelt sich inzwischen auch nicht mehr um den Drang bloßer Vitalität und Animalität; auf dem Spiel steht die Begegnung mit

keinem Geringeren als mit dem absoluten Souverän und Herrscher jenes Landes; auf dem Spiel steht m. a. W. die phantastische (Wiederbegegnung) mit dem fehlenden Vater. Kann es da wundernehmen, daß der Konflikt zwischen Faszination und Flucht, zwischen Sehnsucht und Scheu, zwischen Verlangen und Verlorenheit sich nunmehr zu seinem eigentlichen Höhepunkt steigert?

Da ist zum ersten der «Jagdgenuß» selbst: gerade ein Mädchen, das alles eigene Wünschen und Begehren in sich selber zu unterdrücken gelernt hat, kann von einem bestimmten Zeitpunkt an von ganzem Herzen sich danach sehnen, um so mehr *von den anderen* gewünscht und begehrt zu werden; gerade die Qual ständiger Selbstwertzweifel und Selbstablehnungen vermag es dahin zu treiben, wie *verzweifelt* an jeden seiner Mitmenschen die bittende Frage zu richten: «Kannst du mich lieben – so wie meine Mutter mich niemals zu lieben imstande war und wie mein Vater (vielleicht!) mich geliebt hätte, wenn ich ihm jemals begegnet wäre?» Aus der inneren Unsicherheit, aus der tief verwurzelten Selbstablehnung ergibt sich auf diese Weise ein ständiges Verlangen nach Liebe und Verständnis, ein werbendes, zuvorkommendes, wie leichthin schwebendes Suchen nach Einheit und Verschmelzung, eine «fordernde Abhängigkeit» (demanding dependency), die mitunter hysterieforme Züge gewinnen kann, während sie in Wahrheit ganz und gar depressiv strukturiert ist. Auf der anderen Seite steht dem Suchen nach Halt und Geborgenheit die uralte

Angst vor Enttäuschung, Zurückweisung und Verlassenwerden im Wege, und beides führt jetzt zu einer Art Strategie des «Suchens, um es nicht zu finden»[58]. «Immer wenn ich mit jemandem spreche, den ich eigentlich sehr gerne habe», erklärte jene Frau mit dem Püppchen, «mache ich insgeheim ihm gegenüber bestimmte Andeutungen, ob er wohl versteht, was ich eigentlich sagen möchte, und dann bin ich wie erleichtert, wenn ich merke: er versteht es nicht. Dann gehe ich rasch und oft lachend darüber hinweg, nur hinterher bin ich traurig. Oder ich höre dem anderen zu, wie wenn ich mit ihm einen geheimen Test veranstalte: ich probiere herauszufinden, wie er in vergleichbaren Situationen handeln oder reagieren würde; oft bin ich dann enttäuscht oder ganz entsetzt, denn so würde ich nie sein; ich kann ihm aber im Gespräch nicht mitteilen, was in mir vor sich geht; ich entferne mich nur einfach innerlich von ihm. Wir reden an der Oberfläche scheinbar munter weiter, ich aber nehme die fast beruhigende Gewißheit mit nach Hause: mit dem wird es auch nichts.»

Ganz ähnlich wird man sich die «Flucht» des «Rehleins» vor seinen Häschern vorstellen müssen: da ist ein Mädchen, eine erwachsene Frau, die sich nach nichts auf Erden so sehr sehnt wie nach jener Liebe und Gemeinsamkeit, die sie ihr ganzes Leben lang so notvoll vermißt hat; doch bereits diesen Wunsch, irgendwo, und sei es am Ende der Welt, die Gestalt des verlorenen Vaters wiederzufinden, darf sie sich selber

kaum eingestehen. Es gilt daher, das Verlangen nach Liebe *in den anderen* wachzurufen und sie gewissermaßen *passiv* dahin zu verlocken, daß sie von sich aus das «Hüfthorn» zur «Jagd» blasen. Das männliche Gegenüber soll durchaus merken, daß hier jemand darauf wartet, «erobert», «gefangen» und «verwundet» zu werden in den Netzen und Banden der Liebe; er soll geradewegs den Eindruck gewinnen, daß die beginnende «Jagd» höchst erwünscht sei; doch sobald jemand seinen Ehrgeiz darein setzt, die rehscheue Schöne für sich zu gewinnen, wird sie halb spaßig, halb schreckhaft das Weite suchen.

Möglicherweise kommen bei diesem Gebaren zwei Verhaltensweisen der *Tierpsychologie* zusammen. Von alters her hat die Evolution es so eingerichtet, daß im Tierreich das Männchen in der Paarungszeit Jagd macht auf das Weibchen – selbst die plump wirkenden Schildkröten sieht man im Balzspiel in die eigentümlichsten Verfolgungsrennen eintreten, bei denen freilich mit Regelmäßigkeit am Ende das Männchen das Weibchen einholt[59]; es ist, wie wenn die «Jagd» lediglich das sexuelle Verlangen nacheinander noch steigern und dabei die lahmen und müden Verfolger von ihrem möglichen Erfolg abhängen sollte. Umgekehrt besteht offenbar im Erleben der «Männchen» so etwas wie ein Eroberungswille, der durchaus verschieden von dem Willen sein kann, das «Eroberte» auch für sich festzuhalten und mit ihm zu leben. Nicht wenige Mißverständnisse in den Beziehungen zwischen Mann und Frau ergeben sich un-

ter uns Menschen aus eben diesen instinktiven Verhaltensrelikten der Tierreihe: Wann ist etwas wirkliche Flucht und wann nicht lediglich ein Spiel, um die Spannung zu steigern? Und wann gilt das männliche Werbeverhalten wirklich einer ernsthaften Bindung, und wann ist es nur eine Form narzißtischer Selbstbestätigung? ARTHUR SCHNITZLER hat in seinen Dramen und Novellen immer wieder dieses Verwirrspiel der Liebe geschildert[60]. In dem Märchen von *«Brüderchen und Schwesterchen»* aber sind all die gewissermaßen «normalen», «spielerischen» Irritationen in dem Verhältnis der Geschlechter zueinander durch die Ängste und Widersprüche des rehscheuen Mädchens in charakteristischer Weise verwirrt.

Wie man sich eine rechte Vorstellung von einem Mädchen in dem Widerspruch von «Brüderchen» und «Schwesterchen» machen kann, erläuterte vor einer Weile eine Frau, die über die Jahre ihrer verlorenen Jugend nachsann. «Ich konnte damals tagelang zu Hause herumsitzen», sagte sie. «Schon als Kind war ich gewohnt, mich in die Dachkammer zurückzuziehen, wenn Mutter ungenießbar wurde. Es erfüllte mich dann jedesmal eine furchtbare Traurigkeit – ich wußte einfach ganz genau und endgültig, daß ich am besten gar nicht auf der Welt hätte sein sollen. Ich hätte in solchen Momenten wirklich nicht mehr leben wollen, und ich lebte nur weiter infolge einer Schwäche, für die ich mich verachtete. Irgendwann kam ich dann wieder herunter, und das Leben ging weiter, aber es wälzte sich gewissermaßen nur wie das Geröll in einem Gletscher übereinander. Meine einzige Freude damals war das Tanzen. Nie hätte ich gewagt, von mir aus auf einen Jungen zuzugehen; ich wartete einfach, und es dauerte niemals lange, bis jemand mich aufforderte.» – Nebenbei hütete diese Frau sich auch jetzt noch, sich einzugestehen oder sogar mit einem gewissen Stolz zu vermerken, daß sie ganz offensichtlich eine auffallend schöne Frau war, die auch damals schon die Aufmerksamkeit aller Anwesenden erregte. Sie fuhr aber fort: «Wenn jemand mich mochte, so gab mir das die Erlaubnis, bei ihm zu sein. In Wirklichkeit wollte ich gar nichts von den Männern. Es war nur sehr schön, in der Menge unterzugehen, sich von der Musik tragen zu lassen und irgendwo ganz aufgehoben zu sein. Zudem brauchte ich ja nur mich so zu bewegen, wie der Partner es wollte, und die Schritte zu machen, die vorgesehen waren – ich konnte einfach nichts falsch machen, ich war meiner Rolle ganz sicher.»

Tatsächlich muß diese Frau nach außen hin stets recht munter und kontaktfreudig gewirkt haben – niemand bemerkte ihre geheime Angst, die sich in ihrem Anlehnungsbedürfnis aussprach –; der Tanz als eine vorweg ritualisierte Kontaktform wurde wirklich für sie zu dem Hauptkontaktmittel, zu einer Art zweiten Berufs, in dem sie sich bis zum Virtuosen steigern konnte. Es begann ihr Freude zu machen, wenn sie mit wippenden Haaren, mit wiegenden Hüften und mit wehendem Rock wie schwerelos über die Tanzfläche glitt und die bewundernden Blicke der Männer auf sich zog; es war ihre «Jagd» bzw. ihr Gejagtwerden, es war der Klang der Musik, der ihr Blut durchströmte, ein Rausch der Verwandlung, der aus ihr als einem unscheinbaren «Schwesterchen» ein begehrenswertes «Rehlein» machte, das alle Häscher des «Königs» durch die «Büsche» zu hetzen suchten. Und doch blieb bei allen Formen der Annäherung eine unüberschreitbare *Fluchtdistanz* bestehen. «Die Männer mißverstanden mich ständig», erklärte diese Frau. «Sie sahen mich und dachten sich wohl, daß ich leicht für sie zu haben sei; vermutlich habe ich auf sie auch so gewirkt. In Wahrheit aber war ich ganz anders. Manchmal beim Tanzen spürte ich, wie ein Junge sich enger an mich drückte; vor allem wenn ich ihn dabei als Mann spürte, überfiel mich ein wahnsinniger Schrecken. Ich war dann ganz starr; der Junge aber mußte wohl denken, ich mochte das gern, und tat es noch viel stärker, bis daß ich mich von ihm ruckartig losriß und buchstäblich vor ihm Reißaus nahm. Mitunter hörte ich noch, wie er dann hinter mir blöde Bemerkungen herrief, etwa derart, erst machte ich alle Leute an und dann ließe ich sie sitzen; und ganz so war das auch. Aber ich hatte dabei eigentlich kein Schuldgefühl. Schuldig hätte ich mich gefühlt, wenn ich mich wirklich an einen Jungen verloren hätte. Ich sehe erst heute, wie egozentrisch ich damals war. Was aus den Jungen wurde, war mir wirklich egal. In deren Augen galt ich wohl als ein toller Feger, aber wenn es darauf ankam, bestand ich nur aus Angst und konnte sie ganz schön abblitzen lassen.»

In der Sprache des Grimmschen Märchens drückt sich diese zwiespältige Form von Werbeverhalten und Selbstbewahrung in den mahnenden Worten des «Schwesterchens» aus, mit denen es von seinem «Brüderchen» verlangt, an jedem Abend, am Ende der «Jagd», an die Türe des «Hüttchens» zu klopfen und in feierlich-ritualisierter Form um Einlaß zu bitten. Es ist offensichtlich das Ritual selbst, von dessen Vertrautheit eine deutlich angstlindernde Wirkung ausgeht[61]: während nach draußen hin eine Phase heftiger Turbulenzen und abenteuerlicher Neuentdeckungen beginnt, erscheint es im Umgang mit sich selbst als um so wichtiger, eine gewisse *festgelegte Ordnung,* gewissermaßen als Erkennungsmarke des Eigenen, einzuführen und durchzuhalten; entscheidend aber ist, daß das «Schwesterchen» ausdrücklich allem *Fremden* gegenüber sein «Türlein» nicht auftut[62]. Die «Jagd», mit anderen Worten, soll und muß als ein Genuß *an* sich selbst *auf* sich selbst beschränkt bleiben; es darf buchstäblich ein gewisser Geheimnisbereich nicht überschritten werden, und es gibt eine Zudringlichkeit, die grundsätzlich auf die heftigste «Verschlossenheit» des «Schwesterchens» treffen wird. – Ein Stück weit innerlicher gelesen, wird man die «Aussperrung des Rehleins», solange es sich nicht als das «Brüderchen» zu erkennen gibt, als eine Abwehr all derjenigen Gefühle verstehen müssen, die dem Ich des Mädchens noch nicht vertraut und bekannt sind;

es handelt sich um eine Verzögerung der Entwicklung aus Angst, die indessen als notwendig erscheint, um das seelische Gleichgewicht des «Schwesterchens» nicht in Gefahr zu bringen.

Und doch geht die Entwicklung Schritt für Schritt weiter. Die *dreitägige Jagd* ist erneut als ein typisches Schema zu werten[63], das einen Zeitraum umgreift, der im wirklichen Leben *Jahre* in Anspruch nehmen kann. Es ist *am ersten Tag,* daß die «Jäger» des «Königs» der auffallenden Schönheit des «Rehleins» gewahr werden; es geschieht *am zweiten Tag* bereits, daß sie achthaben auf das güldene *Halsband* des «Rehleins», von dem wir wissen, daß es ursprünglich des «Schwesterchens» Strumpfband war und wohl auch jetzt, bei der «Jagd», dafür gehalten werden muß; und so verwundert es uns nicht, wenn wir hören, wie am Abend dieses Tages das «Rehlein» sich von allen Seiten umzingelt sieht und von den «Jägern» «ein wenig am Fuß» «verwundet» wird, «so daß es hinken mußte und langsam fortlief». Die *«Verwundung»* kann sich an dieser Stelle gewiß nicht mehr auf die erste Erfahrung der Menstruation beziehen, sondern symbolisiert allem Anschein nach die wie einen Schock erfahrene *Defloration.* Für diese Deutung spricht neben den durchaus nicht mehr so «unschuldigen» Bildern von «Jagd» und «Strumpf-» bzw. «Halsband» nicht zuletzt auch das Symbol des *«Fußes»,* mit dem bereits in der Bibel gerne das (weibliche) Genitale bezeichnet wird[64]. Der Grund für diese Verschlüsselung der eigentlich gemeinten Bedeutung liegt einmal in der ängstlichen «Verschiebung nach unten»[65], dann aber auch in der länglichen Form des Fußes sowie seines Pendants: des Schuhes[66]. Tatsächlich erklärt denn auch das «Rehlein», das sich erstaunlich schnell von seiner «Verwundung» erholt, daß es *am dritten Tag* beim Erschallen des «Hüfthorns» (eines deutlich männlichen Symbols[67]) vermeint, «ich müßt' aus den Schuhen springen». Wie ein «Rehlein» zu «Schuhen» kommt, aus denen es springen könnte, ist wohl nicht so sehr ein Geheimnis der Brüder Grimm, es erinnert vielmehr an die ekstatische Lust des Mädchens, endlich aufs Ganze zu gehen; und so fügt es sich nach so vielen symbolischen Hinweisen eigentlich nur folgerichtig in den Gang der Dinge, daß am Abend des dritten Tages der «König» selber an des «Schwesterchens» *Türlein* klopft und das erschrockene Mädchen ihm Einlaß gewährt.

Immer wieder ist es erstaunlich, in welcher Feinheit Märchen über die intimsten Vorgänge und Seelenzustände zu sprechen vermögen, ohne den Kreis respektvollen Anstands und vornehmer Zurückhaltung zu überschreiten. Ein Hauptvorteil der Beschäftigung mit Märchen liegt eben deswegen in der symbolischen Poesie dieser Geschichten selbst verborgen: der Leser lernt bei ihrer Lektüre wie von selbst die Kunst, über Fragen der Liebe so verbindlich und offen, aber auch so behutsam und sensibel zu sprechen, daß das Thema seine Peinlichkeit ebenso wie seine Heimlichkeit verliert. Nimmt man die Grimmsche Erzählung von *«Brüderchen und Schwesterchen»* beim Wort, so erzählt sie den Entwicklungsweg eines Mädchens, das sich mit äußerstem Zögern trotz aller moralisierenden Einschüchterungen durch seine (Stief-) Mutter ins Leben getraut und dabei, wie so oft, in gewissem Sinne von dem Gang der Ereignisse überrollt wird. Von außen betrachtet, in einer rein *moralisierenden* Bewertung, müßte man dem Mädchen vorwerfen, daß es in einer Zwiespältigkeit zwischen Angst und Sehnsucht am Ende doch gerade das tut, wovor die Mutter als «Hexe» es am meisten gewarnt hat: Sogar ohne in bürgerlichem Sinne durch eine Heirat dazu legitimiert zu sein, läßt es sich auf den Kontakt mit einem Manne ein und bestätigt damit offenbar die schlimmsten Befürchtungen und Vorhaltungen seiner Mutter. *Psychologisch* aber kann man es kaum genug rühmen, daß das «Schwesterchen» in diesem Moment all seine Vorsicht fahren läßt und sein «Türlein» öffnet. Gewiß: *psychoanalytisch* muß es bedenklich stimmen, und es wird für den Fortgang der Erzählung ein erhebliches Problem aufwerfen, daß auch jetzt das «Schwesterchen» mehr aus Ichschwäche als aus Überzeugung handelt; gleichwohl folgt es im Grunde seiner *eigenen* Sehnsucht, wenn es als seinen Geliebten *«den König des Landes»* in den Armen hält. Zwar «passiert» ihm in diesem Moment alles, mehr als daß es geplant oder auch nur gewollt wäre; indessen endet an dieser Stelle doch das selbstbezogene Leben des «Schwesterchens» mit seinem «Rehlein»; es ist das erstemal, daß das Motiv von der «Schönen und dem Tier» sich öffnet in das Bild von dem *«Mädchen und dem König»*, einem sehnsuchtsvoll überhöhten, idealisierten, traumhaft schönen, aber doch auch bereits vermenschlichten Sehnsuchtsbild. Für alles Weitere bildet diese *Verschiebung der Symbolsprache* in Richtung einer bei aller Verträumtheit doch ersichtlich größeren Realitätsnähe die unerläßliche Voraussetzung.

Ehe wir betrachten, wie die Begegnung zwischen dem «König und dem Mädchen» zustande kommt und welche Chancen zu ihrer Entfaltung darin angelegt sind, erscheint es einen Augenblick lang ganz nützlich, sich einmal vorzustellen, wie das Leben einer Frau aussähe, die auf der Stufe der «Jagd» und des «Tierfriedens» der «Schönen mit dem Rehlein» stehenzubleiben gezwungen wäre. Nicht selten ist die sogenannte «Wirklichkeit» noch weit phantastischer als die Phantasie der Märchen, und immer wieder gibt es Menschen, die schon zu ihren Lebzeiten sich mit einer mythischen Aura umgeben. Eine Frau, die sowohl durch ihre *Schönheit* als auch durch ihre *Tierliebe,* durch ihre Scheu ebenso wie durch das voyeuristische Interesse, das ihr Erscheinen bei den Männern aller Welt erweckte, dem märchenhaften Kontrast der «Schönen und dem Tier» am nächsten kam, ja dieses Motiv in ihrem Leben zu einem unerreichten Format steigerte, war und ist die französische Filmschauspielerin und Tierschützerin BRIGITTE BARDOT. Am 28. November 1934 geboren, war sie 27 Jahre alt, als LOUIS MALLE mit ihr den Film *Vie privée* (Privatleben) dreh-

te, der sich so sehr dem wirklichen Leben der Hauptdarstellerin annähert, daß er für das Verständnis eines Daseins im Zwiespalt zwischen öffentlicher Preisgegebenheit und inständiger Sehnsucht nach wahrer Beziehung eine ebenso tragische wie zeitlose Gültigkeit besitzt[68]. Erzählt wird die Geschichte des Fotomodells *Jill,* das aufgrund seiner Schönheit in «kürzester Zeit zum begehrtesten Cover-Girl» aufsteigt. «Der Film meldet sich, Jill wird ein berühmter Leinwandstar, das Idol der Massen. Bedenkenlos gibt sich Jill dem Leben hin, wechselt ihre Partner, wie es ihr in den Sinn kommt, und gerät mit ihren Affären alsbald in den Brennpunkt der Kritik, die sie als unmoralisch verwirft. – Der Rummel um Jill verstärkt sich, Tausende ihrer Verehrer bedrängen sie, die Angst vor den Massen läßt Jill nicht mehr los. Sie sieht ihr Privatleben gefährdet, und um Ruhe zu finden, flieht sie nach Genf, wo das Haus ihrer Eltern leer ist.» Ihr Freund Fabio *(Marcello Mastroianni)* bietet ihr «Schutz, Sicherheit und eine jähe Leidenschaft», doch während er mit der Inszenierung eines Theaterstücks in Spoleto beschäftigt ist, begeht sie einen Selbstmordversuch; Fabio rettet sie und führt sie ins Dasein zurück. Da sie aber in der Öffentlichkeit, wo immer sie auftaucht, einen Schwarm von Journalisten und Paparazzi um sich versammelt, bittet Fabio sie, sich nicht mehr zu zeigen. Doch am «Premierenabend kann Jill ihre Neugier nicht mehr zügeln. Sie tritt hinaus auf ihren Balkon. Im gleichen Augenblick zuckt in der Dunkelheit das Blitzlicht

eines Reporters auf – Jill taumelt und stürzt über den Balkon in die Tiefe. Durch ein Blitzlicht, das am Anfang ihrer Karriere stand, findet Jill, ironischerweise, den Tod.»[69]

Es war damals eine Zeit, in der BRIGITTE BARDOT in *L'Express* gegenüber dem Romancier JEAN CAU ihre Situation mit den folgenden Worten erläuterte: «Man hat mir alles gegeben, aber ich kann nichts damit anfangen. Und die Zeit verfliegt, und ich bin gefesselt, eine Gefangene hinter meinem Äußeren.» «Ich hatte viele Liebhaber in meinem Leben. Man hat gesagt, ich sei verdorben. Aber es ist keine Angelegenheit von Verworfenheit, es ist eine Zuneigung und Zärtlichkeit.» «Ich wollte nie etwas erreichen… es ergab sich einfach. Ich wurde nach oben geschwemmt. Es ist nur Geschäftemacherei. Beim erstenmal ist es ein erfreuliches Ereignis, den ersten Preis zu gewinnen. Jetzt…» «Ich habe in keinem Film Röcke gehoben oder Strumpfbänder oder schwarze Strümpfe getragen… Das ist heuchlerisch und obszön.» «Es ist nichts Anstößiges daran. Schmutzig wird es in den Köpfen der Leute, die es so sehen wollen.» «Die Leute halten mich für das Siebte Weltwunder, aber wenn ich keinen Nerz und Hut trage, was glauben Sie, was ich zu hören kriege? Das deprimiert mich. Ich habe ohnehin kein Selbstvertrauen.»[70] Schon ein Jahr zuvor, im September 1960, während der Dreharbeiten zu *La vérité* (Die Wahrheit), gestand BRIGITTE: «Ich bin eine Frau wie jede andere… Ich habe zwei Ohren, zwei Augen, eine Nase und einen Mund. Ich fühle und denke und bin in erster Linie Frau und Mutter. Aber ich kann kaum noch leben. Ich habe keine eigene Seele mehr. Es erschreckt mich, ein Star zu sein; es ist wie der Fluch des Zauberlehrlings. Ich kann nicht leben, wie ich will. Ich lebe nur im Verborgenen. Wenn ich meine Wohnung lüften will, kann ich nicht das Fenster aufmachen, weil ein Fotograf mit Teleobjektiv auf dem Dach sitzt. Ich möchte die Filmerei aufgeben, wenn das so weitergeht…»[71]

Was an der Gestalt und dem Wesen der französischen Schauspielerin in jener Zeit als so faszinierend empfunden wurde und was umgekehrt ihr Leben in eine Art ständiger *Jagd* verwandelte, brachte SIMONE DE BEAUVOIR (die Lebensgefährtin des Philosophen J.P.Sartre) in einem eigenen Beitrag im August 1960 auf die Formel, die BARDOT sei «das gelungenste Musterbeispiel einer ‹zweideutigen Nymphe›. Von hinten gesehen wirke ihr zierlicher, durchtrainierter Tänzerinnenkörper fast androgyn; ‹ihre Weiblichkeit› dokumentiere sich ‹in ihrem hinreißenden Busen›.» «Ihr Haar frisiert sie mit der Nachlässigkeit eines Naturkindes, ihr kindlicher Schmollmund lädt zum Küssen ein. Sie läuft barfuß umher, sie kümmert sich nicht um elegante Kleider, Schmuck, Wäsche, Parfums, Schminke und alle anderen Hilfsmittel einer Frau, und doch ist ihr Gang lasziv, und ein Heiliger würde in Versuchung geraten nur dadurch, daß er sie tanzen sieht.»[72]

Gleichzeitig konnte die so von den Augen aller Männer Verfolgte «einsame, unglückliche Stunden vor dem Spiegel im Schlafzimmer ihres Pariser Appartements» verbringen und «sich entgegen aller Vernunft und Offensichtlichkeit» einreden, «sie sei häßlich. Absolut häßlich.» «Brigitte», schrieb HERBERT KRETZMER in *Cahiers du Cinéma,* «ist davon überzeugt, sie sei häßlich… Es erstaunt sie, daß es überhaupt Männer gibt, die ihr Gesicht attraktiv finden können. Der Komplex wurde kürzlich durch einen Hautausschlag vertieft. Brigitte hält ihren Körper für einen Ausgleich für ihr Gesicht. Sie glaubt, daß ihr Gesicht nicht beachtet werde, wenn sie ihren Körper im Film und privat frei zu Schau stellt. Ihr Körper ist ihre Geheimwaffe.»[73] – So stand es bereits Ende 1957. Es ist schwer vorstellbar, daß es einen größeren Gegensatz zwischen der Selbstwahrnehmung und der Außenwahrnehmung im Leben einer Frau geben kann, als man ihn in dieser Episode antrifft. Man hat den Eindruck, als wenn *die Mißachtung des eigenen Gesichtes* im Grunde der Suche nach der eigenen verlorenen Seele gelte. In der Tat sorgte der Film *Vie privée* vier Jahre später «dafür», daß sich der «Mythos BB» langsam zersetzte. Die bereits mit 25 Jahren zur Legende gewordene Frau, der Super-Sex-Star, das Idol der Massen, der Busen-Star, die Skandalheldin der Zeitschriften, Magazine, Zeitungen und Hausfrauenblätter, dieses erotisch-verführerisch-amoralische Wesen von 30 Filmen in 8 Jahren war für Presse, Kritiker, Filmverleiher und Produzenten lange nicht mehr eine so heiße Ware wie ein paar Jahre zuvor, als ihr Konterfei von den Titelseiten nicht mehr wegzu-

denken war und Brigitte den Zenit ihrer Leinwandkarriere erreicht hatte. Der Mythos war ausgeschlachtet worden; die Produzenten und Verleiher hatten das an Brigitte verdiente Geld gezählt und in andere, lohnendere Filmobjekte gesteckt.

Vie privée brachte aber einen neuen Mythos hervor: der Film erklärte den Mensch gewordenen Star zum Opfer der Gesellschaft, er verkündete Brigittes volle persönliche Unschuld an allem, was mit ihr, durch sie, gegen und für sie an Erfundenem, Hinzugedichtetem und tatsächlichem Geschehen in die Welt gesetzt worden war. «Die Nymphe mit dem hinreißenden Busen, dem über die Schulter fallenden langen blonden Haar, dem Kußmund, der Einladendes und Abstoßendes sagen kann, das Teufelsweib mit dem erotischen Gang, von Gott erschaffen, von Vadim oder dem Satan (?), … dieses bezaubernde, sensitive und zugleich alles zerstörende Kindweib war den Weg alles Irdischen gegangen: Es existierte nicht mehr.»[74] Jedoch trat jetzt, am Rande des Ruhms, ein anderes Wesen hervor, das ganz dem Motiv der «Schönen mit dem Tier» entsprach. Bereits in der Zeit, da die Welt dem Mythos der *Kindfrau* BARDOT nachjagte und eine Liebesaffäre die andere ablöste, wurde im Hintergrund immer stärker *das Mädchen* sichtbar, das sich eigentlich nur *im Umkreis von Tieren* sicher und glücklich fühlte. «Ich sehe meine Zukunft bei den Tieren», sagte BRIGITTE BARDOT schon vor Jahren, «denn ich werde immer so gut wie möglich versuchen, sie zu beschützen und zu lieben. Ich habe die Unabhängigkeit und die Sanftheit einer Katze, aber ich liebe ihren falschen Charakter nicht. Ich mag nicht kratzen. Ich schätze das anhängliche Gemüt eines Hundes, aber weder seine Unterwürfigkeit noch die Art, wie er Sklave seines Herrn wird. Wer weiß, vielleicht bin ich ein Zwitter, eine Hund-Katze oder ein Katze-Hund! Meine Hunde bedeuten mir sehr viel... Ich muß nicht immer mit ihnen reden, damit sie mich verstehen, das macht den Unterschied zu den Menschen aus.»[75]

Von 1962 an machte BRIGITTE BARDOT denn auch zunehmend als Tierschützerin von sich reden; seither geht sie konsequent gegen offensichtliche Tierquälereien gerichtlich vor, schreibt Artikel gegen die Mißhandlung von Haustieren, und sie hielt 1975 bereits in ihrem Anwesen bei Saint-Tropez 23 Katzen, 6 Hunde, 10 Schafe, 6 Ziegen, 1 Esel und Dutzende von Enten, Hühnern und Tauben[76]. Es sind ganz offensichtlich *die Tiere,* die sie vor schweren Depressionen bewahren und ihr an manchen Tagen buchstäblich das Leben retten. Es ist dabei nicht nur das einfache, wie selbstverständliche Gefühl des Mitleids, das «die Schöne mit den Tieren» verbindet, es ist vor allem das Gefühl, von den Tieren, anders als von den Menschen, nicht länger verfolgt zu werden; im Sinne des Märchens von *«Brüderchen und Schwesterchen»* müßte man sagen: Es ist der eigene «animalische» Anteil der Seele, der, müde gehetzt, in den befriedeten und zufriedenen Tieren seinen eigenen Frieden zu finden hofft, aus einem einfachen Grund: Die Augen der Tiere blicken nur dankbar und gut; sie lauern nicht auf, sie suchen nichts im verborgenen zu erhaschen, und sie stellen mit ihren Blicken nicht kritisch in Frage. Gerade für eine Frau, die mit ihrer Schönheit so exzessiv dem Exhibitionismus der Öffentlichkeit preisgegeben ist, kann sehr bald der Teufelskreis entstehen, den wir auch in dem Widerspruch des «Schwesterchens» und des «Rehleins» in dem Grimmschen Märchen beobachten konnten: daß man immer wieder auf Leben und Tod das zu *fliehen* versuchen muß, wonach man eigentlich am meisten sich sehnt, und es ist gerade diese Abspaltung der eigenen Sinnlichkeit von den eigenen Gefühlen, die unablässig eine unersättliche Mischung aus Angst und Verlangen erzeugt, ein ständiges Gejagtwerden und Auf-die-Jagd-Gehen bis hin zu dem traurigen Rückzug in die Einsamkeit, verbunden mit der *Gefahr des* allmählichen *Älterwerdens.*

Wie kann man Abschied nehmen von einer Phase des Lebens, in der es möglich war, mit der unverbrauchten Frische der Körperlichkeit und dem herausfordernden Charme der Jugend buchstäblich die ganze Welt zu erobern? «Für eine Frau ist es sehr schwierig, älter zu werden», erklärte BRIGITTE BARDOT zu Weihnachten 1982 auf Antenne 2. «Es ist sehr schwer, sich selbst zu sagen, daß man einmal schön war, daß man einmal einigermaßen gut aussah und daß man nun wie eine alte Landkarte ausschauen wird, total zerknittert und mit kleinen Falten an allen möglichen Stellen... Letztendlich ist das Gesicht wie ein Buch, es ist das Buch des Lebens jedes einzelnen...» – «Ich habe eine Riesenangst vor dem Tod. Die Sache mit der Seele, das ist so wie die Wette von Pascal: Es ist schon besser, daran zu glauben, was kann man dabei schon riskieren? Auf jeden Fall werde ich sterben, ich denke jeden Tag daran. Es vergeht kein Tag, an dem ich nicht an den Tod denke. Und ich bin der Meinung, daß die Menschen vielleicht besser, weniger boshaft und weniger egoistisch wären, wenn sie häufiger daran denken würden... Jeder glaubt, unsterblich zu sein; jeder denkt, daß er für Tausende und Abertausende von Jahren auf der Welt ist. Das stimmt nicht. Ich, ich kann morgen sterben.»[77]

In gewissem Sinne ist es wie ein Trost, zu wissen, daß auch die Tiere, die man liebt, ganz sicher sterben werden. Sie haben teil an einer Gemeinsamkeit des Lebens, die stärker ist als der Tod. Wer weiß, vielleicht hat PYTHAGORAS recht[78], und auch die Tiere haben eine unsterbliche Seele. Die Frau in *La Madrague,* der lebende Mythos der «BB» von einst, lebt heute einzig den Tieren; ihrem Schutz gilt ihr Kampf; und sie machen ihr Mut, seit Mai 1989 sich sogar wieder vor die Kamera einer privaten Fensehanstalt (TF1) zu getrauen und einzutreten für die Rechte der Tiere. Die *Ciné Revue* schon vom 22. April 1982 erklärte Frau BARDOT für eine gute Fee der Tiere, die sich mit der Jugend Frankreichs verbünde, um das Leid unschuldiger Kreaturen zu lindern[79]. Es sind heute die einzigen Freuden und Er-folge, die diese bemerkenswerte Frau am Leben erhalten und ihr ein neues Gefühl für ihren Wert und ihre Bedeutung schenken. «Meine Schönheit und Jugend gab ich den Menschen, meine Weisheit und Erfahrung gehören den Tieren», erklärte sie im Juni 1987, als sie ihre wertvollsten Schmuckstücke und die persönlichen Erinnerungen an ihre Jugend für über 1 Million Mark zugunsten einer weltweiten Tierschutz-Stiftung verkaufte[80]. «Geld bedeutet mir nichts mehr. Auch das Leben nicht, nebenbei. Sehen Sie, der Tod ist wie die Liebe. Eine romantische Episode. Und ich dachte, mein Leben sei zu Ende, als die Kirche mich anprangerte. Sie stellten Fotos von mir aus und stellten mich als das Böse in Person dar. Aber ich bin nicht böse.»[81] Wahrhaftig nicht! Der Mythos von der «Schönen mit den Tieren» wirkt weiter, und er besitzt eine ungebrochene Wirkung. Immer wieder gibt es im Kampf gegen das Unrecht, das Menschen an den unschuldigen Kreaturen verüben, kleine Siege zu erringen. «Es gibt Laborarbeiter, die ihr Verhalten ändern. Es sind ganz wenige, aber es gibt sie. Sie schämen sich zunehmend ihrer Arbeit, denn in ihren Familien und bei Freunden wird darüber geredet. Ich kenne einige Kinder, deren Mutter in einem Labor an Tierexperimenten arbeitete. Sie fragten sie danach, und sie schämte sich zu antworten. Sie hörte ihnen zu und versprach ihnen, keine Experimente mit Kaninchen mehr zu machen. Nur noch mit Ratten! Das klingt ein bißchen dumm, ich weiß, denn der Erfolg ist minimal – aber

es zeigt, daß sich Einstellungen ändern lassen. Über dergleichen denke ich nach, wenn ich mutlos bin. Es sind Kleinigkeiten, aber es ist viel für die Tiere. Den Menschen dieses Leiden klarzumachen, ist ein großer Schritt vorwärts in Richtung auf einen verstärkten Kampf gegen die Not der Tiere. Aber ich lasse nicht nach, danach zu fragen, warum Regierungen weiterhin die Schreie von Millionen von Tieren im Todeskampf überhören.»[82]
Es ist, als ob in solchen Worten Frankreichs heute zweifellos prominenteste Tierschützerin nicht nur für die Tiere sich zu Wort meldete, sondern auch für sich selbst. Buchstäblich *wie ein Tier* hat man sie gejagt, als sie jung war, und man kann nicht sagen, daß sie diese Jagd nicht gewollt, genossen und mitgemacht hätte. *Mais voilà:* auch Tiere haben eine Seele! Das Leben der BRIGITTE BARDOT ist das wohl berühmteste Beispiel dafür, wie ein Leben sich gestaltet, wenn es *keinen* «König» gibt, der den Spuren des verwundeten «Rehleins» nachgeht, um das «Schwesterchen» aus seinem Versteck in die Freiheit zu führen, bis die verängstete Seele seiner Rehgestalt sich zu wandeln vermag. Doch soweit sind wir auch in dem Märchen der Brüder Grimm von «Brüderchen und Schwesterchen» in diesem Moment noch nicht. Die entscheidende Frage an der Stelle, da wir stehen, lautet: wie gegen so viel Angst und demonstrierte Hysterie überhaupt eine wahre Begegnung zwischen dem «König» und dem «Schwesterchen» gelingen kann.

e) Heimsuchung und Heirat oder: Der König und das Mädchen

Sogar und besonders bei einer Frau, die über Jahre hin den Glanz und den Glamour der Scheinwerfer auf sich zieht wie die französische Filmschauspielerin BRIGITTE BARDOT, findet man mithin dieses verwirrende Wechselspiel wider Willen zwischen Hingabe und Verweigerung, zwischen tänzelnder Kühnheit und trauernder Kühle, zwischen stürmischer Sehnsucht nach Gemeinsamkeit und einer fast starr gewordenen Flucht in die Einsamkeit. Dabei ist diese extreme Aufspaltung der Antriebsrichtungen der Angst zwischen der Flucht nach vorn und der Flucht nach rückwärts zu einem Gutteil auch als *eine sich selbst erfüllende Prophezeiung* zu lesen. Aus dem Leben der BRIGITTE BARDOT weiß man, wie ihr Vater noch am Tag ihrer Hochzeit mit *Roger Vadim,* der ihren Mythos begründete, daneben stand und auf der Sittenstrenge eines getrennten Schlafzimmers bestand[83]. Es ist am Ende diese förmliche Pflicht, immer wieder verstoßen und zurückweisen zu müssen, was man eigentlich liebt und begehrt, die in ihrer wachsenden Unerträglichkeit vor allem bei den Mutigeren und Temperamentvolleren zu gerade dem entgegengesetzten Verhalten anleitet, indem das ewige «Du weißt ja, wie weit du gehen darfst» als ein unsinniger Zwang empfunden wird. Endlich einmal tun und lassen zu können, was man will, sich gehen lassen zu dürfen ohne ständige Tabus, frei zu sein ohne ständige Gewissensbisse – wie sollte das nicht zu einem unwiderstehlichen Verlangen geraten, in einer Welt, in der unter dem Bann der Stiefmutter-Hexe alle «Quellen» verwunschen sind und alles «Trinken» gefährlich ist? Andererseits zeigt gerade das Beispiel der BRIGITTE BARDOT, daß auch die Flucht in den Wagemut, der Sturz in den Taumel und Trubel von Jagd und Verfolgung die im Hintergrund verborgene Gestalt des «Schwesterchens» nicht wirklich zu befreien vermag. Es bedeutet für die weitere Entwicklung sehr viel, daß ein solches Mädchen sich zumindest mit der einen Hälfte seines Wesens dem Abenteuer des Lebens aussetzt; aber man muß damit rechnen, daß die andere Hälfte in ihrer Scheu und Zurückgezogenheit von all dem Tumult nur noch mehr erschreckt wird und sich nur noch empfindsamer nach innen zusammenschließt.

Erschwerend tritt zu dieser Situation noch der unverändert *projektive* Umgang mit den eigenen Ängsten hinzu. Wenn eine Frau wie BRIGITTE BARDOT von ihren Katzen und Hunden spricht, spricht sie erkennbar zugleich von sich; es ist nicht nur, daß sie sich selbst oder andere Menschen mit den Tieren vergleicht, es sind die Augen von Menschen, die sie in den Augen der Tiere anschauen, so wie es umgekehrt früher die Augen von Tieren sein mochten, die sie in den Augen von Menschen anblickten. Die Zärtlichkeit gegenüber den Tieren ist wie ein ersatzweises spontanes Bitten um Fürsorge und Schutz auch für sich selbst; aber es ist unendlich schwer für die Angst eines solchen «Schwesterleins», aus der

Selbstbezogenheit eines derartigen *symbolischen Lebens* einen Ausweg zu finden. Immer wieder möchte man dem «Schwesterchen» sagen: «Tu doch auch für dich selbst, was du so lieb den Tieren ermöglichst. Auch du hast ein Recht dazusein, und du bist nicht weniger wert als sie.» Doch immer wieder wird man gerade an dieser Stelle auf eine eigentümliche Passivität aus verborgenen Ängsten und uralten Schuldgefühlen treffen: wenn es noch so etwas wie Glück geben sollte, so müßte es von jemandem ausgehen, der in die Fußstapfen des eigenen Vaters träte. All das Suchen und Jagen, das Anziehen und sich Verweigern hat ja einzig den Sinn, *den eigenen Vater im anderen wiederzufinden.* Nur *ihm* gilt ja das werbende Verlangen, und wo nicht der andere selbst zum Format eines väterlichen Gegenübers aufwächst, hat er von vornherein keine Chance, sich einer Frau von der Art eines «Schwesterchens» zu nahen.

«Väterlich», d. h. hier vertrauenerweckend, beschirmend, überwältigend, unanfechtbar, sicher – in gewissem Sinne vollkommen und absolut. Natürlich gibt es solche Männer (oder Frauen) nicht in der Wirklichkeit, und so scheint auf die Länge der Zeit eine unabsehbare Kette von Enttäuschungen, neuen Versuchen und neuerlichen Frustrationen, ähnlich dem stürmischen Leben der BRIGITTE BARDOT, fast mit Sicherheit auf dem Plan zu stehen. Es kann aber wirklich das erhoffte Wunder sich ereignen, auf das die französische Filmschauspielerin bis heute offenbar mit solcher Bitterkeit vergeblich wartet:

daß sich in der Tat ein Mann findet, der durch sein ganzes Wesen darauf vorbereitet und fähig scheint, den Spuren des «Rehleins» nachzugehen, bis er zum Häuschen des «Schwesterleins» gelangt, um die Sprache seiner Angst zu erlauschen und zu erlernen, auf daß ihm von dem verängstigten Mädchen das «Türlein» aufgetan wird. Ohne Zweifel muß man auch hier, was das Märchen als einen Vorgang von nur wenigen Minuten schildert, sich zeitzerdehnt[84] als einen Prozeß vorstellen, der im wirklichen Leben Jahre in Anspruch nehmen kann; dann aber beschreibt der Gang des «Königs» zu dem Haus des «Schwesterchens», übersetzt in die Realität, eine höchst sensible und vorsichtige Form der Annäherung, die um so erstaunlicher wirkt, als sie erst jetzt, wie etwas Nachgeholtes, zustandekommt.

Um sich die Bedeutung der Szene zu verdeutlichen, müßte man sich die Geschichte einmal in der sozusagen «richtigen», d. h. in einer möglichst angstfreien Reihenfolge vor Augen stellen. Dann sollte, statt von Jagd und Verwundung, doch wohl von einem allmählichen Einüben der Liebe die Rede sein, und um im Bild zu bleiben: es müßte das «Rehlein» nicht mit lautem «Ho Ho» «gefangen», sondern mit den Worten einer sehr leisen, fast wortlosen Sprache «gezähmt» werden, ganz ähnlich wie es der Fuchs in A. DE SAINT-EXUPÉRYS Erzählung *«Der kleine Prinz»* vorschlägt: «Du mußt sehr geduldig sein… Du setzt dich zuerst ein wenig abseits von mir ins Gras. Ich werde dich so verstohlen, so aus dem Augenwinkel anschauen, und du wirst nichts sagen. Die Sprache ist die Quelle der Mißverständnisse. Aber jeden Tag wirst du dich ein bißchen näher setzen können.» Denn dann, «gezähmt» durch die Liebe, «wird mein Leben wie durchsonnt sein. Ich werde den Klang deines Schrittes kennen, der sich von allen anderen unterscheidet. Die anderen Schritte jagen mich unter die Erde. Der deine wird mich wie Musik aus dem Bau locken. Und dann schau! Du siehst da drüben die Weizenfelder? Ich esse kein Brot. Für mich ist der Weizen zwecklos. Die Weizenfelder erinnern mich an nichts. Und das ist traurig. Aber du hast weizenblondes Haar. Oh, es wird wunderbar sein, wenn du mich einmal gezähmt hast! Das Gold der Weizenfelder wird mich an dich erinnern. Ich werde das Rauschen des Windes im Getreide liebgewinnen.»[85] Eigentlich nur so: im allmählichen Auflösen all der «Wildheitsmerkmale» der Angst[86] könnte die *väterliche*, d.h. eine wahrhaft *«königliche»* Liebe in der Seele eines heranwachsenden Mädchens bzw. einer erwachsenen Frau Einzug halten. – Ganz anders hingegen in der Geschichte von *«Brüderchen und Schwesterchen»*, und schmerzhaft anders auch im Leben so vieler, die zu Frauen «gemacht» wurden, noch ehe sie überhaupt wissen konnten, wer sie eigentlich als Mädchen waren.

Gerade wenn wir die Prüderie der beginnenden Biedermeierzeit im Hintergrund der «Kinder- und Hausmärchen» der Brüder Grimm voraussetzen, wird die Spannung erkennbar, die zwischen der scheinbaren Harmlosigkeit und

fröhlich-munteren Lieblichkeit der «manifesten» Erzählung und der symbolisch angedeuteten, «latenten» Wirklichkeit besteht: Während an der Oberfläche von heiteren Jagdabenteuern dahergeschwatzt wird, erleidet ein Mädchen, als «Rehlein» verkleidet, eine «Verletzung», mit der es sich nur mühsam «nach Hause» zurückschleppt, und so keck es auch anderentags, von der «Wunde» genesen, sich bereits von neuem zur «Jagd» stellt, so kehrt dieser Gang der Handlung, hebt man den symbolischen Schleier beiseite, doch jede Art von Zartgefühl und von Behutsamkeit, wie man sie einem Mädchen auf seinem Weg zum Frausein wünschen sollte, ins bittere Gegenteil. Gewiß, es ist das «Rehlein» selbst, das sich förmlich dazu drängt, «gejagt» und «verwundet» zu werden; psychoanalytisch aber muß man doch sehen, daß die «Rehgestalt» des «Brüderchens» selbst nur aus der (stief)mütterlichen Angst hervorgegangen ist: Es sind nicht die ruhigen, «normalen», die *«wirklichen»* Wünsche, die in dem hysterieformen «Jagdfieber» des «Rehleins» zum Ausdruck kommen, es handelt sich klar erkennbar vielmehr um ein Verhalten, das in seiner Flucht nach außen lediglich die enorm gesteigerte Menschenscheu und Männerfurcht zu kompensieren sucht. Allerdings ist es kaum vermeidbar, daß immer wieder Männer, die in diesen Wirbel und Taumel der «Jagd» hineingezogen werden, schließlich dem Wunsch des «Rehleins» nachzukommen glauben, indem sie im Überschwang des Gefühls schließlich tun,

was sie in dieser Form, bei Lichte besehen, mit Rücksicht auf das «Schwesterchen» um keinen Preis tun sollten; und doch leitet überhaupt erst die «Verwundung» des «Rehleins» dazu über, merken zu können, daß es im Hintergrund des «Rehleins» noch ein «Schwesterchen» gibt, das voller Angst allabendlich auf seine Heimkehr wartet.

Auf der Suche nach einem kleinen Beispiel, was konkret mit den Bildern des Grimmschen Märchens gemeint ist, tritt mir eine Frau vor Augen, die der unerhörten Widersprüchlichkeit und quälenden Zerrissenheit ihrer Jugend mit einem Gewaltstreich ein Ende hatte bereiten wollen. Jahrelang hatte ihre früh verwitwete Mutter ihr in den Ohren gelegen, wie sie sich kleiden müsse, um schön und auffallend, aber nicht aufreizend und billig zu wirken, und es hatte in ihrem Leben keinen Schritt vor die Tür dieser «Hexenalten» gegeben, der nicht von mütterlicher Vorsicht und Angst um die «Unversehrtheit» der Tochter begleitet worden wäre. In Ermangelung ihres Vaters hatte diese Frau sich nicht nur sehr bald der Aufgabe gegenüber gesehen, der Mutter den Mann zu ersetzen, also selber nach außen hin «die Hosen anzuziehen» und eine eher männliche Attitüde an den Tag zu legen, sie war vor allem in der Rolle ihrer Weiblichkeit zutiefst verunsichert. Um so mehr sehnte sie sich freilich nach einem Mann, der sie an Stelle des vermißten Vaters als Frau ernst genommen hätte, und tatsächlich fand sie einen solchen beizeiten in ihrem Nachhilfelehrer. Diese junge Frau hatte sich mit all dem Schwarm von Hoffnung und Jugend Hals über Kopf in ihn verliebt, und ihr ganzes Gebaren war unbewußt darauf berechnet, ihn als Mann zu einer entschiedenen Handlung zu drängen. Tatsächlich zeigte sich dieser Lehrer trotz des beträchtlichen Altersunterschieds gegenüber den Avancen seiner Schülerin denn auch nicht prinzipiell abgeneigt, nur daß er hinter dem Vorwand sich zu verstecken suchte, er könne die Verantwortung nicht dafür übernehmen, daß es bei ihr das erste Mal sein würde. Für diese Frau bedeutete eine solche Auskunft allerdings nicht – wie es vermutlich gemeint war – eine verschleierte Absage, sondern im Gegenteil: eine gezielte Aufforderung. Während, jener Mann werde sich ohne weiteres zu ihr als Frau bekennen, wenn sie nur erst wirklich zur Frau geworden sei, reiste sie für ein paar Tage in den Ferien ins Ausland, um, im Vertrauen auf ihre Verführungskünste, einen dortigen Gastwirt zu dem entscheidenden Schritt zu überreden. Der Versuch gelang; doch wie erschrak jene Frau, als ihr wirklich Geliebter, voller Schrecken über den Ernst seiner Schülerin, die Beziehung aufkündigte und der Mutter Mitteilung zu machen drohte, falls sie ihm auch weiterhin nachstellen sollte. «Ich kam damals beinahe um vor Beschämung und Schuldgefühlen. Ich fragte mich ununterbrochen, ob ich wirklich so schlimm sei, wie meine Mutter mich immer schon in ihren Schimpfreden hingestellt hatte. Aber ich war damals viel zu stolz, um mir meine Niederlage einzugestehen. Wenn er mich nicht will, so wird mich schon ein anderer finden, sagte ich mir. Doch es war, als wenn ich mich hätte durchs Fenster werfen wollen, um ins Leben zu kommen.»

Was an der Schilderung dieser Frau in unserem Zusammenhang besonders bemerkenswert ist, läßt sich an der gewissermaßen rücksichtslosen Art im Umgang mit sich selbst wohl am besten verdeutlichen. Im großen und ganzen scheint diese Frau bereits als Mädchen weit aktiver, männlicher und angriffslustiger gewesen zu sein, als es zu dem eher depressiven Bild eines «Schwesterchens» und seines «Rehleins» in unserem Märchen passen will – das «totemistische» Charakterbild dieser Frau hätte in Jugendtagen wohl wirklich eher einem schwarzen Panther oder einem Puma als einem halbzahmen «Reh» geglichen. Gleichwohl war die Bedingungslosigkeit, mit der sie die eigenen «Verletzungen» und «Verwundungen» aus jenem Erlebnis als bloße Bagatelle, als einen geringfügigen «Jagdunfall» sozusagen, zu «überspringen» suchte, der Weise des «Rehleins» in der Grimmschen Erzählung durchaus kongenial. Augenblicklich, buchstäblich bereits am nächsten Morgen, ging für sie die «Jagd» *nach* dem «König» bzw. die Aufforderung zur Jagd *durch* den «König» mit noch vermehrtem Einsatz weiter. Die entscheidende Frage war und blieb allerdings: Wer von den Männern im Fieber der «Jagd» *bemerkte* im Hintergrund die Gestalt des verängstigten, notvoll weinenden «Schwesterchens»? Wer überhaupt würde die «Verwun-

dung» wahrnehmen, die er dem Mädchen zugefügt hatte, als er dessen Wunsch zu entsprechen vermeinte? Und wer besäße Augen dafür, daß jenes «Rehlein» an jedem Abend einen weiten Weg zurücklegen würde, um «nach Hause» zu seinem «Schwesterlein» zu gelangen?

Das einzige Erlösende, das wirbelnde Durcheinander Beendende in solcher Lage bestünde wohl darin, daß der «König», dessen «Jäger» das «Rehlein» «verwundet» haben, derselbe wäre, der am «Abend» kommt, um das «Schwesterchen» aufzusuchen. Im wirklichen Leben ist dies vermutlich eine absolute Seltenheit. Manche Bräuche der «Primitivkulturen» stellen die Angst und die Verletztheit eines jungen Mädchens, das durch die Beiwohnung eines Mannes zur Frau wird, sogar als etwas ganz Normales offen heraus in Rechnung, indem sie nicht ganz zu Unrecht die möglichen Gefühle von schreckhafter Angst, verletztem Stolz und ressentimentgeladenem Rachebedürfnis durch die Zwischenschaltung eines anderen, an sich unbekannten Mannes von dem späteren Ehegatten abzulenken suchen; in diametralem Widerspruch etwa zu der Sexualmoral des Christentums soll derjenige, der ein Mädchen zur Frau «macht», in diesen Kulturen gerade nicht derselbe sein wie derjenige, der die Frau hernach heiratet. Das «Tabu der Virginität» zu brechen[87], wird im archaischen Erleben allemal als eine Art Sakrileg erlebt, von dem die Alltagsnormalität der Liebe ausgespart bleiben sollte. *Psychologisch* muß man zugeben, daß solche Einrichtungen und Vorstellungen nicht einer gewissen Weisheit entbehren; andererseits scheint es einen unschätzbaren Vorteil oder doch zumindest eine außerordentliche Chance zu bieten, wenn es *ein und dieselbe Person* ist, die das «Trauma» des ersten Sexualkontaktes in der Seele der Geliebten selber aufzuarbeiten sucht; *diese* vielleicht recht selten realisierte, gewiß aber schönste Möglichkeit jedenfalls ist es, die das Grimmsche Märchen symbolisch darzustellen sucht: Es erzählt, wie der «König» nicht nur seinen «Jägern» befiehlt, dem «Rehlein» nur ja nichts zuleide zu tun, es schildert vor allem, wie am Abend des «dritten Tages» der «Jagd» der «König» sich selber auf den Weg macht, um in den Fußspuren des «Rehleins» zu dem Häuschen des «Schwesterchens» zu gelangen; ja es gelingt ihm, sich an die Stelle des «Rehleins» zu versetzen und seine «Sprache» so getreulich nachzuahmen, daß das geängstete «Schwesterchen» ihm zwanglos sein «Türlein» öffnet.

Überträgt man, was sich in diesem Bild symbolisch begibt, erneut in die Sprache der äußeren Realität, so wird man zum Zeugen des vielleicht Kostbarsten, was in einer reifenden Liebe zwischen zwei Menschen jemals sich begeben kann: der Linderung der Angst durch eine wachsende Vertrautheit vermittels einer sehr sensiblen Zärtlichkeit der Worte und Gebärden.

Für gewöhnlich, wenn ein Junge und ein Mädchen einander kennenlernen, werden sie herauszufinden suchen, wie gut sie miteinander auskommen; so gut wie niemals verfügen sie aber über die genügende Distanz zu sich selbst, um auf die seelischen Konflikte des anderen in größerem Umfang einzugehen. Günstiger scheinen die Bedingungen gestellt, wenn sich, entsprechend der Grimmschen Erzählung, wirklich ein «König» findet, der das «Schwesterchen» aufsucht. Freilich ist auch diese Situation nicht ohne Fallen und Gefahren. Als der *«König»* im Sinne eines Nachbildes des früh vermißten Vaters wird im Leben eines Mädchens zumeist ein älterer, mit Vorliebe gut und gerne 20 Jahre älterer Herr erscheinen, der seinerseits wähnt, eine besonders reizende Partie mit einem gut aussehenden, munteren Ding von Mädchen machen zu können. Äußerlich betrachtet, scheinen die Voraussetzungen ehelichen Glücks in der Tat damit hervorragend zu sein: das Mädchen fühlt sich in den Armen seines älteren Geliebten wirklich zum erstenmal als Frau angenommen und bestätigt; es bereitet ihr ein stolzes Vergnügen, daß sie imstande ist, sogar einen solch erfahrenen, wie sie meint, reifen Mann für sich zu gewinnen. Ihm wiederum schmeichelt der Umstand, selbst noch in relativ vorgerücktem Alter von einem so schönen jungen Mädchen begehrt zu werden, und auch *er* erblickt in dieser Beziehung so etwas wie ein Kompliment für seine Männlichkeit. Im unbewußten Erleben stellt sich diese scheinbar so vorteilhafte Beziehung indessen womöglich sehr anders dar: Das Mädchen, das in der Rolle des «Rehleins» die Aufmerksamkeit jenes Mannes zu erringen vermochte, ist doch in der Rolle des «Schwesterchens» außerordentlich scheu und allein; es würde z. B. kaum wagen, von sich aus im Wettstreit mit den Kameradinnen der eigenen Schulklasse um die Gunst eines gleichaltrigen Jungen anzuhalten; vor lauter Angst bedarf es unbedingt der werbenden Aktivität eines älteren, vertrauenerweckenden Kavaliers von Mann, um in seine Rolle als Frau hineinzuwachsen. Ein außerordentlich ernstes, aber durchaus verbreitetes Problem einer derartigen «Königsbeziehung» kann bereits darin liegen, daß ein solches Mädchen schon aus Dankbarkeit glaubt, seinem «Königsgemahl» in allen Punkten zu Willen sein zu müssen: statt von seinen eigenen Ängsten, Wünschen und Neigungen zu sprechen, wird es eher dahin tendieren, nur ja dem jugendlichen Wunschbild seines Gemahls zu entsprechen. Auf gar keinen Fall wird es, sagen wir: mit 18 oder 20 Jahren, zu sehen vermögen, was dieser «König» vermutlich sogar vor sich selber am liebsten verborgen hält: daß auch er, der so mächtig Erscheinende, der Übervater und Souverän, in Wahrheit ein selbstunsicherer Mensch ist, der trotz seiner 40 Jahre noch immer so gehemmt und verschüchtert ist wie ein 15jähriger: Nie würde er einer ebenbürtigen, gleichaltrigen Frau sich getrauen; und so muß er schon auf ein wesentlich jüngeres Mädchen zugehen, um in der Beziehung selber sich einigermaßen sicher zu fühlen: *er* ist es, der durch den Vorsprung an Erfahrung und Bildung, durch den Besitz von Ansehen und Macht, von Einkommen und Einfluß so gut wie alle Trümpfe in der Hand hält, und von seiner jugendlichen Geliebten, von seinem «Schwesterlein» und «Rehlein» erwartet er eigentlich nur, daß es ihm als Frau zu gefallen vermag und nach außen hin gefällig sich gibt. Es bedarf keines Kommentars, daß ein solches Geflecht von unbewußten Ängsten und Erwartungen eine jede wenn auch noch so gut gemeinte Beziehung auf die Länge der Zeit hin gefährden muß, und zwar allein schon dadurch, daß beide Partner geneigt sein werden, die Bedingungen, unter denen sie sich kennengelernt haben, festzuschreiben statt sie durchzuarbeiten. An möglichen Konflikten besteht bei einer solchen «Königshochzeit» jedenfalls kein Mangel; es seien nur die wichtigsten genannt: Wann je soll das «Schwesterchen» innerlich zu einer wirklichen Frau, zu einer ernstzunehmenden Partnerin jenes «Königs» heranwachsen dürfen? Wie läßt sich das Machtgefälle des «Königs» gegenüber seiner Gattin abbauen? Was ist zu tun, wenn der «König» selbst durch ein Erstarken seiner Frau der latenten Unsicherheit seines Wesens sich bewußt werden muß? Was wird, wenn, er 60jährig, sie 40jährig, sie ihre unterschiedlichen Bedürfnisse als Frau und als Mann entdecken? Fragen über Fragen, und keine einzige läßt sich im voraus, ein für allemal gewissermaßen, lösen. Und doch gibt es in der Grimmschen Erzählung ein Moment, das zunächst ungemein hoffnungsvoll stimmt: das ist die Bereitschaft des «Königs», durch seine «Jäger» zu erkunden, in welcher Weise das «Rehlein» allabend-

lich bei seinem «Schwesterchen» *um Einlaß bittet.*
Für gewöhnlich ist es schon schwer, des anderen *«Muttersprache»* zu erlernen, ja, es scheint schon schwierig genug, überhaupt zu bemerken, daß der andere eine eigene, von uns selber verschiedene Sprache redet. Wenn *er* von Vater, Mutter, Baum oder Haus, Kirche oder Schule, Bruder oder Schwester, Lehrer oder Meister, Gott oder Teufel, Madonna oder Engel, Tier oder Pflanze, Stern oder Gebirge, Fluß oder Wald spricht, so glauben wir zunächst von Dingen und Gegebenheiten zu hören, die wir bereits hinlänglich kennen; irgendwie sind wir überzeugt, daß der andere in den uns bekannten Wörtern ebenfalls nur das uns Bekannte sagen und meinen könne. In Wirklichkeit aber verbinden sich mit allen Begriffen im Munde des anderen Erfahrungen, Erinnerungen und Assoziationen, die unvertauschbar *seiner* Biographie zugehören; wer sie kennenlernen will, der muß ein jedes gefühlsbesetzte, persönlich bedeutsame Wort in der Rede eines Menschen, den er liebt, wie ein Hinweisschild in ein noch unentdecktes Land betrachten; es ist gerade nicht die Bestätigung des immer schon Gewußten, sondern eine Einladung zu Bewußtseinsabenteuern, die es gemeinsam zu bestehen gilt: wie viele verschwiegene Quellen, niemals bestiegene Gipfel, noch nie durchforschte Wälder, unbetretene Kathedralen und nie gesehene Schlösser liegen auf dem Gefilde einer fremden Seele verborgen, und was alles gibt es dort zu entdecken, bis aus einem geliebten Menschen ein

einigermaßen «Bekannter» wird[88]? Es ist aber gerade die Zugewandtheit der Liebe, die danach drängt, die «Muttersprache» des anderen zu erlernen, und es ist das Vertrauen, das der Liebe entstammt, durch welches es möglich wird, einander wirklich vertraut zu werden. Unter den Märchen der Brüder Grimm gibt es für ein solches *Gespräch des reifen Vertrauens* und der wachsenden Vertrautheit ein sehr schönes Bild in der Erzählung von *Rapunzel* (KHM 12), wo gleichermaßen ein «König» in einem «Wald» ein Mädchen aus seiner (stief-) mütterlichen Gefangenschaft zu befreien sucht, indem er als erstes die Sprache vernimmt und nachahmt, in welcher die (Stief-)Mutter mit ihrer Tochter redet[89]. Ganz ähnlich scheint es sich hier zu verhalten; und doch ist es noch auf charakteristische Weise anders – *schwieriger* in gewissem Sinne.
Um die «Muttersprache» eines Menschen zu erlernen, genügt es für gewöhnlich, genau hinzuhören, was jemand sagt, und immer wieder den Kontext, in dem er seine Worte verwendet, mit der Bedeutung zu vergleichen, die den gleichen Worten in der eigenen Sprache zukommt. Die Voraussetzung herrscht, daß der andere in etwa auch wirklich das sagt, was er meint und sagen will. Weit komplizierter hingegen liegen die Dinge in der Erzählung von *«Brüderchen und Schwesterchen»*, wo der «König» durch seine «Jäger» in Erfahrung bringen muß, wie das verängstigte Mädchen mit seinem «Rehlein» spricht; hier geht es nicht allein um das Erlernen der «Muttersprache» des anderen,

sondern um das Verständnis seiner *Angstsprache.* Um das Erraten gerade des Ungesagten, um das Herausfinden des speziell Vereinbarten, um die Dechiffrierung des geheimen Codes von Sicherungsformeln, die nur dem Eingeweihten zugänglich sind, muß es hier als allererstes gehen, wenn überhaupt eine wirkliche Beziehung jenseits des rein sexuellen Kontaktes zustande kommen soll. Es ist an sich ein wunderbares Bild, das von dem Grimmschen Märchen an dieser Stelle beschworen wird: wie die «Jäger» des «Königs» die Sprache erlauschen, in welcher die Angstgestalt des Mädchens, sein «Rehlein», mit dem «Schwesterchen» redet.

Wie erahnt, erspürt und ertastet man hinter dem Dickicht der Worte die verborgene Wahrheit der Seele eines Menschen? Wie bemerkt man die Stellen, an denen die Richtung einer Rede wie an einer unsichtbaren Felswand, gleich ihrem eigenem Echo, in sich zurückgeworfen wird und Laute erzeugt, die absichtlich in die Irre führen? Es ist, als ob die Angst, wenn sie sich in gefrorene Sprache verwandelt, wie von selber den Wortschatz und die Syntax zusammenzöge und aus den fließenden Wogen der Worte spitzige Eiskristalle formte, die sich nur mit viel Geduld und Einfühlungsvermögen wieder abtauen lassen. Vor allem muß es in der Geschichte von dem *König und dem Mädchen* darum gehen, ab sofort die «Jagd» einzustellen und die Bedingungen der bereits bestehenden Beziehung mit sprachlichen Mitteln nachzuarbeiten. Inhaltlich ist es entscheidend, daß der «König» dem

«Schwesterchen» anbietet, mit ihm auf sein «Schloß» zu gehen; aus dem stark sexuell motivierten Abenteuer soll mithin eine wirkliche Bindung werden, und es scheint eine großartige Zukunft zu verheißen, wenn der «König» dem «Schwesterchen» mit seiner Einladung sein «Schloß» zu Füßen legt. Ein Traum scheint sich hier zu erfüllen. Das «Schloß» des «Königs»[90] – das ist das Ziel und der Inbegriff all der vatergebundenen Liebessehnsucht des Mädchens: endlich wird es einen Ort geben, an dem es sich geborgen und behütet fühlen kann! Ein solcher «König» mit seinem «Schloß» hätte z.B. für eine Frau wie BRIGITTE BARDOT ganz unbedingt ein Mann sein müssen, der ihrer oft wiederholten Forderung nachgekommen wäre, ständig bei ihr zu sein[91] – ungewiß freilich, ob eine solche Nähe wirklich ohne Willküausbrüche aller Art auf die Dauer überhaupt lebbar gewesen wäre. In jedem Fall müßte ein solcher «König» ein hohes Maß an Verständnis aufbringen, er müßte mit sich reden lassen, und die Voraussetzung dafür bestünde ohne Zweifel in der Fähigkeit, die Sprache des «Rehleins» mit seinem «Schwesterchen» zu erlauschen, um in dem Bild des Grimmschen Märchens zu bleiben. Der «König» müßte mithin als erstes erkennen, daß er die Jagdlust des «Rehleins» vollkommen falsch eingeschätzt hat – er müßte zu der Entdeckung imstande sein, daß es im Hintergrund der Seele seiner Geliebten noch einen ganz anderen Menschen gibt, der als ein angstscheues, angstvereinsamtes «Schwesterchen» sich nach

nichts anderem so sehr sehnt wie nach einem Ersatz für den lebenslänglich vermißten Vater – einem Mann, der mit seinen Armen zu bergen und zu schützen vermöchte und dessen Worte sensibel genug wären, um nicht immer aufs neue wehzutun – ein reines Gegenstück der (Stief)Mutter mit ihren unablässigen Straf- und Verurteilungsreden. Darüber hinaus müßte das Thema «Sexualität» sich jetzt zumindest relativieren; es müßte allmählich aus seiner angstgeprägten Turbulenz und Widersprüchlichkeit befreit werden, indem deutlich würde, daß es «darum» nicht ausschließlich ging oder geht; und es müßte jetzt zum erstenmal gelingen, all die Gedanken und Gefühle hervorzulocken, die einem anderen Menschen gegenüber auch nur anzudeuten bislang gar nicht möglich schien.

Konkret wird man im Umgang mit einem «Schwesterchen» von Fall zu Fall auf die Schwierigkeit stoßen, gerade von den wichtigsten Dingen auch nur ein Sterbenswörtlein in Erfahrung zu bringen. Schon in Kindertagen hat eine Frau von der Art eines «Schwesterleins» lernen müssen, alle Worte der Kritik und der Klage zu verdrängen; sie hat die Erfahrung machen müssen, als ein «böses» und «freches» Kind ausgeschimpft zu werden, wenn sie die Wahrheit sagte, und sie hat an jeder Stelle, wo ein offenes Wort am Platz gewesen wäre, erleben müssen, wie ihr verübelt wurde, was sie als Übel empfand. Und all diese Ängste kehren jetzt natürlich zurück, wenn es darum geht, ein Stück offener und in gewissem Sinne wahrhaftiger sich mitzuteilen. Die Angstsprache des «Rehleins» zu vernehmen, um das Herzenstürlein des «Schwesterchens» aufzuschließen, das bedeutet, immer von neuem den zögernden Widerstand abzutragen, der sich allen Äußerungen eigenen Wünschens, Bittens, Fragens, Beschwerens, Protestierens, Klagens oder gar Anklagens entgegenstellt. Die Erfahrung muß wachsen, gerade für das Geschenk des Vertrauens am meisten gemocht und geliebt zu werden und eben im Vertrauen der Liebe die uralten Ängste überwinden zu können, die bisher einen jeden geraden Satz zu einem Konvolut von Rätseln, Mutmaßungen und Verdächtigungen verschnüren mußten. Andererseits besteht zu einem solchen wachsenden Wagemut der Wahrhaftigkeit natürlich keinerlei Alternative mehr, wenn irgendeine wirkliche Beziehung zu einem Partner jetzt überhaupt noch zustande kommen soll. Die Frage ist nur: Wie bemerkt man die feinen *Anspielungen* der Angstsprache mit all den notvollen Anfragen, die sich dahinter verbergen, wie spürt man die versteckten «Testfragen» heraus, die auf scheinbar nebensächlichem Glacis von verschiedenen Seiten immer wieder auf die Kernfrage zurückkommen: «Wie wichtig bin ich dir? Wieweit respektierst du mich? Beginnst du mich nicht längst schon lästig zu finden? Meinst du es auch ehrlich, wenn du sagst, du freust dich, daß es mich gibt?»

Hinzu kommen all die *Verformungen* der Angstsprache: das Reden in unpersönlichen, scheinsicheren Formeln, das stän-

dige Ablenken auf Nebensächlichkeiten, das Sprechen über Dritte anstelle einer unmittelbaren Aussprache[92]; hinzu kommen zu diesen inhaltlichen Vertauschungen die sozusagen grammatikalischen *Täuschungen*: viele Eheleute scheitern allein schon an dem simplen Tatbestand, daß es aus lauter Angst keine Möglichkeitssätze gibt: keinen Irrealis, keinen Potentialis, keinen Optativ; es heißt niemals: es wäre schön, wenn; es könnte doch sein, daß; ich würde wünschen, es gäbe...; statt dessen heißt es: So geht es nicht; ganz unmöglich; das darf man nicht. Es ist, als wenn man einem Menschen zuhören müßte, der im Getto seiner Angstsprache zu einem Ausländer in seiner eigenen Muttersprache geworden wäre und der im Unterricht der Formenlehre nur erst bis zum Gebrauch von Indikativ und Imperativ vorgedrungen wäre. Es handelt sich indessen nicht um einen Mangel an Wissen und Bildung, es herrscht vielmehr so etwas vor wie eine charakterbedingte Sprachzertrümmerung[93]. In jedem Falle muß man Satz für Satz das Gesagte in das eigentlich Gemeinte zurückübersetzen, indem man die Befehle als Wünsche, die Behauptungen als Erwägungen und die Verbote als Bedenken wiedergibt. Insbesondere eine Frau von der eher schüchternen Art eines «Schwesterchens» kann an dieser ständigen Übersetzungsarbeit förmlich zerbrechen.

Gleichwohl bedarf auch umgekehrt die Angstsprache des «Schwesterchens» selbst einer unablässigen Übersetzungskunst. Wo es leise sagt: «Vielleicht schon», sollte es oft genug heißen:

«Aber ganz sicher»; wo es scheinbar zustimmend äußert: «Wenn du meinst», muß man fast regelmäßig heraushören: «Ich bin ganz anderer Meinung, aber ich habe ja doch kein Recht, sie zu äußern»; und wo es erklärt: «Ich fühle mich nicht ganz so gut», da meint es nicht selten: «Ich weiß nicht mehr ein noch aus.» Es ist schon sehr viel gewonnen, wenn ein «König» merkt, daß es bei seiner Geliebten eine solche «*Rehleinsprache*» überhaupt gibt; doch so viel ist klar: einen anderen Weg durch die «Türe» zum Herzen des «Schwesterchens» wird man nicht finden, als indem man hört, mit welchen Worten und in welchem Tonfall das «Schwesterchen» und sein «Rehlein» im vorborgenen miteinander «Zwiesprache», d. h. einen inneren Monolog ängstlicher Wachsamkeit und vertrauter Versonnenheit, pflegen.

In all diesem Lernen und Umlernen kann es sehr wohl dahinkommen, daß die Beziehungen zwischen zwei Liebenden ein quasi psychotherapeutisches Niveau erreichen. Unter allen Umständen wird die These zu Recht bestehen, daß eine gelingende Liebe die beste und einfachste Art von Psychotherapie darstellt, während die beste Psychotherapie niemals die Erfahrung wirklicher Liebe ersetzen kann[94]. Allerdings besteht in manchen Fällen Gefahr, daß der «psychotherapeutische» Anteil der Liebe einen solchen Stellenwert erhält, daß man schließlich das Motiv mit dem Ziel verwechselt und vor lauter Lernen der Liebe zum wirklichen Lieben gar nicht mehr hinfindet. Das Grimmsche Märchen deutet diese Gefahr immerhin an und zeigt zugleich, wie man sie vermeidet, indem es schildert, wie das «Schwesterchen» der Einladung des «Königs» nur unter der strikten Bedingung Folge leistet, daß es sein *Rehlein* auf das «Schloß» der Liebe mitnehmen darf. Es wäre, dieser Darstellung zufolge, offenbar durchaus möglich, daß der «König» mit seinen Worten der Geborgenheit und mit seinem Bemühen um Verständnis das vitale Interesse des «Schwesterchens» vollkommen ersetzen oder in den Hintergrund drängen würde, bis daß ihm sein «Rehlein» abhanden käme; eine Beziehung wäre denkbar, in welcher der «König» in der Rolle des ewigen Helfers und Begleiters am Ende den ursprünglichen Wunsch nach Zärtlichkeit und Vereinigung nur noch in sublimierter, vergeistigter Form zulassen würde; aus einer möglichen Beziehung partnerschaftlicher Liebe drohte auf diese Weise eine verfestigte Vaterbeziehung zu werden, und der stürmische Aufbruch ins Leben endete mit einem Sieg des Ödipuskomplexes[95]. Gott sei Dank wehrt das «Schwesterchen» diese Gefahr ab, indem es die Bindung an sein «Rehlein» erneuert; der ursprüngliche Triebwunsch meldet sich mithin wieder zu Wort, und es ist offenbar sehr wichtig, daß die vitale «Rehgestalt» des Mädchens nicht der Verdrängung anheimfällt. Dafür freilich gibt es einen sehr verständlichen Grund, der in den Worten des «Königs» selber liegt. Er sieht das «Schwesterchen» als ein «Mädchen» «so schön, wie er noch keines gesehen hatte», und es ist seine ehrlich ge-

meinte Bitte und Anfrage: «Willst du mit mir gehen... und meine liebe Frau sein?», die den «Jagenden» in einen Liebenden und das «Schwesterchen» in eine erwachsene Frau verwandelt; zu dieser erst findet das «Rehlein» zurück, um sich in ihrer Obhut wieder anseilen zu lassen, nachdem der «König» gelobt hat, es solle ihm künftig «an nichts fehlen». Es ist die entscheidende Stelle des Märchens, an welcher *die Zärtlichkeit* die Angst vor der Liebe, *die Schönheit* das Ungestüm der Leidenschaft und *das Vertrauen* die Traurigkeit scheuer Distanz überwindet; es ist eine Szene, in welcher das Leben selber zur Dichtung wird und seine Gestalten zu einem Gemälde. GUSTAV KLIMT[96], in seiner Frühzeit noch, hat im Jahre 1895 ein solches *Bild* sich begegnender Liebe gemalt (siehe Tafel 4): wie *er,* einem König gleich, aus dem Dunkel tritt, mit einem Gewand wie die Nacht und einem Mantel voll Träumen, während *sie,* in seiden schimmerndem Kleid, rüschenbesetzt, eine vornehme Frau des Fin de siècle, mit der Rechten seine Brust streichelt; alles Licht des Bildes scheint aus ihrem Antlitz hervorzuleuchten, der Kopf unter dem schwarzen Lockenhaar zurückgelehnt, die Augen in versonnener Andacht geschlossen, der Begegnung der Lippen im Kuß schon gewiß; und der golden funkelnde Ring am Mittelfinger der rechten Hand bestätigt die gemeinsame Hoffnung auf ein unverbrüchlich versprochenes und unzerstörbares Glück. «Am Tage, / da meine Hand deine Hand ergriff», schreibt der libanesische *Dichter* SIMON Y. ASSAF[97], «fühlte sie den Puls des Le-

bens / und empfing Freundschaft / und Harmonie, ...Am Tage, / als du mir deine Hand reichtest, / gab ich dir die meine / und damit zugleich mein Herz. / Aus deiner Hand / empfing ich das Heilmittel, / das ich überall vergebens gesucht hatte. / Am Tage, / da du mir deine Hand gabst, / habe ich erfahren, / daß es nichts Größeres gibt / im Leben des Menschen als die Liebe. / ...Ich habe deine Hand / an mein Herz gelegt, / damit sie das Echo in meiner Seele vernimmt / ...Gib mir deine Hand / und nimm die meine. / Hand in Hand werden wir / weder straucheln noch fallen. / Hand in Hand werden wir unser Ziel erreichen, / das wir suchen / im Meer unseres Lebens.» *Das* muß es heißen: «Willst du mit mir gehen auf mein Schloß?»

Ja es ist möglich, auch von der sonderbaren hell-dunklen *Schönheit* des «Schwesterchens» sich eine Vorstellung zu machen. Ein «König», der das «Schwesterchen» liebt, darf nicht nur ihr helles Gesicht liebhaben, sondern er muß auch die schwermütigen Schatten ihrer Augen, die zögernde Sanftheit ihres Mundes, die vorsichtig tastende Zartheit ihrer Hände und das bittende Verlangen nach Verständnis, Annahme und «Heimführung» liebgewinnen. MASCHA KALEKO, die in vielem selber solch ein «Schwesterchen» war, hat ein *Kleines Liebeslied* geschrieben[98], das diese Beziehung zwischen dem «König und dem Mädchen» sehr schön ausdrückt: «Weil deine Augen so voll Trauer sind, / Und deine Stirn so schwer ist von Gedanken, / Laß mich dich trösten, so wie man ein Kind / In Schlaf einsingt, wenn letzte Sterne sanken. // Die Sonne ruf ich an, das Meer, den Wind, / Dir ihren hellsten Sommertag zu schenken, / Den schönsten Traum auf dich herabzusenken, / Weil deine Nächte so voll Wolken sind. // Und wenn dein Mund ein neues Lied beginnt, / Dann will ich's Meer und Wind und Sonne danken, / Weil deine Augen so voll Trauer sind, / Und deine Stirn so schwer ist von Gedanken...»

Es ist das wohl Wichtigste, was ein «Schwesterchen» wissen muß, um sich wirklich zu wagen: daß seine Traurigkeit und Schwermut nicht die Liebe hindert, sondern in gewissem Sinne sie sogar begründet. Es ist kein Grund mehr, fortzulaufen.

Ein Moment freilich ist geblieben, das auch jetzt noch bedenklich stimmen muß, ja das wie von selbst zu einem Ausgangspunkt ganz neuer Verwirrungen geraten wird: daß der «König», obwohl er all die Sehnsucht des «Schwesterchens» nach Liebe und Geborgenheit zu erfüllen scheint, *die Gestalt des «Rehleins»* doch nicht wirklich zu erlösen vermag. Ein Rest an vitaler Triebangst und Scheu geht also mit, und so wird man nicht denken dürfen, daß die Probleme des «Schwesterchens» an dieser Stelle bereits ihrer endgültigen Lösung entgegensähen. Was in Hunderten von Märchen sonst der Fall ist: daß sie glücklich dort enden, wo die Liebenden nach langem Suchen und Warten endlich einander finden, das kann in dem Märchen von «Brüderchen und Schwesterchen» so nicht anklingen; solange die Tiergestalt des «Rehleins» noch besteht, solange ist auch das «Schwesterchen» noch nicht wirklich als Frau zu sich selber gelangt, und was weder der «König» noch das «Schwesterchen» in diesem Augenblick seligen Glücks auch nur ahnen können: solange droht in die Lücken des Ichs noch einmal die Person der (Stief-)Mutter einzudringen und alles, was so gut zu beginnen schien, auf das äußerste zu gefährden. Ehe die Tiergestalt des «Rehleins» nicht erlöst ist, bleibt eine Ehe selbst an dem Hof eines «Königs» riskant und ungewiß – und das ist, in Anbetracht des folgenden, noch gelinde ausgedrückt! Denn bevorsteht die Rückkehr der Stiefmutter.

3. Satz: Reprise: Die Rückkehr der Stiefmutter oder: Von der Schwierigkeit, sich selber als Frau zu verwirklichen

a) Die Entfremdung des «Königs» in der Zeit der Niederkunft

Entsprechend dem «Sonatenschema» dieser «musikalischen» Erzählform des Märchens von *Brüderchen und Schwesterchen* harrt nach der «Exposition» und der «Durchführung» jetzt also alles eines dritten, nunmehr entscheidenden Satzes: der «Reprise», der Wiederkehr der Motive des ersten «Satzes»; es handelt sich dabei jedoch, wie wir sehen, keineswegs nur um eine Stilfrage im Sinne der formalen Gestaltung des Aufbaus einer Erzählung, in welcher das Grimmsche Märchen komponiert ist. Gehen wir von dem konkreten Inhalt der Erzählung aus, so gibt es wohl kaum etwas Unheimlicheres[1] im menschlichen Leben, als gerade an der Grenze zum Glück von eben den Kräften der frühen Kindheit, die man längst schon überwunden zu haben glaubte, unverhofft sich erneut eingeholt zu sehen[2], und gerade das ist der Fall in dem Märchen von *Brüderchen und Schwesterchen*: Was es zu sagen hat, versteht man nicht, solange man bei der rein philologischen Frage nach dem Aufbau und der Gliederung der Erzählung stehenbleibt; erst wenn man in der Thematik und sogar in der Gliederung einer Märchenerzählung eine Widerspiegelung der realen Erfahrungen des menschlichen Lebens erblickt, wird deutlich, welch eine Wahrheit in einem Märchen bis in den Schematismus des formalen Aufbaus hinein enthalten sein kann[3] – und warum es infolgedessen so etwas gibt wie eine menschheitliche Notwendigkeit, Märchen zu erzählen und gerade *dieses* Märchen zu erzählen.

An sich, so versichert uns die Grimmsche Erzählung, beginnt am Hofe des «Königs» zunächst eine wunderbare Zeit für das «Schwesterchen». Jetzt oder nie wäre es eigentlich an der Zeit, das «Rehlein» in seine menschliche Gestalt zurückzuverwandeln und damit der kindlich-verängstigten Sexualität des «Schwesterchens» eine neue Form persönlicher Entfaltung zu verschaffen. Statt dessen scheint es zwischen dem «König» und dem «Schwesterchen» zu einer Art toleranter Duldung und behüteter Fürsorge zu kommen, die bei allem guten Bemühen es doch nicht vermag, die uralten Ängste und Schuldgefühle vor den «tierischen» Antrieben in der eigenen Psyche bzw. vor dem scheinbar «primitiven» Begehren eines Mannes gegenüber einer Frau wirklich zu verändern; «das Rehlein», so hören wir geradewegs, «ward gehegt und gepflegt», und sein scheinmunteres Herumspringen im «Schloßgarten» zeigt deutlich, daß zwischen dem «König» und dem «Mädchen» das alte «Jagdspiel» von Necken und Fangen im Grunde unverändert weitergeht, nur daß es jetzt in einer «gezähmten», sozusagen sexuell ungefährlichen Form sich ausagiert. Dabei ist weder dem «König» noch dem «Schwesterchen» ein moralischer Vorwurf zu machen; – subjektiv können sie nicht mehr tun, als sie tun. Gleichwohl stimmt es in psychoanalytischer Sicht betrüblich, mitansehen zu müssen, wie bei so viel gutem Willen, ja, bei so viel an sich erfolgreichem Bemühen, die Angstsprache des anderen kennenzulernen, es am Ende doch nicht gelingen will, die Kinderangst, die in dem «Rehlein» sich verkörpert, von innen her aufzulösen. Was, so muß man sich fragen, soll eigentlich noch geschehen, ehe ein Mensch fähig wird, integral sich selber zu leben?

Man muß dem Märchen von *«Brüderchen und Schwesterchen»* nahezu dankbar sein, daß es in außerordentlich dichten und packenden Bildern im folgenden beschreibt, wie dramatisch eine Ehe sich gestalten kann, in der eine Frau zur Mutter werden muß, noch ehe ihr überhaupt die Möglichkeit wird, sich als Frau zu entfalten und kennenzulernen. Gerade jetzt, in dieser Atempause des Lebens, käme es darauf an, in dem Spiel der Liebe alle Zonen des Körpers wie der Seele des «Schwesterchens» bis dahin zu entängstigen, daß es eine Lust wird, sich an der Seite eines Mannes als Frau zu fühlen und unter seinen Augen das Vertrauen zu gewinnen, ohne jeden etwa noch verbleibenden Rest gemocht und geliebt zu sein. Noch viele Jahre nach Abschluß einer Ehe ist es nicht selten der Fall, daß eine solche Einheit zwischen Körper und Seele, zwischen Mann und Frau niemals zustandegekommen ist, weil einfach keine Zeit bestand, ein wirklich zweckfreies heiteres Spiel der Freude an sich selbst und am anderen mit allen Fasern und Fibern des Leibes und der Seele zu lernen und einzuüben; vielmehr steht einer solchen Zeit des Reifens und des Lernens zumeist die gleiche moralische Einstellung entgegen, die bereits die «Vergiftung der Quellen» und die «Verwandlung des Rehleins» zu verantworten hat: die Vorstellung, daß das Erleben der Sexualität nur erlaubt sei, wenn es, entsprechend der Sprachregelung z. B. der katholischen Kirche, «auf das natürliche Ziel der Zeugung von Nachkommen ausgerichtet bleibt»[4]. Die Begründer und Verkünder einer solchen Moral machen sich zumeist nicht klar, was es bedeutet, wenn eine Frau gezwungen wird, Mutter zu werden, noch ehe sich ihr die Gelegenheit bot, zu sich selbst als Frau hinzufinden. Der Schaden einer solchen «Funktionalisierung» der Liebe auf Kosten der Entfaltung der eigenen Person liegt nicht nur in der Entfremdung der sexuellen Antriebe (bildlich gesprochen: in dem Weiterbestehen der *Reh-Verwandlung*), er besteht vor allem in einer mangelnden Entfaltung und Schwächung des eigenen Ichs und die Folgerungen, die sich daraus ergeben, können nach Auskunft des Grimmschen Märchens im Fortgang der Erzählung sich bis ins Tödliche steigern. Was wäre darum zu geben, wenn die Verfechter bestimmter Lehrsätze des Ethischen sich gemüßigt fühlten, wenigstens einmal an dem Beispiel einer scheinbar so harmlosen Geschichte wie der Erzählung von *«Brüderchen und Schwesterchen»* zu lernen, welch eine Dynamik eine Moral der Angst und des Zwanges im Unbewußten der Psyche eines Menschen zu entfalten vermag; sehr bald würden sie sehen, daß es das Zusammenleben auch nur von zwei Menschen nicht konstituiert, sondern ruiniert, wenn man ihnen immer wieder Ziele vorgibt, die nicht zunächst der eigenen Selbstentfaltung dienen bzw.

die sich nicht aus den Formen der Selbstentfaltung wie von selbst ergeben[5].

Beim Anblick so vieler Tragödien des menschlichen Daseins hinterläßt die Betrachtung all jener Fälle vermutlich den nachhaltigsten Eindruck, in denen Menschen alles daran setzen, es in ihrem Leben so gut zu meinen und zu wollen, als sie nur können, während sie gleichwohl von unheimlichen Kräften ihrer eigenen Seele nicht nur *trotzdem,* sondern gerade *infolge* dieses Bemühens in ihr Unheil getrieben werden[6]. Das «Unheil» im Leben eines «Schwesterchens», wie das Grimmsche Märchen es schildert, hat einen festen Namen: die *«Stiefmutter»;* denn wirklich lauert *ihre* Gestalt schon lange wie ein drohendes Verhängnis im Hintergrund des so glücklich erscheinenden Lebens am «Königshofe». Die Situation könnte paradoxer nicht sein. Während alle anderen ihre Glückwünsche auf das nunmehr Erreichte aussprechen, erscheint aus der Sicht der jungverheirateten Frau diese Phase jetzt wie das bloße Intermezzo eines vorübergehenden Glücks, bzw. wie ein Irrtum oder ein Mißverständnis, das sich bald schon aufklären wird: in Wahrheit ist es *nicht* gestattet, gegenüber der hexenartigen Alten endgültig «gestorben» zu sein; im Gegenteil! Schon wartet diese (verinnerlichte Gestalt der Stief-)Mutter auf eine günstige Gelegenheit für ihre Rückkehr, und der Zeitpunkt dazu wird unfehlbar kommen. Diese Frau, vor welcher das «Schwesterchen» und sein «Brüderchen» ihr Leben lang fliehen mußten,

kann sich offenbar durchaus nicht vorstellen, daß ihre Tochter, sollte sie auf die Triebmacht ihrer Weiblichkeit sich einlassen, je anders als «zerrissen» und «zerstört» würde leben können, und nur um einen solchen Preis grausamer Strafe schien sie überhaupt bereit, ihre Tochter in Ruhe zu lassen. Das uralte, hinterhältig sich versteckende Schuldgefühl gegenüber jeder Form von eigenem Glück, wie wir es in der Hexenalten verkörpert finden, wird jedoch sogleich sich wieder zu Wort melden, sobald das «Schwesterchen» und sein «Rehlein» sich auch nur ein wenig Spielraum an eigener Entfaltung einräumten: daß sie überhaupt noch existieren, ist buchstäblich Grund genug, zu einem neuen Schlag gegen sie auszuholen.

Nicht zu Unrecht schildert das Märchen an dieser Stelle den Anschlag der «bösen Stiefmutter» auf das Glück ihrer Tochter ganz aus der Sicht der «Hexe» selber; denn subjektiv mag das «Schwesterchen» jetzt wirklich so empfinden, daß sich *neben, über* oder *hinter* seinem Ich eine Macht formt, die es ihm absolut nicht gönnt, glücklich zu sein; ja, die Planungen dieser Gegenperson des eigenen Lebens zu verstehen, scheint, wie in den Tagen der Kindheit, offenbar weit wichtiger, als sich selbst zu verstehen. Auch jetzt ist es der «Königin» von sich her offenbar nicht möglich, die Nachstellungen der (Stief-)Mutter mit der Kraft der eigenen Persönlichkeit abzuwehren oder auch nur den königlichen Gemahl stellvertretend um Hilfe anzuhalten; vielmehr sieht sich diese junge Frau auf unheimliche Weise er-

neut als Spielball eben jener Kräfte, die bereits ihre Kindheit und Jugend verheerten; das «Unheimliche» in dem Treiben der «Hexe» aber liegt gerade darin, daß alles, was jetzt geschieht, sich in der *inneren* Wirklichkeit, im seelischen Erleben dieser Frau ereignet, ohne daß sie selbst auch nur entfernt zu begreifen vermöchte, warum das alles so sein muß, noch, wie sie sich einem anderen so mitteilen könnte, daß dieser durch sein Verständnis ihr helfen könnte. Das Stichwort für die Wiederkehr der «Stiefmutter» indessen ist *die Geburt eines Kindes,* eines «schönen Knäbleins», wie es heißt; die beklemmende Frage freilich stellt sich an dieser Stelle unausweichlich, wie es denn sein kann, daß eine Frau gerade zu dem Zeitpunkt, da ihr Glück in den Augen aller vollkommen zu sein scheint, in Wahrheit der schwersten Krise ihres Lebens entgegengeht, indem gerade bei der Geburt eines eigenen Kindes der Alptraum der eigenen Kindheit zu ihr zurückkehrt.

Um zu verstehen, was sich im Erleben einer Frau abspielen kann, wenn sie, entsprechend der Grimmschen Erzählung, bei der Geburt ihres ersten Kindes der «Rückkehr der Stiefmutter» gewärtig sein muß, läßt sich am einfachsten mit den Worten wiedergeben, in denen Frauen, welche die Bindung an ihre Mutter noch nicht hatten abschütteln können, als sie selber zu Müttern wurden, sich noch recht genau an die Szenen damals zu erinnern vermögen, als *ganz wörtlich* ihre eigene Mutter (in bester Absicht natürlich) in die Wohnung ihrer Tochter zurückkehrte. «Es geschah auf das Drängen meines Mannes», erklärte eine Frau; «er fühlte sich in den letzten Wochen vor meiner Niederkunft durch die Situation wohl überfordert, und er traute mir nicht recht zu, daß ich mit unserem Matthias fertig würde. Irgendwie hielt er mich immer noch für ein Kind, und in gewissem Sinne war ich das auch wohl; andererseits aber war er selbst oft ein großer Junge, und während ich äußerlich, schon aus lauter Schuldgefühl, in allem von ihm abhängig war, mußte ich seelisch so viel an Verständnis für ihn aufbringen, als wäre *er* mein Kind, – es war alles sehr widersprüchlich. Immerhin hatte ich durch die Heirat eine gewisse Distanz zu meiner Mutter gewonnen. Allein schon die Tatsache, daß sie nicht mehr von früh bis spät neben mir stand und an mir herumkritisierte oder mich mit ihren depressiven Touren drangsalierte, vergönnte mir ein Stück Freiheit. Wenn ich Geld ausgab, tat ich es zwar genauso weisungsabhängig und unfrei wie früher, aber mein Mann war spürbar großzügiger als meine Mutter. Auch verfügten wir finanziell jetzt wirklich über einen gewissen Bewegungsspielraum; in meiner Kindheit war kaum das Nötigste zu beschaffen gewesen, und meine Mutter hätte sich zu Tode geschämt, Geld von anderen anzunehmen oder sie gar darum zu bitten. *Jetzt* fiel für mich immer etwas ab, auch wenn ich beim Einkaufen nach wie vor als erstes meinen Mann zufriedenstellen wollte. Vor allem durch den Beruf hatte ich ein wenig Selbstvertrauen gewonnen. Ich unterrichtete an einer Grundschule die

vierte Klasse – in diesem Alter sind die Kinder so lieb, und ich kam wunderbar mit ihnen zurecht. Auch genoß ich die Nachmittage, wenn man Mann noch nicht zu Hause war. Es fällt mir bis heute sehr schwer, etwas systematisch zu machen; dazu brauchte ich viel mehr eigenen Willen. Als Kind bin ich von meiner Mutter ständig hin- und herkommandiert worden, und so ähnlich geht es auch heute noch bei mir zu: mal fasse ich das Staubtuch an, dann gieße ich die Blumen, dann koche ich erst einmal einen Kaffee oder gehe mit dem Hund durch den Garten – ich neige dazu, gerade das zu tun, was mir in die Hände fällt. Manchmal ist es wie in dem amerikanischen Sprichwort: ‹Ich könnte eine Menge Dinge getan kriegen, wenn ich nicht so viele andere Dinge zu tun hätte.› Meinem Mann aber machte das nicht viel aus. Er hält zwar sehr auf Ordnung und Sauberkeit, aber wie sie zustandekommt, ist ihm egal, und irgendwie bekam ich es immer hin. Heute weiß ich, wie wenig ich mich damals von meiner Mutter seelisch gelöst hatte; unbewußt verhielt ich mich wohl immer noch so, als wenn sie unsichtbar neben mir stünde; tatsächlich aber *stand* sie nicht mehr neben mir, und das verschaffte mir Luft. Bestimmt meinte mein Mann es nur gut, als er darauf bestand, daß meine Mutter gleich nach der Entbindung in unser Haus kommen sollte. Sicher, im Grunde ging es ihm mehr um sich selbst als um mich, aber gesagt wurde, alles geschehe ja nur zu meinem Vorteil. Also *kam* meine Mutter. Es war schrecklich. Es war, als ob in

wenigen Tagen alles wieder abgeräumt worden wäre, was ich mir in den anderthalb Jahren mit meinem Manne aufgebaut hatte. Und er merkte es nicht einmal. Er glaubte mich wohlversorgt. Er bildete sich ein, er hätte alles für mich getan – erst später kam ich dahinter, daß er schon damals anfing, fremdzugehen. Zu Hause ließ er sich immer weniger sehen, und des Nachts zog er aus, wenn das Kind schrie. Ich aber stand genauso wie damals wieder mit meiner Mutter allein da. Es kam zu unbeschreiblichen Szenen, denn es gab nichts, was sie nicht besser wußte – schließlich hatte *sie* schon zwei Kinder großgezogen, *ich* noch nicht; also besaß *sie* die nötige Kenntnis und Erfahrung, ich *nicht*; *sie* verfügte über die nötige Strenge und Konsequenz im Umgang mit Kindern, *ich* war zu wehleidig, und sie kannte mich ja: ich war schon immer launisch und unzuverlässig; es war dringend nötig, daß gerade jetzt eine feste Hand mir zeigte, wie es gemacht wurde. Und sie zeigte es. Ich nahm das Kind auf den Arm – nein, man nimmt es so herum, auf die linke Hand; ich wollte es stillen, – nein, so entzündet man sich; ich machte das Fläschchen, – nein, bei dieser Mischung bekommt ein Kind Blähungen; ich wollte zu ihm, wenn es weinte, – nein, man durfte es nicht verwöhnen; ich ließ es noch liegen, wenn es nur leise vor sich hinlallte, – ich war eine Rabenmutter, die sich um ihr Kind nicht kümmerte. Dabei bestand ich ohnedies nur aus Schuldgefühlen. Ich war so verunsichert, daß ich wirklich nicht wußte, was richtig und falsch war; ich wollte doch meinem Kind keinen Schaden zufügen; ich wollte ihm eine gute Mutter sein; ich wollte, daß es ihm besser gehen möchte als mir selber in meiner Kindheit. Und jetzt war ich es, die aus lauter Angst, etwas falsch zu machen, mein eigenes Kind geradewegs an meine eigene Mutter auslieferte. Ich habe oft geweint und geweint, aber ich war so hilflos. Ich konnte nichts tun. Dabei hatte ich die Schule aufgegeben, um nur Mutter zu sein. In Wahrheit war ich damals zwei Jahre lang das dumme, unwissende, verschüchterte, anlehnungsbedürftige, aufsässige, für sich selbst und andere unverständliche Kind meiner Mutter. Frauen sollten niemals Kinder bekommen, solange sie selber noch Kinder sind.» Es ist derselbe Satz, mit dem sinngleich später BRIGITTE BARDOT die Umstände bei der Geburt ihres Sohnes *Nicolas* kommentierte: «Was wußte ich denn damals schon von mir selbst!»[7] Nur daß bei ihr alles *innerlich* ablief, was hier als *äußere* Rückkehr der Mutter erscheint.

Daß in der Geschichte von *«Brüderchen und Schwesterchen»* die «Rückkehr der (Stief-)Mutter» als ein *Symbol* des *inneren*, nicht des äußeren Erlebens zu verstehen ist, läßt sich unschwer an der vollkommenen Unwahrscheinlichkeit ablesen, die all den Vorgängen, die jetzt in Rede stehen, anhaften müßte, wollte man sie äußerlich interpretieren: Daß eine Hexe sich in die Gestalt der Kammerfrau verwandeln kann, mag noch dahingehen; daß aber die rechte Kammerfrau am Hofe nicht alsbald auf ihre Doppelgängerin aufmerksam wird, mu-

tet denn doch allzu seltsam an; daß über Nacht eine Stiefschwester des «Schwesterchens» eingeführt wird, die einäugig, häßlich und mißgünstig die junge Königin und Mutter von der Seite ihres Gemahls zu verdrängen vermag, indem sie einfach nur bei geschlossenen Vorhängen im Bett liegt, erscheint nicht nur im Aufbau des Märchens als schlecht vorbereitet und wirklich wie auf Bestellung herbeigezaubert, es müßte auch dem «König» ein miserables Zeugnis für sein Wahrnehmungsvermögen ausstellen, wenn er in äußerem Verstande mit einem solchen Roßtäuschertrick hinters Licht zu führen wäre. Und so ließe sich die Liste der Ungereimtheiten fortsetzen, wollte man das Grimmsche Märchen an dieser Stelle als Beschreibung eines *äußeren* Sachverhaltes verstehen. In Wahrheit aber zeigen gerade diese Widersprüchlichkeiten, daß wir es hier mit einer Kaskade innerer Bilder zu tun haben, die von einer neuerlichen Verwandlung, einer wirklichen *Verhexung*, Kunde geben, wie sie gerade eine Frau heimsuchen kann, die in Erinnerung an die Leiden der eigenen Kindheit *ihrem* Kind um alles in der Welt ähnliche Erfahrungen ersparen möchte; daß gerade eine solche Frau wie unvermeidlich in ihre eigene Kindheit zurückkehrt, während sie mit allen Kräften eben dies zu verhindern sucht, besitzt im wirklichen Leben nicht anders als im Wissen der Märchen unbestreitbar das ebenso große wie bittere Format einer griechischen Tragödie.

Insbesondere das Auftreten der *«Stiefschwester»* erscheint in der Grimmschen

Erzählung nur solange willkürlich und unmotiviert, als man darin die Beschreibung einer realen Geschwisterproblematik sieht[8]. In der Tat: handelte es sich *darum,* so wäre es ein unverzeihlicher Fauxpas Grimmscher Erzählkunst, uns erst jetzt, im letzten Drittel der Geschichte, von dem Bestehen einer so dramatischen Geschwisterrivalität in Kenntnis zu setzen. In Wahrheit aber können die Brüder Grimm es sich nicht nur rein literarisch leisten, die «Stiefschwester» des «Schwesterchens» erst jetzt ins Spiel zu bringen, es bleibt ihnen vor allem psychologisch überhaupt nichts anderes übrig. Denn *wirklich erst jetzt,* mit der Niederkunft der «Königin» und mit der Rückkehr der «Stiefmutter», kann *innerlich* in der Seele des «Schwesterchens» (bzw. in der Psyche des Mädchens, das in die Gestalten von «Brüderchen» und «Schwesterchen» auseinanderfällt) eine neue selbständige Figur sich herausbilden, die ganz zu Recht als der *«Schatten»* des «Schwesterchens» gekennzeichnet wird. Während wir es bisher unter dem (Überich-)Diktat der (Stief-)Mutter «nur» mit der Abspaltung der verängstigten Antriebe in der Gestalt des *«Rehleins»* zu tun hatten, kommt es jetzt, anläßlich der Geburt eines Kindes, auf dem Boden des Ichs zu einer neuerlichen Aufspaltung, indem das «Schwesterchen», nunmehr in seiner Rolle als Mutter, gegenüber seinem Gatten wie gegenüber seinem Kind ganz und gar in das Verhaltensvorbild der eigenen Mutter eintritt und dahinter mit seiner ganzen Person fast zu verschwinden droht.

Auch zum Verständnis dieser Problematik läßt sich ein Beispiel der Verhaltensforschung heranziehen. Von seiten der Tierpsychologie hat VITUS DRÖSCHER vor Jahren bereits beschrieben, wie hilflos Primatenmütter, die selbst als Zootiere nur in künstlicher Umgebung aufgewachsen sind, auf die Geburt eines Kindes reagieren: sie wissen mit ihm buchstäblich nichts anzufangen; es gibt eine Reihe von instinktiven Verhaltensmustern, die aber niemals durch eigene Erfahrungen gefüllt wurden und die daher jetzt zu absurden Leerlaufhandlungen führen[9]. So scheint es zum Beispiel einen Instinkt zu geben, der die Mutter dazu bestimmt, nach dem Schmerz der Geburt das Neugeborene an die Brust zu drücken und damit die an sich möglichen Aggressionen für die erlittenen Qualen in einen pflegerischen Impuls umzuwandeln[10]; die Verhaltensforscher waren zutiefst erschrocken, als sie mitansehen mußten, wie Zooschimpansinnen, die als Säuglinge gleich in die Obhut von Menschen gegeben worden waren, statt ihres Kindes die Plazenta aufnahmen und an sich drückten: in Entbehrung der eigenen Mutter waren sie selbst unfähig geworden, ihrem Kind als Mutter zu begegnen. Natürlich liegt es nahe, ein ähnliches auch im Erleben von Menschenmüttern anzunehmen. Eine Frau wird ihrem Kind von Haus aus nur gerade so viel an Mütterlichkeit geben können, wie sie selbst zu Hause als Kind bei ihrer Mutter erfahren hat; alles andere muß sie sich durch mühsames Lernen und Arbeiten an sich selbst dazuerwerben. Es ist eine Einsicht, die im einzelnen schwerfallen wird; sie trifft aber allem Anschein nach zu, und sie ist nicht als Vorwurf gemeint, sie ist im Gegenteil so etwas wie ein Freispruch, zumindest aber so etwas wie eine Verstehensgrundlage für all diejenigen Frauen und Mütter, die ihren Kindern alles, was sie konnten, zu geben versuchten und die doch schließlich sehen mußten, daß das, was sie zu geben hatten, exakt der Wiederkehr ihrer eigenen Mutter entsprach.

Im Grunde folgt das, was sich in dem Bild von dem Auftreten der *Stiefschwester* begibt, einem uralten *mythischen* Schema. Wir haben in den Grimmschen Märchen bereits *das Motiv der beiden getreuen Geschwister und der bösen Stiefmutter*[11] kennengelernt; es folgte dann das Motiv der *Flucht*[12]; wir trafen hernach auf die Gestalt der *«Schönen mit dem Tier»* und begegneten schließlich dem Motiv von dem *«König und dem Mädchen»;* das Motiv, auf das wir *jetzt* stoßen, ist in den Mythen der Völker bekannt unter dem Stichwort der *«vertauschten Braut»*[13] – wir kennen es z. B. auch aus der Bibel in der berühmten Geschichte, wie der Patriarch *Jakob* auf Jahre hin sich bei seinem Mutterbruder *Laban* um die schöne *Rachel* verdingt, bis ihm in der Brautnacht, als Mitgift gewissermaßen, von dem tückischen Oheim die triefäugige, aber gebärfreudige *Lea* untergeschoben wird (Gen 29,15–30)[14]. Das Motiv gelangte den Alten zur sichtbaren Anschauung vor allem in den wechselnden Gestalten des trügerischen *Mondes:* eben noch jagt der hitzige Sonnengemahl, von Liebe erglühend, am Himmel der kühlen Mondschönen nach, wie sie in den silbern schimmernden Nächten der Vollmondzeit ihre Bahn zieht, da schwindet sie, gerade als er meint, sie in seine Arme schließen zu können, am östlichen Morgenhimmel dahin, um nach den drei Tagen des Neumondes in nicht mehr wiederzuerkennender Fahlheit, «einäugig» wirklich und «häßlich», am westlichen Abendhimmel zurückzukehren[15], wie ein Betrug und ein schlechter Scherz auf die Mühen der Liebe. Was in den Mythen der Alten im Gleichnis des Mondes am Himmel sich aussprach, bleibt auf Erden bestehen als ein Rätsel des Wesens jeder Frau im Erleben des Mannes: Wen heiratet er wirklich, wenn er eine Frau auf sein «Schloß» zu entführen vermeint? Mit dem Widerspruch von «Schwesterchen» und «Rehlein» vermag der «König» des Grimmschen Märchens noch umzugehen; wie aber, wenn er jetzt sieht, daß an die Stelle des «Schwesterchens» ein ganz anderes Wesen tritt, dem er durchaus nicht sich nahen darf, da es der Ruhe bedarf und für ihn fortan nicht zu sprechen sein wird? – Es ist wiederum unerläßlich, das, was die Symbolsprache eines Märchens schildert, sich möglichst nah vom konkreten Erleben her vorzustellen.

Dann treten uns all die Frauen vor Augen, die noch nach Jahren mit Bitterkeit sich daran erinnern, wie gerade in den letzten Wochen der Schwangerschaft ihr Mann sich von ihnen immer weiter zurückzog: auch in den Märchen ist er nicht selten gerade zum Zeitpunkt der Niederkunft seiner Frau «auf Jagd», just in dem Moment, da er dringend gebraucht würde. Es müssen nicht gerade, wie in den Erinnerungen der Frau vorhin, schon wieder neue «Rehlein» sein, hinter denen ihr Königsgemahl wie versessen her ist, es genügen die ganz normalen Objekte männlicher «Jagd», um in den Tagen der Niederkunft eine Frau ihrem Gatten zu entfremden: Erfolg und Prestige, die Pflichten des Alltags, der Ruf des Berufs – gleichgültig was, am Ende hält er sich gerade zu einer Fortbildungstagung in Südspanien auf, oder es ereilt ihn das Telegramm: «Alles in Ordnung. Ein Junge. Herzlich…» mitten in einer dringenden Sitzung in West-Berlin. Selbst lange noch nach der Silberhochzeit können Frauen das Trauma jener Stunden ihrem Gatten zum Vorwurf machen, da sie irgendwo in einem Kreißsaal unter den Händen fremder Ärzte völlig allein einige der wichtigsten Stunden ihres Lebens durchlitten: die Geburt ihres ersten Kindes. Gewiß, seit einigen Jahren bestehen immer mehr Männer darauf, die Hindernisse steriler Entbindungsabteilungen zu überwinden und ihren Frauen während der Niederkunft buchstäblich zur Seite zu stehen, jedoch ist das Problem damit nicht ohne weiteres gelöst: daß die Beziehung zwischen Mann und Frau durch die Geburt eines Kindes sich grundlegend wandelt. Als die Grimmschen Märchen entstanden, gab es noch keine Krankenhäuser, die werdende Mütter aufnahmen, und noch ein ganzes Jahrhundert mußte vergehen, bis IGNAZ PHILIPP SEMMELWEIS in den Kliniken Wiens dem Kindbettfieber den Kampf ansagte; nicht einmal die Regelmäßigkeit der Berufsausübung trennte damals in den vorwiegend ländlichen Verhältnissen den Mann von der Frau[16], und doch entstand und entsteht offenbar damals wie heute nach Auskunft des Grimmschen Märchens psychisch eine Kluft zwischen den Gatten, sobald ein Kind das Licht der Welt erblickt.

Wohl versucht die Natur, als wenn sie um die Schwierigkeit wüßte, das Problem nach Möglichkeit zu mildern, indem sie bereits das Liebesspiel von Mann und Frau mit Formen des Brutpflegeverhaltens koppelt[17]. Alle Zärtlichkeit zwischen den Geschlechtern besteht zu einem Großteil in der wohltuenden Erlaubnis, noch einmal in den Armen des anderen Kind sein zu dürfen, und überall auf der Welt reden die Liebenden untereinander eine nur ihnen vertraute Geheimsprache aus Worten der Kindheit; selbst der Kuß entstammt nach Meinung der Verhaltensforscher dem Füttern eines Jungtieres mit vorgekauter Nahrung. All das weist darauf hin, daß die Liebe zwischen Mann und Frau biologisch bereits eine Art Vorübung auch für die Aufzucht der Nachkommen darstellt[18]. Psychologisch aber scheint es alles andere als einfach, diese «Vorübung» mitzuvollziehen. Das Märchen von *«Brüderchen und Schwesterchen»* z. B. mag für das Erleben so vieler Frauen stehen, die eigentlich in der Rolle der Kindfrau in die Ehe treten mußten: sie bereiteten ihrem «königlich» überlegenen Gatten die größte Genugtuung, wenn sie sich von ihm in dankbarer Unterwerfung beschützen und beschirmen

ließen; aber sie konnten kaum ahnen, wie stark das Selbstwertgefühl ihres Mannes an eben dieser Form der Beziehung hing: der «Königsgatte» ist nur so lange glücklich und stolz, als seine Frau im letzten ein großes Kind bleibt, und so kann gerade die Geburt eines Kindes zu einer wirklichen Gefahr für das gesamte Arrangement eines solchen Beziehungsgefüges werden. Eine Frau, die selber ein Kind zur Welt bringt, muß notgedrungen davon lassen, ihrem Mann gegenüber die Rolle des Kindes weiterzuspielen; indem sie selbst sich aber als Mutter definiert, entzieht sie ihrem Mann unter den gegebenen Umständen die Basis seiner bisherigen ehelichen Identität. Wer ist er fortan, und: welch eine Rolle soll er in Zukunft spielen? Am einfachsten wäre es natürlich, er könnte seine pflegerischen Impulse von seiner Frau weg auf das gemeinsame Kind richten – es wäre eigentlich gerade das, worauf eine Frau, die selber ihrer Rolle als Mutter noch unsicher ist, mit Nachdruck warten würde; jedoch gelingt eine solche Verschiebung der kindlichen Gefühle nur dann, wenn die bisherige Beziehung zwischen den Ehegatten nicht allzusehr an die Voraussetzungen des Schemas von dem «König und dem Mädchen» gebunden bleibt; gerade dieser Fall aber ist in der Grimmschen Erzählung von *«Brüderchen und Schwesterchen»* vorauszusetzen.

Für alle «Schwesterchen», die an der Seite eines «Königs» in die Ehe treten, entsteht eine unverhoffte und sehr schmerzhafte Enttäuschung wohl mit Regelmäßigkeit aus dem Kontrast zwischen dem ursprünglich so lieben und aufmerksamen und dem gleich nach der Geburt des ersten Kindes scheinbar so abwesenden und abweisenden Gatten: eben jetzt, wo er am meisten gebraucht würde, läßt er seine Frau auf schwer verständliche Weise allein! Wie soll eine Frau auch nur entfernt wissen, daß ihr Mann es ihr eigentlich übelnimmt, ein Kind zur Welt gebracht zu haben, weil er sich selber durch das Neugeborene in seiner Rolle als Ehepartner in Frage gestellt sieht? Hinzu kommt, daß gerade die Männer von der Art der «Königsgatten» in aller Regel mit einem kleinen Kind so gut wie nichts anzufangen wissen: sie durften zumeist selber als Kinder nie wirklich leben, und sie können sich einzig in der Rolle des Fertigen, des Formvollendeten akzeptieren; wie sollten sie da mit etwas so Unfertigem wie einem hilflosen Kind etwas anfangen können? Viel leichter ist es, sich in die berufliche Karriere oder in den Trubel des gesellschaftlichen Lebens zu stürzen, stets unter dem Vorwand selbstredend, daß ihr Aufstieg zum Abteilungsleiter, zum Chefarzt, zum Vereinsvorsitzenden doch auch der Familie, dem Kind später insbesondere, nur Vorteile bringe, ja, genauer gesehen, aus vielerlei Gründen ganz unerläßlich sei. Derselbe Mann also, der eben noch sein «Schwesterchen» zum Königsschloß «trug», läßt es jetzt fallen, wo es seiner am meisten bedürfte.

Erschwerend kommt hinzu, daß kein wirkliches «Schwesterchen» jemals imstande sein wird, dem «Königsgemahl» die «Jagd» zu verleiden und ihm mit

seinen scheinbar so läppischen Bedürfnissen und Wünschen in die Quere zu treten; es hat seit Kindertagen gelernt, aus Angst vor Zurückweisung *autark* zu sein, und zwar dann am meisten, wenn es sich eigentlich am stärksten auf fremde Hilfe angewiesen fühlte. Die Entfremdung von dem eigenen Mann beginnt für viele Frauen daher schon während der Schwangerschaft, lange vor der Geburt. Während sie selbst unter ärztlicher Fürsorge durch besondere Ernährung, durch Gymnastik und spezielles Training sich auf das mit Furcht und Hoffnung erwartete Ereignis ihrer Niederkunft vorbereiten, müssen sie erleben, daß ihre Männer auf sie als Frauen durchaus nicht verzichten wollen, und sie erleben jetzt als roh und brutal, was ihnen bisher immerhin als erträglich erschien. Speziell bei der Auslegung des Grimmschen Märchens dürfen wir nicht vergessen, daß es im Erleben des «Schwesterchens» noch niemals dahin gekommen ist, dem verwunschenen «Rehlein» seine menschliche Gestalt zurückzugeben; jetzt aber wird man annehmen müssen, daß der Kontakt des «Schwesterchens» zu seiner «Rehgestalt» zunehmend verlorengeht. Nicht wenige Frauen klagen darüber, daß ihnen in dieser Zeit jegliches Gefühl für die eigene Sinnlichkeit gegenüber ihrem Mann abhanden gekommen sei; sie spürten irgendwie voller Angst, daß sich ihr Mann bei fortschreitender Schwangerschaft immer weiter von ihnen entfernte, ja sie waren, um das Schlimmste zu verhüten, wohl immer noch für ihn bereit, aber ihnen selber er-

starb darüber jedes eigene Gefühl. Und schlimmer noch: sie waren erschrocken über das deutliche Gespür, daß ihr Mann im Grunde eifersüchtig war auf ein kleines, noch ungeborenes Kind, das ihn aus der Monopolstellung der Liebe an der Seite seiner Gattin zu vertreiben schien. Er, der so großspurig auftretende Gemahl und Gebieter, fühlte sich bedroht von einem kleinen Kind und gab sich eher mißmutig und mißgelaunt als erfreut und glücklich. Statt sich mit ihrem Mann zu einer neuen Gemeinsamkeit in der Erziehung des Kindes zusammenzuschließen, muß eine Frau in solcher Lage schließlich geradewegs wählen zwischen der Liebe zu ihrem «Königsgemahl» und dem eigenen Kind. Ein «Schwesterchen», so viel ist sicher, wird unter vergleichbaren Umständen sich auf die Seite des Kindes schlagen. Doch der Preis dafür ist hoch. Er besteht nicht nur in einer wachsenden Entfremdung vom eigenen Ehemann, sondern vor allem in einer neuen Form der Entfremdung von sich selbst, genauer gesagt: in der Ausschaltung des eigenen Ichs durch die Wiederkehr der «Stiefmutter» bzw. in der Aufspaltung des eigenen Ichs in die «Kammerfrau» und die «Stiefschwester» unter dem Diktat des «stiefmütterlichen» Über-ichs.

b) «Kammerfrau», «Stiefschwester» und «schlafendes Rehlein»

Was soll eine Frau, die selbst noch ein halbes Kind ist, von sich aus machen, wenn sie plötzlich wider Erwarten ein Kind großziehen muß, das sie im Grunde überhaupt nur im Vertrauen auf ihren Mann zur Welt gebracht hat, während dieser sie gerade jetzt so schmählich im Stich läßt? Eine solche Frau wird versuchen, sich auf sich selbst zu besinnen, aber «auf sich selbst» – d.h. jetzt: auf die Art der eigenen Mutter, wie man sie erlebt hat, als man selber noch Kind war. Das Paradox tritt ein, daß eine Frau, die als Mädchen vor ihrer (Stief-)Mutter in die Welt hineinfliehen mußte, um dort (in der Gestalt des «Königs») ihren seit Kindertagen vermißten Vater wiederzufinden, jetzt, allein gelassen mit ihrem Kind, von ihrem Gemahl zurückflieht zu ihrer Mutter, und was wir vorhin als einen äußeren Vorgang schilderten: wie die Mutter eines «Schwesterchens» als reale Person in das Haus ihrer Tochter zurückkehrt, muß man sich in aller Regel zumindest *auch* als einen *inneren* Vorgang vorstellen. In ihrer Unsicherheit und Hilflosigkeit wird eine Frau von der Art eines «Schwesterchens» geneigt sein, sich ihrem Kind gegenüber gerade so zu verhalten, wie sie es selber als Kind von seiten ihrer Mutter erlebt hat. Mit dem besten Bemühen, ihrem Kind eine bessere Welt einzurichten, als sie in den Tagen der eigenen Kindheit bestand, wird eine solche Frau mithin alles tun, um eben die Fehler zu wiederholen, die bereits in ihrer (Stief-)Mutter Gestalt gewannen.

Da ist *als erstes* die Selbstverwandlung der «bösen Stiefmutter» in *die Kammerfrau*. Wir haben eingangs in einem langen Plädoyer die Meinung verfochten, daß die «böse Stiefmutter» nur eine Frau ist, die es besonders gut mit ihrem Kind meint und die eben deshalb ihre Kräfte ständig überfordert; doch genau das wird man jetzt bei einem «Schwesterchen» beobachten können, das allzu früh, noch ehe es selbst zu einer Frau heranreifen konnte, in die Rolle der Mutter gedrängt wird. Es hat nie gelernt, eigene Ansprüche an das Leben geltend zu machen; es hat nie eigene Wünsche nach außen hin mitteilen und durchsetzen dürfen; es hat statt dessen gelernt, überhaupt alles Eigene als etwas Schuldhaftes zu betrachten – wie soll es da jetzt, angesichts eines hilflosen weinenden Kindes, sich Freizeit gönnen, Einkäufe machen, Bücher lesen, Geld für sich ausgeben? Es hat nur eine einzige Aufgabe: sein Kind; es hat nur an ein einziges Ziel zu denken: sein Kind; es hat nur ein einziges wirklich wichtig zu nehmen: sein Kind. Alles andere hat daneben als nebensächlich, gleichgültig oder sogar als eine Versuchung zur Pflichtvergessenheit zu erscheinen. Nichts auf Erden außer dem Kind hat eine Rolle zu spielen für eine Frau, die als ein «Schwesterchen» die Rolle einer Mutter zu spielen hat. Psychoanalytisch gesehen, kann man die Genauigkeit nur bewundern, mit der die Brüder Grimm diese Einstellung in das Bild kleiden, daß die «Stiefmutter» des «Schwesterchens» aus lauter Neid die Gestalt der «Kammerfrau» am Hofe des «Königs» annimmt. Es ist *das eigene Überich,* das jetzt, aufgrund der Schwäche des Ichs und mit dem Ergebnis einer neuerlichen *Schwächung des Ichs,* in der verinnerlichten Gestalt der «(Stief-)Mutter» seine Ansprüche auf Pflichterfüllung, Selbsthingabe und Selbstaufopferung rigoros geltend macht. Das ist der eine Teil: das «Schwesterchen» selbst ist gegenüber seinem Kind nichts anderes als eine «königliche Kammerfrau», in deren Gestalt die eigene Mutter zurückkehrt, oder anders ausgedrückt: das «Schwesterchen» gibt sein eigenes Leben, das gerade erst zögernd zu beginnen schien, zugunsten seines Kindes vollkommen auf und lebt buchstäblich jetzt das Leben seiner eigenen Mutter. Es handelt dabei in einem Höchstmaß an gutem Willen, und es kann nicht wissen, daß leider auch das Ergebnis all seiner Anstrengungen genauso ausfallen wird wie bei seiner Mutter: Es ist eine Güte und Mutterliebe, die sich durch ständige Abspaltungen erkauft.

So hören wir denn *als zweites* von den Brüdern Grimm, daß gleichzeitig mit der «Stiefmutter» auch *die «Stiefschwester»* Einzug hält und das «Schwesterchen» ganz von der Seite des «Königs» verdrängt; ja es geht, folgt man dem Wortlaut des Märchens, der ganze boshafte Anschlag recht eigentlich von dieser «Stiefschwester» aus, die allen Ernstes die Meinung vertritt, einzig ihr selber gebühre die Liebe und Aufmerksamkeit des «Königs». Wer ist diese «Stiefschwester», die der hellen Schönheit des «Schwesterchens» so sehr gleicht wie der Dunkelmond dem silbernen Vollmond in sternklaren Nächten? Warum tritt sie erst jetzt in der Rolle der «vertauschten Braut», als eine Travestie und Karikatur der Gattenliebe am Anfang, als ein viel zu spät entdeckter «Irrtum der Person»[19] in das Leben des «Königs» ein? Schon das ist schwer zu verstehen. Und dann noch die Details: wenn die «Stiefschwester» schon irgend auf die Liebe des «Königs» Anspruch erhebt, was soll dann ihre scheinbar unsinnige Faulheit, mit der sie, in einäugiger Häßlichkeit, eine lebende Vogelscheuche oder, «besser» noch: lichtscheu wie eine Fledermaus, bei vorgezogenen Vorhängen die Tage im Bett verbringt und von ihrem Mann nicht angeredet noch angerührt werden darf? Wir verstehen die Gestalt dieser merkwürdigen «Stiefschwester» eigentlich erst, wenn wir den Brüdern Grimm in ihrer Erzählkunst Genialität zubilligen. Sie würden vermutlich, lebten sie heute, gegenüber manchen unserer Deutungen recht erstaunt und verwundert, aber wohl nicht grundsätzlich abgeneigt sein; es handelt sich um ein Problem, das aller Dichtung, insbesondere aber der «romantischen» Erzählkunst anhaftet[20]: daß sie stets weit mehr erahnt als erwähnt, erfühlt als erzählt, *er*sieht als *ein*sieht; sie weiß sehr wohl um die Hintergründigkeit und Abgründigkeit der menschlichen Existenz, aber sie analysiert diese Tatsache nicht[21], sondern schildert sie eher in einer schwebenden Heiterkeit – als böte sie uns eine Luftaufnahme des Amazonasurwaldes: man spürt die tropische Schwüle, man ahnt die Faszination des Exotischen, aber man genießt die Betrachtung in der Distanz sicherer Unbedrohtheit. Ganz anders muß uns dasselbe Bild erscheinen, wenn wir es analytisch «vergrößern», indem wir uns an den «Ort» des Geschehens am Boden begeben; aus einem reizvollen Stimmungsgemälde wird dann ein Abenteuer auf Leben und Tod, und gerade das ist es, was wir jetzt in der Geschichte von *«Brüderchen und Schwesterchen»* miterleben, wenn wir den ungeheuerlichen Widersprüchen nachgehen, in denen die Seele einer Frau zerrissen werden kann, einfach weil sie versuchen muß, alles ganz richtig zu machen, während sie selber nicht wirklich lebt. Es ist, so müssen wir denken, ein und dieselbe Frau, die sich (infolge der Verhexung durch ihr Stiefmutter-Über-ich) in die Rolle der Nur-Mutter, der königlichen «Kammerfrau» flüchtet und die zugleich sich in ihre eigene «faule» «Stiefschwester» verwandelt; und vor allem diese *zweite* Verwandlung verstehen wir jetzt, nach der Rückkehr der «Stiefmutter», eigentlich ganz gut, wenn wir uns die eingetretene Situation nur möglichst konkret in all den erwähnten Details der Grimmschen Erzählungen vor Augen stellen.

Da berichtet das Märchen ausführlich, daß der neuerliche Anschlag der «Stiefmutter» damit beginnt, das «Schwesterchen» in *ein heißes Bad* zu stecken. Alles, was sie tut, sollen wir denken, geschieht mithin unter dem Vorzeichen der Pflege und Fürsorge: das «Schwesterchen» muß sich nach den Anstrengungen der Niederkunft erholen, und es ist der buchstäblich «überhitzte» Fürsorgeterror der «Stiefmutter», der am Ende das «Schwesterchen» beinahe umbringt. So wie wir am Anfang unserer Betrachtungen die «Stiefmutter» uns als eine Frau vorgestellt haben, die es subjektiv aus lauter Angst übergut meint, während sie objektiv eben deshalb ihre Tochter oft unerträglich belastet, so können wir auch hier durchaus unterstellen, daß die «Stiefmutter» von sich her nur guten Willens ist, wenn sie das «Schwesterchen» mit ihrer Art von Hilfe vollkommen ausschaltet. Noch weit verwickelter aber mutet die ganze Szene an, wenn wir sie rein innerpsychisch aus der Sicht des «Schwesterchens» zu verstehen suchen; wir treffen dann auf das gleiche Vor und Rück, das in seiner Widersprüchlichkeit jeden Schritt auf dem Lebensweg dieser Frau zu kennzeichnen pflegt, denn wir müssen dann denken, daß das «Schwesterchen» selbst es so wünscht: jetzt, wo es selber durch die Geburt eines Kindes zur Mutter geworden ist, träte die eigene Mutter herbei und badete es selbst wie ein kleines Kind.

Man weiß in der Geschichte der Menschheit gewiß seit Jahrtausenden um die therapeutische, quasi religiöse Erlebnisqualität des Bades. Die Induskulturen von Moendjodaro und Harappa[22] kannten im Priesterviertel ausgedehnte Badeanlagen zu rituellen Reinigungen, deren Bedeutung in etwa der Wiedergeburtssymbolik der christlichen Taufe entsprechen dürfte; die Römer konnten bei Trier mit einem enormen Holzbedarf ihre üppig ausgestatteten Thermen beheizen[23], und manche katholische Theologen bemühen sich noch heute, den Vorwurf der Leibfeindlichkeit gegenüber ihrer Kirche mit dem Hinweis auf den hl. THOMAS VON AQUIN zu «widerlegen», der in Fällen schwerer Depressionen die wohltuende Wirkung warmer Bäder empfahl. Tatsächlich muß man nur den japanischen Makaken zuschauen, wenn sie mitten im Winter die heißen Wasserstellen der schneebedeckten Vulkanberge aufsuchen[24], und man wird verstehen, welch ein Gefühl der Geborgenheit das Eintauchen des Körpers in warmes Wasser vermitteln kann. Man versinkt behaglich in den Fluten; man spürt unter dem Auftrieb des Wassers einen Zustand fast schwerelosen Seins; man empfindet das umgebende Wasser wie einen undurchdringlichen Schutz gegenüber jeder Bedrohung – es ist ein Stück weit, als kehrte in solchen Momenten das Leben um mehr als 350 Millionen Jahre zurück in den eigenen Ursprung, als es in den Meeren des Silur und des unteren Devon von Pflanzen und Fischen zu wimmeln begann[25], die allesamt noch nicht mit den Härten und Schwierigkeiten eines Lebens auf dem Lande zu kämpfen hatten: mit dem plötzlichen Wechsel von heiß und kalt, von Tag und Nacht, mit der Grelle des Sonnenlichts und der Gefahr des Austrocknens, mit der Heftigkeit des Windes, mit der rauhen Oberfläche des Bodens, mit der niederdrückenden Last des eigenen Gewichtes, mit der zerstörerischen Wirkung der ultravioletten Strahlung, mit der Mühe, auf Nahrungssuche zu gehen – es erscheint rückblickend wie ein Paradies, im Wasser dahinzutreiben, und man wäre nichts weiter als graugrüner Tang

oder als eine blaubunte Qualle, und man würde gewiegt in den Armen der Wellen inmitten einer sanften, in allen Kontrasten gemilderten Welt! Es war der ungarische Psychoanalytiker SANDOR FERENCZI, der allen landbewohnenden Lebewesen einen «thalassalen Regressionszug», wie er es nannte, unterstellte[26] – eine Lebenssehnsucht, in das Urmeer zurückzukehren; ganz zu Recht wies er zur Begründung seiner Theorie darauf hin, daß die Entwicklung des Lebens auf dem Lande nur möglich gewesen sei, indem die Anfangsbedingung des «Meeres» über das Amniotenei bis hin zu dem Fruchtwasser der plazentalen Säugetiere auf immer neuen Stufen wiederhergestellt worden sei. In der Tat: was so beruhigend, so depressionslindernd, so ungemein entspannend insbesondere bei einem warmen Bad auf unser Gemüt wirkt, ist das wohlige Gefühl einer Art Mutterleibsgeborgenheit: es kann uns jetzt sozusagen nichts mehr passieren, es umflutet uns das Wasser so zärtlich und weich, daß darüber alle Gefahren und Ängste verschwinden; es ist ein Zustand wirklich wie vor der Geburt, als es noch nichts gab, was uns hätte quälen und beunruhigen können. Die Wärme des Wassers ist wie die Erlaubnis, selber ganz Kind sein zu können und mit der eigenen Mutter zu verschmelzen.

Was für ein Kontrast also, übertragen wir diesen Befund auf das Märchen von *«Brüderchen und Schwesterchen»*! Man gesteht sich wohl zu selten ein, wie viele Frauen es gibt, die bei der Geburt ihres Kindes, allein gelassen von ihren Män-

nern, überfordert von ihrem Gewissen mit seinen Verpflichtungsängsten und Schuldgefühlen, überanstrengt von *allem* gewissermaßen, gerade in diesem entscheidenden Moment ihres Lebens den «heißen» Wunsch verspüren, nicht mehr leben zu wollen bzw. das Schwergewicht und die Last der eigenen Existenz in einer Art vorgeburtlichen Zustands aufzuheben. Gerade jetzt, wo das eigene Dasein am meisten gefordert ist, entsteht das Bedürfnis, sich zu verkriechen vor all dem, was unabsehbar und unübersehbar das eigene Ich zu ersticken droht. Nirgends sonst in ihrem Leben kann eine Frau, die nach der Weise eines «Schwesterchens» niemals ein Kind sein durfte, sich so sehr nach der eigenen Kindheit sehnen als eben jetzt, wo sie ein Kind zur Welt gebracht hat. Ja um die Gefühle in diesem Augenblick noch mehr zu verwirren: es kann sein, daß eine Frau, die sich durch ihr neugeborenes Kind in allen Belangen überfordert fühlt, ihr Kind u.a. auch in der geheimen Hoffnung zur Welt bringt, in ihm selber die eigene Kindheit noch einmal «richtig» zu durchleben. Wenn wir eingangs sagten, daß die «Stiefmutter» eines «Schwesterchens» in ihrer Angst die Tochter nicht wirklich freigeben könne, so sehen wir jetzt ein gleiches bei dem «Schwesterchen» selbst: es bringt in der Geburt seines Kindes gewissermaßen die eigene ungelebte Kindheit noch einmal zur Welt, und das «Bad» der Geburt ist wie ein Versuch, sich bei der eigenen Mutter jene Geborgenheit und Zärtlichkeit zurückzuholen, die man als Kind so bitter vermißt hat und doch um so mehr jetzt dem eigenen Kinde schenken möchte. In dem Kind relativiert sich gewissermaßen das eigene Verlangen, selbst einmal Kind sein zu dürfen; das Tragische dieser Beziehung aber liegt darin, daß diese mehr als berechtigte Sehnsucht aus Kindertagen nur in symbolischer, *projektiver* Form Gestalt gewinnt und in der Wirklichkeit daher gerade im Gegenteil ein Höchstmaß an Angst, Verpflichtungsgefühlen, Leistungsanforderungen, Streß und Nervenkrisen auf den Plan rufen muß. Am Ende aller Bemühungen, ihrem Kind eine gute Mutter zu sein, wird eine Frau in der Rolle der «Kammerfrau» zugleich sich so fühlen, wie es in dem Bild von der *«Stiefschwester»* zum Ausdruck kommt.

Die rätselhafte Bemerkung des Märchens verdient an dieser Stelle besondere Beachtung, die «Stiefschwester» bzw. die «rechte» Tochter der «Stiefmutter» glaube sich eigentlich selbst berufen, an der Seite des «Königs» den Platz des «Schwesterchens» einzunehmen; denn wirklich wird es kaum eine Frau geben, die nicht mit der sorgfältigen Fürsorge und Pflege ihres Kindes insgeheim auch auf die Wertschätzung und Anerkennung ihres Mannes hofft; wer, wenn nicht er, müßte doch Augen haben für die aufopferungsvolle Hingabe seiner Gemahlin! In Wahrheit aber zerbricht gerade durch die Überfürsorge des «Schwesterchens» in der Rolle der «Kammerfrau» die Beziehung zwischen den Gatten, und die Bilder, in denen das Grimmsche Märchen diese Ehetragödie schildert, sind von einer bezwingenden

Einfachheit und Klarheit. Denn buchstäblich so: wenn der «König» von der «Jagd» heimkehrt, findet er allabendlich anstelle seines geliebten «Schwesterchens» fortan eine ganz andere Frau vor, die nur noch müde im Bett liegt und der Ruhe bedarf, ein wortwörtlich «einäugiges» Wesen, das nur eine einzige Bitte äußert: um keinen Preis der Welt in seiner Erholungsbedürftigkeit gestört zu werden. Die *«Stiefschwester»* ist nach diesem Verständnis wirklich die notwendige Begleitgestalt der zurückgekehrten «Stiefmutter»; sie verkörpert *die Erschöpfungsgestalt des «Schwesterchens»*, wenn dieses unter dem Diktat der Hexenalten (seines «Überichs») als die «Kammerfrau» seines Kindes sich bis zur Selbstvergessenheit abgearbeitet hat und sich womöglich selbst, schon aufgrund ihrer Müdigkeit und Schlaffheit, subjektiv als «häßlich», «unschön» und «ganz unmöglich» vorkommt – ein Problem, das gerade schöne Frauen, die aus Angst nicht wissen dürfen, wie schön sie sind, in solchen Situationen bevorzugt empfinden. Der «König» freilich erlebt von alldem nur, daß seine Gattin wortwörtlich wie «ausgewechselt» ist, so daß er sie kaum mehr wiedererkennt. Aus *seiner* Sicht reduziert sich das Eheleben fortan auf die Pflicht, seine Gattin im Bett bei verschlossenen Vorhängen liegen zu lassen, ganz so als sei es nunmehr das beste, jeglichen Kontakt zu ihr abzubrechen. Ja er stößt selber bei jedem Versuch, mit seiner Gemahlin zu reden, auf eine Barriere von Schuldgefühlen: Es ist wohlgemerkt *die «Stiefmutter»*, diese Verkörperung einer

pflichtgemäßen Zwangsmoral im Denken und Fühlen des «Schwesterchens», die ihm bedeutet, er müsse das «Schwesterchen» in der Gestalt der «Stiefschwester» schonen. Er ist mit anderen Worten ein schlechter und rücksichtsloser Mensch, ein Grobian und ein unverbesserlicher Macho, wenn er es wagt, eine Frau, die so rührend um ihr Kind besorgt ist, als Ehefrau oder Partnerin anzusprechen, und er darf vor allem *kein Licht* in dieses Verwirrspiel von Schuldgefühlen, Selbstaufopferungstendenzen und Verweigerungen im Erleben seiner Gattin bringen; er hat die «Vorhänge» verschlossen zu halten und die Situation so zu akzeptieren, wie die «Hexe» sie erläutert: Es ist seine Pflicht als Gatte, seine Gattin in Frieden zu lassen, keine unangenehmen Fragen an sie zu richten, ihr keine zusätzlichen Wünsche und Vorschläge anzutragen und ihr auf keinen Fall für ihr so verändertes Betragen Vorwürfe zu machen. Es bildet in gewissem Sinne den Hauptteil der Tragödie gerade der Wohlmeinenden, daß der «König» in dem Grimmschen Märchen sich diesem Arrangement widerspruchsfrei fügt.

Dabei sind es gewiß nicht nur die Gefühle des «Königs», die mit der Vertauschung des «Schwesterchens» gegen die «Stiefschwester» unterdrückt werden müssen; schlimmer noch ist die Verdrängung jedes Ansatzes von Zorn und Rebellion auf seiten des «Schwesterchens» selbst. Mit keiner Silbe erwähnt das Grimmsche Märchen, daß das «Schwesterchen» sich gegen die fatale Intervention seiner «Stiefmutter» und

«Stiefschwester» in irgendeiner Weise zur Wehr gesetzt hätte. Man muß das «Schweigen» der Erzählung an dieser Stelle indessen wohl als Argument dafür verstehen, daß es – ganz entsprechend der verängstigten Wehrlosigkeit eines «Schwesterchens» seit Kindertagen – zu so etwas wie einem energischen Widerspruch oder Widerstand gegen die Maßnahmen der (Stief-)Mutter durchaus nicht kommen kann; statt dessen dürfen wir mit *einer nach innen gestauten Wut* bei dem «Schwesterchen» rechnen: es haßt im Grunde seine (Stief-)Mutter für all ihre «Wohltaten», die in ihrer angstbesetzten Überverpflichtung so erdrückend und erstickend wirken; es ist aber für ein «Schwesterchen» in solcher Lage ganz unmöglich, sich seine Abneigung gegenüber den Fürsorgeschikanen der «Stiefmutter» einzugestehen. Noch nach Jahren kann es in der Psychoanalyse eine erhebliche Zeit in Anspruch nehmen, ehe sich dieses Geflecht verdrängter Aggressionen gegenüber der (verinnerlichten) «Mutter» einigermaßen entwirren läßt.

Und was noch schwerer wiegt: unter dem riesigen Lastgewicht von Verpflichtungsgefühlen aus Überverantwortung ist es unvermeidbar, daß *auch dem eigenen Kind gegenüber* erhebliche Aggressionen sich bilden, die immer dann sich entladen werden, wenn bei allem guten Willen das Empfinden, überfordert zu sein und mit «allem» nicht zurechtzukommen, sogar noch wächst. Ganz entsprechend dem Vorbild der «Stiefmutter» selbst wird jetzt auch das «Schwesterchen» zwischen Überanstrengung,

Jähzorn und Schuldgefühl hin- und herschwanken; ja, es wird jetzt sehr leicht zu der Kopie jenes «stiefmütterlichen» Teufelskreises kommen, wonach die mehr oder minder gut verdrängten bzw. in Durchbruchsattacken geäußerten Aggressionen gegen das Kind zu allen möglichen Wiedergutmachungstendenzen führen, die ihrerseits wieder den Anspruch an Versorgung und Verpflichtung dem Kind gegenüber ins Unerfüllbare treiben müssen.

Auch dies liegt in dem Bild von der «Stiefschwester», die schonungsbedürftig und apathisch von ihrem Lager sich gar nicht mehr erhebt: es drückt sich darin *ein resignativer Protest* aus, der aufgrund seiner Sprachlosigkeit sich nur noch durch das Symptom der Erschöpfung mitteilen kann. Wollte man in Worten wiedergeben, wie eine Frau in solcher Lage empfindet, so müßte man, in Anspielung auf das Bild der vorgezogenen Vorhänge, wohl sagen: «Ich fühle mich so vollständig aussichtslos. Ich mag von allem nichts mehr sehen noch hören. Ich möchte im Grunde nur noch meine Ruhe haben. Laßt mich doch in Gottes und drei Teufels Namen in Frieden. Ich kann einfach nicht mehr. Es ist aus.» Es ist eine Haltung, die den Wunsch nach dem *«Bad»* allem Anschein nach nur fortsetzt; doch man darf nicht denken, daß es sich bei diesen deutlich *«regressiven»* Tendenzen um «Rückzug»[27] in üblichem Sinne handelt; vielmehr ist die Erschöpfungsgestalt des «Schwesterchens» in seiner Rolle als «Stiefschwester» in unmittelbarer Einheit zu der Rolle der «Kam-

merfrau» zu sehen, in welche die «Stiefmutter» sich verwandelt hat. *Beide Gestalten* treten wirklich *gemeinsam* auf; sie bedingen einander, und sie sind nur in diesem Wechselspiel von pflichtweiser Überanstrengung und resignativer Erschöpfung verständlich.

Doch damit nicht genug. *Als drittes* existiert noch *das «Rehlein»*, das gleichermaßen, wie wir später erfahren, *schlafen* gegangen ist. Dieses Detail der Grimmschen Erzählung spricht jetzt sehr beredt für sich selbst. Es ist ein deutliches Symbol dafür, daß eine Frau von der Art eines «Schwesterchens» in ihrer Pflichtrolle als Mutter so sehr aufgeht, daß sie vollkommen aufhört, als Frau zu leben. Die Hoffnung, die anfangs bestand, als das «Schwesterchen» ausdrücklich verlangte, sein «Rehlein» mit an den «Königshof» nehmen zu dürfen, scheint jetzt endgültig widerlegt. Es ist Gott sei Dank nicht so, als sei das «Rehlein» «gestorben» oder den «Jägern» zum Opfer gefallen, es ist nur einfach «schlafend», nicht anders als die «Stiefschwester» auch; doch es regt sich nicht mehr vor Müdigkeit und Erschöpfung; und alles, was eine Frau sonst fühlt, ist jetzt wie unempfindlich geworden.

Konkret muß man sich hinter solchen Chiffren eine Situation vorstellen, in welcher der Mann nach der Niederkunft seiner Frau von einem bestimmten Moment an zu dem, wie er meint, «normalen» ehelichen Leben wie mit Selbstverständlichkeit zurückzukehren gedenkt. In der Annahme, immer noch ein munter springendes «Rehlein» im «Königsgarten» anzutreffen, mag er sich seiner

Frau wie gewohnt nähern, nur um immer wieder, statt seiner Gemahlin, jener neumondgesichtigen, «einäugigen» «Stiefschwester» zu begegnen, die ihm nicht nur als reizlos und unattraktiv erscheinen muß, sondern die zu allem Überfluß auch noch von der «stiefmütterlichen» «Kammerfrau» abgeschirmt wird. Unter diesen Umständen ist es dem «König» durchaus nicht mehr möglich, das «Rehlein» aus seinem «Schlaf» zu erwecken; aus der Sicht der Gemahlin indessen muß jede Annäherung des «Königs» jetzt wie eine schwere Zumutung erscheinen. Vermutlich wird gerade ein «Schwesterchen» als Frau sich nach wie vor willfährig gegenüber dem Willen des Gatten zeigen; und doch geht es so ähnlich zu, wie eine Frau sich an diese Phase ihres Ehelebens erinnerte: «Er kam immer wieder zu mir und griff an mir herum, aber ich war vollkommen empfindungslos. Es war überhaupt kein Gefühl mehr in meinem Körper. Es war alles wie tot. Und weil ich selber nichts mehr empfand, widerte seine ungehemmte Vitalität mich geradewegs an. Selbst wenn ich an sich noch zu irgendeiner Gefühlsregung mich hätte hochrappeln können, so gab mir seine Zudringlichkeit, wie es mir vorkam, jetzt endgültig den Rest. Wenn er an mir herumgrapschte, dachte ich manchmal: ‹Du hast eigentlich zwei Kinder: ein großes und ein kleines›, aber das kleine war mir lieber. Ich fühlte mich ihm gegenüber so schuldig, weil ich alles nicht schaffte.» Was diese Frau damals dringend von ihrem Manne gebraucht hätte, wäre eine Zärtlichkeit

ohne jede sexuelle Absicht gewesen: ein bißchen kuscheln, leise miteinander reden und in den Armen des anderen einschlafen. «Aber», fuhr diese Frau fort, «dahin kam es eben nicht. Mein Mann hätte gerade wie damals, als wir uns kennenlernten, mit mir so reden müssen, daß es meine Seele gerufen hätte. Statt dessen bekam ich förmlich Angst vor seiner Nähe. Ich habe niemals denken können: er will nur ganz einfach bei mir sein. Er mußte immer bis zum letzten gehen, und darunter erstarb alles, was ich an Gefühlen noch hätte aufbringen können.»

Wie ist es möglich, das «Rehlein» aus seinem «Schlaf» zurückzurufen, so wie es anfangs gesprungen kam, als der «König» das «Haus» im Walde des «Schwesterchens» betrat und seine wahre Schönheit erkannte? Wie ist es jetzt überhaupt möglich, das «Schwesterchen» wiederzufinden? Folgt man den Bildern der Grimmschen Erzählung, so muß man wohl sagen: es ist eigentlich gar nicht mehr möglich. Denn aus einer lebenden Frau ist jetzt, mit der Geburt ihres Kindes, so etwas geworden wie *ein mitternächtliches Gespenst*.

Wir haben vorhin noch bei der Betrachtung des Seelenzustandes des «Schwesterchens» die Ansicht *verworfen,* es könne bei der Aufspaltung einer Frau in ein «Schwesterchen» und ein «Rehlein» sich um so etwas wie das Problem einer «multiplen Persönlichkeit» handeln; *jetzt aber* ist ein Zeitpunkt gekommen, an dem offenbar allein die Intensitätsgrade der Angst darüber entscheiden, ob wir uns nur erst am Rande oder bereits

schon inmitten einer blühenden Schwangerschafts- bzw. Kindbettpsychose befinden[28]. «Es kam halt alles viel zu früh», erinnerte eine Frau sich an die Zeit ihrer Niederkunft. «Ich war damals wohl selber noch ein halbes Mädchen. Ich liebte meinen Mann sehr, aber ich hatte auch Angst vor ihm, und von meiner Erziehung her war alles, was ‹damit› zu tun hatte, immer noch fremd geblieben und irgendwie unheimlich. Ich weiß noch, wie etwa ein halbes Jahr nach unserer Heirat der Pfarrer, der uns getraut hatte, bei uns erschien und sich frei heraus danach erkundigte, ob er schon so glücklich sein dürfe, uns zu dem Kindersegen zu beglückwünschen, wir wüßten ja doch, daß wir ehelich nur zusammensein dürften, wenn wir uns ein Kind von Gott wünschten. Er gebrauchte gerade die kindlichen Worte, die auf mich damals einen solchen Eindruck machten. Ich hätte seinerzeit nicht gewagt, die Pille zu nehmen, aber ich hatte doch ziemlich sorgfältig auf mich aufgepaßt und manchmal darin auch eine Ausrede gefunden. Ich war nicht so fromm, mich nach den Worten der Kirche ohne weiteres zu richten, und doch war es wohl kein Zufall, daß ich einen Monat darauf schwanger wurde. Alles schien auch recht gut zu gehen, nur als das Kind da war, drehte ich irgendwie durch. Ich rief innerlich meinen Vater herbei, der schon längst tot war, ich war wütend auf meine Mutter, die noch lebte, ich hätte alles in die Luft sprengen können; und so lag ich angekleidet auf dem Bett und wagte kaum aufzustehen. Mein Mann war so weit weg, daß ich an ihn kaum dachte, und auch das Kind, das ich geboren hatte, war mir wie abhanden gekommen. Ich hatte nur das Gefühl: Wenn du aufstehst, gibt es ein Unglück.»[29]

So ähnlich wird man sich die Situation einer Frau vorstellen müssen, auf welche die Beschreibung des Märchens von *«Brüderchen und Schwesterchen»* bei der Geburt ihres Kindes zutrifft. Zu einem Teil ist sie *das «Schwesterchen»,* das mitten in Liebe und Ehe gegenüber der Vatergestalt des «Königs» noch fühlt wie ein Kind; zu einem anderen Teil aber ist sie *das «schlafende» «Rehlein»* in der Entfremdung aller eigenen vitalen Bedürfnisse; zugleich ist sie *«die Kammerfrau»,* in welcher das Überich-Vorbild der verinnerlichten («hexenartigen») «Stiefmutter» Gestalt gewinnt; sie ist aber auch *ihre eigene «Stiefschwester»,* die als die Erschöpfungsgestalt des überforderten «Schwesterchens» auftritt; und nicht zuletzt ist sie projektiv *identisch mit dem «Kind»,* das sie soeben hervorgebracht hat; und all diese Figuren und Rollen widersprechen und entsprechen nun einander, so daß es so gut wie unmöglich ist, sich dazwischen zurechtzufinden. Vor allem ist die Gestalt des eigenen Ichs (das «Schwesterchen») durch die Gestalt der «Kammerfrau» (d.h. durch die Rollenvorschriften des Überichs) und der «Stiefschwester» (d.h. der entfremdeten Zerrgestalt des Ichs) vollkommen in den Hintergrund gedrängt worden. Wie soll man wissen, wer oder was ein Mensch ist, der in so viele Teile zerfällt, die sich alle gegenseitig bekämpfen, beneiden und unter-

drücken, die voreinander auf der Flucht sind und sich doch wieder einholen, die in wechselnden Gestalten auftreten können und die den entscheidenden Teil des eigenen Ichs dabei gänzlich zum «Verstummen» bringen? Von der Frau, die der König ehedem liebte, ist jetzt buchstäblich nur noch ein Gespenst übriggeblieben, so daß ein Geisterseher sein müßte, wer sie wahrzunehmen vermöchte. Nur wie ein Spuk noch, zur Mitternacht, wenn all *die Wächter* schlafend liegen, tritt das «Schwesterchen» verstohlen in seine Kammer, auf der Suche nach seinem Kind und nach seinem «Reh». Insbesondere die «Mitternacht» ist nicht selten die eigentliche Stunde eines solchen «Geisterschwesterchens»: tagsüber liegt es voller Depressionen, erdrückt von fiktiven wie faktischen Forderungen, im Bett und übernimmt die Rolle der «Stiefschwester», während es des Nachts, wenn niemand mehr da ist, der ihm Vorwürfe macht, auf die Suche nach der verlorenen Zeit und nach dem verlorenen Ich geht. Es ist dabei, wohlgemerkt, nicht der «König», den es aus dem Schlaf weckt, sondern die «Kinderfrau». Der Grund dafür, daß es überhaupt noch «erscheint», liegt, entsprechend dieser Darstellung, einzig in dem Rest einer noch verbleibenden Liebe verborgen – *passiv* in der Liebe als Frau in der Sehnsuchtsgestalt des «Rehleins», und *aktiv* in der Liebe als Mutter im Gegenüber des Kindes. – Erschütternder als in solchen Bildern kann das Grimmsche Märchen eigentlich nicht schildern, was aus einer Frau wird, die zur Mutter werden muß, während sie

selber noch ein halbes Mädchen ist, und deutlicher auch läßt sich nicht sagen, wie eine Liebe zerbricht, wenn die leise Sprache der Zärtlichkeit zwischen dem «König» und dem «Mädchen», zwischen dem «Vater» und seiner «Tochter» zu früh durch eine Vielzahl von Pflichten übertönt wird. Denn eben dies: wie ganz *«stillschweigend»* das «Schwesterchen» in den Hallen seines «Schlosses» umherwandelt, schwankend zwischen den fast glücklich scheinenden «Rehleintagen» der Jugend und dem mütterlichen Gefühl gegenüber dem «Kind», das man selbst nie gewesen ist, das macht diese Phase im Leben eines «Schwesterchens» zu der wohl traurigsten und verzweifeltsten seines Daseins. Da kann also eine Frau, die alle Welt schon aufgrund ihrer Anmut und Schönheit für beneidenswert hält und die spätestens aufgrund ihrer Heirat in den Augen aller wie eine «Königin» dasteht, in Wahrheit zu einem Schemen ihrer selbst geraten, und niemand ist, der ihr helfen könnte, weil es niemanden gibt, der auch nur entfernt noch verstehen könnte, was in einem solchen «Schwesterchen» vor sich geht. Wie sollte er auch! Das «Schwesterchen» selber *kann sich nicht mitteilen!* Es verfügt über keinerlei Sprache mehr, die für seine Mitmenschen hörbar wäre! Seine «Muttersprache» ist absorbiert von der «Stiefmutter» – von der Fürsorgesprache der «Kammerfrau»; seine «Rehleinsprache» aber liegt wie schlafend da. Und dieses Verurteiltwerden zur Stummheit mitten in einer Zeit scheinbaren Glücks ist das wohl Furchtbarste im Erleben des «Schwesterchens». Dabei läßt sich eigentlich ganz gut begreifen, warum es dem «Schwesterchen» so ergeht. Könnte es sagen: «Ich fühle mich erstickt»? – Man würde nicht verstehen, warum; – ein einziges Kind…! Könnte es sagen: «Ich hasse euch alle»? – Man würde ihm vorwerfen, herzlos zu sein; – wo es alle so gut mit ihm meinen… Könnte es sagen: «Ich gehe zurück in die Einsamkeit meines Waldhäuschens»? – Man würde es für gewissenlos oder für verrückt erklären. Doch eben: *nichts sagen zu können*, weil das, was man sagen müßte, von allen anderen unfehlbar für verrückt erklärt würde, das macht eine Frau wie das «Schwesterchen» allererst wirklich «verrückt». Die vollkommene Stummheit unter einem Andrang der heftigsten einander widersprechenden Gefühle ist wohl das quälendste Symptom, an das sich Frauen aus der Zeit einer Schwangerschafts- oder Kindbettpsychose denn auch später erinnern können.

c) Die Rettung der «Kinderfrau»

Wie ist aus einem Zustand solcher Gefangenschaft ein Entrinnen möglich? Das ist jetzt die alles entscheidende Frage. Eines steht fest: Von außen ist hier durchaus nichts mehr auszurichten. «Wenn mich damals etwas vor dem Schlimmsten bewahrt hat, so war es der Gedanke an mein Kind. Nur seinetwegen bin ich zurückgekommen», sagte eine Frau, die eine solche Zeit vor Jahren hat durchmachen müssen. «Ich

glaube, ich habe nur durch mein Kind wieder zu mir selbst zurückgefunden.» Mit dem Blick auf das Grimmsche Märchen darf man dieser Darstellung unbedingt Glauben schenken. Wenn eine Frau in solcher Lage etwas retten kann, so ist es das verbliebene Gefühl echter Mutterliebe; es ist jedenfalls das einzige Empfinden, das sie ohne Krampf und Angst, ohne Zwangsvorschriften von außen und ohne Überforderungsgefühle von innen als das letzte sozusagen gerade noch erlaubte persönliche Bedürfnis mitteilen kann. Wenn irgend von dem «Schwesterchen» noch etwas nach außen hin «sichtbar» zu werden vermag, so ist es dieses verzweifelte Suchen nach dem «Kind» und nach dem «Reh»; es ist ein sehr liebes, pflegerisches Bedürfnis, das zu Mensch und Tier nur gut sein möchte; und dieses Gefühl einer fast kreatürlichen Zärtlichkeit wird jetzt zur Rettung für das «Schwesterchen» selbst.

Wir verstehen nach dem Gesagten bereits, daß es einzig *die «Kinderfrau»* ist, die am Hofe das nächtliche Treiben der «Königin» bemerkt. Alles, was das «Schwesterchen» in seiner Not tut, läßt sich in der Tat nur «sehen» mit den Augen der «Kinderfrau», denn es ist einzig die Rolle der «Amme», in welcher es noch zu erscheinen vermag; und es ist am Ende wirklich gerade dieser mütterliche Aspekt seiner Gattin, der den «König», geweckt von der «Kinderfrau», aus dem «Schlaf» reißt.

Alles beginnt damit, daß das «Schwesterchen» zu reden beginnt, und zwar in der einzigen Sprache, die ihm noch verblieben ist: dem Schwanengesang. Jetzt, wo es nicht anders mehr weitergeht, verwandelt sich sein Leben in eine langgezogene Klage des Abschieds: bald schon wird alles zu spät sein! Eine Zeit bricht an, in der eine Frau von der Art eines «Schwesterchens» offenbar nur noch weinen kann. Jeder in seiner Umgebung spürt, wie es immer schwächer und kraftloser wird, und es ist wortwörtlich ein *nächtliches* Reden, das die «Kinderfrau» dem «König» anzeigt bzw. in welchem das «Schwesterchen» in der vermittelnden Rolle der «Kinderfrau» ihrem Gatten sich mitteilt. Wie hilflos und desorientiert das «Schwesterchen» sich bereits fühlt, klingt darin an, daß es die «Kinderfrau» fragen muß, wie das «Kind» und das «Reh» sich befinden. Das «Schwesterchen» selbst scheint zu wissen, wie rasch seine Zeit jetzt abzulaufen beginnt, – an drei Fingern läßt es sich abzählen. Wohl pflegt es noch mit immer schwächer werdender Kraft seines Kindes; doch sogar *die versgebundene Sprache* des Fragens und Klagens der «Königin» gibt die dramatische ganz und gar verzweifelte Stimmungslage des «Schwesterchens» wieder. In dem Gefühl, sich durchaus nicht verständlich machen zu können, neigen nicht wenige Frauen in derartigen Zuständen dazu, sich um einen möglichst vollkommenen, dichterischen Ausdruck für ihre Empfindungen zu bemühen: sie füllen ihre Tagebücher mit oft erstaunlich gut formulierten Sentenzen, Gedichten und Liedern, oder sie vertiefen sich in lyrische Betrachtungen, – es ist der elegische Ton selbst, der sie wie magisch anzieht und der ihren eigenen Klagen so etwas wie eine objektive Gestalt und Berechtigung verleiht: Mag auch niemand von den Menschen, die sie umgeben, jemals ihre Not wirklich verstehen, so sinnen und singen sie doch im Verborgenen für die unsichtbaren Ohren der ganzen Welt. Immer ist Dichtung auch Sprache der Einsamkeit; und so kommt es, daß gerade die Einsamsten aller: die von aller Welt verlassen sich Fühlenden, zu der Sprache der Dichtung greifen[30], nicht eigentlich um sich mitzuteilen, sondern um gewissermaßen der Nachwelt noch einen Hinweis auf sich selbst zu hinterlassen. Kein «Schwesterchen» kann geradewegs zu einem anderen Menschen sagen: «Hilf mir, hilf mir um Himmels willen»; es kann wirklich nur so schwebend und schwerelos, so *gespenstisch vergeistigt* sagen: «Nun komm ich noch diesmal und dann nimmermehr.» Subjektiv liegt durchaus keine Drohung oder Erpressung in diesem *«nimmermehr»*, es ist lediglich, als hätte man noch die Pflicht zu erfüllen, es gesagt zu haben, obschon ohne Hoffnung, der andere könnte es wirklich noch aufnehmen; es geschieht sozusagen nur noch der Vollständigkeit halber, um nicht schuldhaft etwas versäumt zu haben. Am Ende sollte halt niemand sagen können, er habe es nicht rechtzeitig gewußt.

Das Märchen erzählt nicht, woran es eigentlich liegt, daß der «König» das «Schwesterchen» doch noch im letzten Augenblick als seine «liebe Frau» wiedererkennt, doch wird man im Sinne der Grimmschen Erzählung *die aufrichtige «Mütterlichkeit» des «Schwesterchens»* selbst für das entscheidende Merkmal halten dürfen. Jedenfalls ist dies der Punkt, an dem der «König» das «Schwesterchen» als seine Frau anerkennt bzw. wiedererkennt. Mag er auch in allen anderen Gefühlen verwirrt und irritiert sein, – *daran* ist ihm kein Zweifel, daß seine Gemahlin es von Herzen gut mit ihrem Kinde meint; und doch bedarf es einer besonderen «Wachsamkeit», um wenigstens diese Sprache einer überforderten und schon ersterbenden Mütterlichkeit, diese *«Gespenstersprache»* einer rein geistigen Gesinnung zu vernehmen und richtig zu verstehen. Der «König» tut es, und es wird für ihn zu dem entscheidenden Schlüssel, um das «Schwesterchen» als seine Frau wiederzufinden; umgekehrt aber bedarf das «Schwesterchen» offenbar auch von sich her seines «Erwachens», um zu sich selbst zu finden. Der Grund dafür liegt auf der Hand. Es gibt Dinge, die wir uns selbst nur zu glauben vermögen, wenn wir sie zu sehen lernen durch den Glauben anderer. Daß das «Schwesterchen» eine gute Mutter *ist,* wenn es selbst noch im Zustand völliger Verwirrung mit den letzten Kräften auf die Suche geht nach seinem «Kind» und nach seinem «Reh», ist so ein «Glaubenssatz», der buchstäblich die Auferstehung des «Schwesterchens» einleitet; diese Überzeugung bildet den ehernen Kern, um den herum sich die Erlaubnis eines neuen Selbstwertgefühls aufbauen kann und der dazu führt, endlich die Berechtigung zu einem eigenen Leben zu gewinnen – «durch Gottes Gnade», wie das Märchen sagt; und doch geschieht es nicht ohne die Mitarbeit des «Königs», daß dem «Schwesterchen» etwas von dem Gefühl einer absoluten Daseinsberechtigung zurückgeschenkt wird. Es ist, als tauchte das «Schwesterchen» jetzt ein zweites Mal in das Empfinden einer wirklich göttlichen Bejahung ein: *Es darf sein!* Es *muß* nicht nur dasein für sein Kind, es *darf* auch existieren für sich selbst, ganz so, wie es zuvor seiner selbst als eines heranwachsenden Mädchens bewußt werden durfte. Es ist, als kehrte der Strom des Lebens wieder zu ihm zurück, indem wenigstens *eine* Gewißheit in all den Stürmen der Seele geblieben ist: *Es ist eine gute Mutter!* Wie schwer fällt es, Frauen, die im Rückblick sich selbst noch nach Jahren oft die schlimmsten Vorwürfe für die wirklichen oder vermeintlichen Schäden machen, die sie in der Hexengestalt der «Kammerfrau» ihren Kindern zugefügt haben, trotz allem davon zu überzeugen, daß sie es *gut* gemeint haben und daß ihr einziger Fehler allenfalls darin bestand, selber zu wenig gelebt zu haben! Und doch liegt gerade hier der zentrale Punkt, um die Schreckensherrschaft der «Stiefmutter» ein für allemal zu beenden.

Man kommt an dieser Stelle nicht umhin, sich die Reihenfolge der Dinge *anders* vorzustellen, als die Brüder Grimm sie uns glauben machen möchten. Nach *ihrer* Darstellung ward das «Schwesterchen» «durch Gottes Gnade» «frisch, rot und gesund», und es erzählt «darauf» «dem König den Frevel, den die böse Hexe und ihre Tochter an ihr verübt hatten». Dies kann die rechte Anordnung kaum sein. Wohl trifft es zu, daß die Umarmung des «Königs» dem «Schwesterchen» den entscheidenden Mut zu einem eigenen Leben zurückgegeben hat; doch kann diese «Revitalisierung» nur erst der Anfang von allem sein; was darauf folgt, ist allemal ein langes, ein oft jahrelanges, immer von neuem aufzunehmendes Gespräch über all die Hintergründe und Aufspaltungen, die von der frühen Kindheit an bis jetzt, bis in die Tage der Mutterschaft hinein, wirksam waren; und bevor nicht wirklich das «Rehlein» seine menschliche Gestalt zurückgewonnen hat, wird von einem Zustand «frisch, rot und gesund» wohl nur erst andeutungsweise bzw. in bloßem Kontrast zu dem Schemendasein zuvor die Rede sein können. Immerhin läßt sich verstehen, was die Brüder Grimm zu ihrer Darstellung veranlaßt haben dürfte: Es ist *die Plötzlichkeit der Veränderung* in dem Befinden des «Schwesterchens». Buchstäblich in einem Nu kann manch ein psychotischer Zustand, so unversehens er auf eine scheinbare Nichtigkeit hin ausbrach, auch wieder verschwinden. Die entscheidende Erfahrung des «Schwesterchens» *hier,* die Entdeckung, die es leben läßt, besteht in dem Wissen, daß der König es liebhat – als Mutter sowohl wie als Frau. Es ist, als wenn aus einem unerfindlichen Grunde Worte und Gebärden, die tausendmal schon vergeblich gesagt und geäußert wurden, nun mit einem Male die Person des anderen hätten erreichen dürfen; ja es

kann sogar sein, daß die Wende einfach schon dadurch möglich wird, daß die quälende Zeit unter der Herrschaft der «Stiefmutter» lange genug gedauert hat, um den Sadismus des Überichs zu befriedigen; vor allem aber tritt hier noch ein letztesmal jenes Entwicklungsgesetz in Kraft, das wir an jeder Stelle des Grimmschen Märchens von *Brüderchen und Schwesterchen* beobachten konnten: daß eine Frau von der Art eines «Schwesterchens» den Weg ins Leben immer erst gehen wird, wenn es, ganz wörtlich, nicht anders mehr geht. Es führt jetzt durchaus kein Weg mehr daran vorbei, sich selbst zu bejahen und sich selber zu akzeptieren, und dieser Durchbruch der Erkenntnis scheint jetzt, zumindest intellektuell, geschafft zu sein und von dem «Schwesterchen» selbst bejaht zu werden. Zugleich hören wir an dieser Stelle jedoch auch, was es bislang so schwergemacht hat, aus eigenen Kräften nach vorne zu gehen. Keineswegs handelt es sich nur um Angst vor dem Leben oder um die Angst vor der verfolgenden Hexenalten, wie wir bisher weitgehend angenommen haben, weit wichtiger, so sehen wir jetzt, ist *die Angst vor den eigenen Aggressionen* gegenüber der Gestalt der Mutter, die das Leben des «Schwesterchens» beinahe vernichtet hätte.

Von welch einer Stärke der latente Zorn des «Schwesterchens» auf seine «Stiefmutter» (und ebenso auf seine «Stiefschwester») ist, mag man daran ersehen, daß in den Kinderbuchausgaben *das grausige Strafgericht* zumeist ausgelassen wird, das jetzt über die Hexenalte (und

ihre «Tochter») ergeht: die Hexe wird im Feuer verbrannt, und die «Stiefschwester» wird von den Tieren des Waldes zerrissen! Es ist, wie wir erst jetzt deutlich erkennen, ganz offensichtlich dieses tödliche Entweder-Oder, das bisher jede wirkliche Auseinandersetzung zwischen dem «Schwesterchen» und seiner (Stief-)Mutter verhindert und die gesamte Ichentwicklung förmlich gelähmt hat. Wie sollte es auch anders sein! Kein Kind der Welt kann einen gewissen Mut zu sich selber gewinnen, wenn es auf dem Wege dahin die Schuld auf sich nehmen muß, seine eigene Mutter mit Gewalt zu beseitigen[31]; doch gerade in dieser Situation hat sich seit eh und je das «Schwesterchen» befunden: schon als Kind hat es erleben müssen, daß es die Mutter hätte vernichten müssen, wenn es gegen die erdrückende und erstickende Art ihres Wesens sich wirksam hätte zur Wehr setzen wollen, und es ist im Grunde diese Maßlosigkeit der eigenen Aggression, die es sein ganzes Leben lang vollkommen wehrlos machen mußte. «Ich kann doch nicht meine Mutter anschreien oder auf sie einschlagen, wenn ich sehe, wie sie selber leidet», schilderte eine Frau dieses Dilemma, «und dann füge ich mich, um das Äußerste zu verhüten; aber es geht niemals lange gut, dann muß ich einfach von ihr weg, sonst, denke ich, muß ich noch platzen.» So ähnlich verhielt es sich bisher jahraus, jahrein im Dasein des «Schwesterchens»: es mußte immer wieder *fliehen,* statt sich auseinanderzusetzen, und es mußte immer wieder seine Aggressionen arretieren, um nicht zügellos zu explodieren.

Um so wichtiger aber erscheint es jetzt, unter der Anleitung des «Königs» die Geschichte der eigenen verdrängten Aggressionen *nachzuarbeiten* und zu dem eigenen Zorn als zu etwas Berechtigtem zu stehen. Gewiß überkommt uns noch heute ein Schaudern, wenn wir hören, mit welcher Unbefangenheit in dem Grimmschen Märchen «Hexen» verbrannt[32] und Menschen zu Tode gefoltert werden – als hätte es derlei Praktiken in der Geschichte der Rechtsprechung nicht über erschreckend lange Zeiträume hin in brutaler Realität gerade so gegeben! Doch die Märchen, wie wir gar nicht oft genug betonen können, erzählen keine «reale» Geschichte; was sie berichten, ist ein symbolisches Psychodrama, das seine Menschlichkeit darin beweist, daß seine Inhalte in symbolischer Bedeutung bewußtgemacht werden und eben deshalb gerade nicht in der äußeren Wirklichkeit aufgeführt werden müssen. Das «Psychodrama» des *Schwesterchens* freilich käme ohne die Unterstützung des «Königs» gewiß nicht zustande, und es wäre ohne seine Hilfe nicht zu sehen, wie das «Schwesterchen» die Hypothek seiner «Stiefmutter» jemals abschütteln könnte.

Genau besehen, kann man über die Treffsicherheit der Grimmschen Erzählung auch an dieser Stelle nur staunen. Berichtet wird von einem «Gericht», welches der «König» *einberuft*, und dieses Bild ist absolut exakt. Um es zu würdigen, müssen wir uns daran erinnern, daß im Leben eines «Schwester-

chens» bereits in Kindertagen die Gestalt des Vaters *völlig ausfiel* und statt dessen von einem Geflecht aus Sehnsucht und Angst umwoben wurde. *Der Vater,* wäre er gegenwärtig gewesen, hätte seiner Frau vor allem immer wieder sagen müssen, sie dürfe der Tochter nicht derart zusetzen, das Mädchen meine es gut und es geschehe ihm unrecht durch eine solche Behandlung; nur deshalb, weil es eine solche väterliche Instanz in der Kindheit des «Schwesterchens» niemals gab, blieb ihm am Ende nichts anderes übrig, als schließlich sogar noch für seine eigenen unverarbeiteten Aggressionen sich selber schuldig zu fühlen und sie so weit als möglich zu verdrängen. Folgerichtig wird es jetzt zur Aufgabe des «Königs», stellvertretend für den fehlenden Vater in der Gegenwart heute all die Worte zu sagen, die damals ungesagt blieben, und den Prozeß nachzuholen, der seinerzeit schon das «Schwesterchen» von aller Schuld hätte freisprechen müssen. *Konkret* kommt es jetzt darauf an, all die Szenen von Gewalt und Unrecht, von Qual und Unterdrückung, von Anschuldigungen und Vorwürfen noch einmal durchzugehen, die in der Kindheit bereits das «Schwesterchen» so nachhaltig geprägt haben; an Stelle des Vaters muß jetzt der «König» all die Worte der Verteidigung und des Freispruches vorbringen, die das «Schwesterchen» damals im Ansatz gewiß *fühlen,* aber sicher nicht *denken,* geschweige denn *sagen* durfte; und in gleichem Sinne muß es dahin kommen, daß *die «Stiefmutter»* an all den Stellen ihrer Willkürattacken als

objektiv schuldig erfunden wird. Ganz richtig aber sagt das Märchen dabei, daß *nicht der «König» selbst,* sondern *das Gericht* das Urteil zugunsten des «Schwesterchens» fällen wird. Der Unterschied ist wichtig. Denn das «Schwesterchen» darf nicht von dem bloßen Wohlwollen seines Gemahls abhängig bleiben wie ein Kind von der Gunst und Gnade seines Vaters, *es selber* muß sich gedanklich und gefühlsmäßig zu der Überzeugung durchringen, nach menschlichem Ermessen *im Recht* zu sein.

Erzählt wird in dem Grimmschen Märchen nun freilich nicht des näheren von den erheblichen Schwierigkeiten, die ein solcher «Prozeß» der «Rechtfertigung» im Leben eines «Schwesterchens» unfehlbar aufwerfen wird: Die eigene (Stief-)Mutter auch nur in Gedanken zu beschuldigen, muß als erstes *die heftigsten Schuldgefühle* wachrufen! Immerhin kann man derlei Schuldgefühle in aller Regel durch den Hinweis beruhigen, daß der «Prozeß» ja nicht der Mutter gemacht wird, die damals wirklich lebte (oder die noch in der Gegenwart existiert), sondern daß das Gerichtsurteil über jenes Konglomerat von Eindrücken gefällt wird, das die «Mutter» damals, in Kindertagen, womöglich gegen ihr eigenes Wollen in der Seele ihres Kindes hinterlassen hat. Doch selbst wenn diese Voraussetzung akzeptiert wird, so können immer noch die furchtbarsten Verzweiflungsanfälle ein «Schwesterchen» heimsuchen, wenn in ihm wirklich sich jene Gefühle von Zorn und Empörung zu regen beginnen, die damals so gründlich beiseitegedrückt wurden. «Ich darf doch nicht hassen! Ich kann doch meine Mutter nicht hassen! Mein Gott, ich bin ja noch viel verdorbener, als ich es immer schon wußte», klagte z. B. monatelang eine Frau, die ihre Wut auf ihre Mutter jetzt im Abstand von mehr als dreißig Jahren zum erstenmal wieder spürte. *Zerfetzen, verbrennen, von wilden Tieren zerreißen lassen* – wie soll man solche Wunschphantasien in bezug zu den eigenen Angehörigen hegen können, ohne sich auf das schwerste schuldig vorzukommen! Man kann sich unmöglich selber sehr gut fühlen, wenn man es nötig hat, gegenüber den nächsten Verwandten so zu empfinden. In dieser Situation mag unter Umständen die Einsicht ein Stück weiterhelfen, daß die Heftigkeit der eigenen Aggressionen nicht einem wirklichen Wünschen entspricht, sondern lediglich der grenzenlosen Ohnmacht und Wehrlosigkeit der Kindertage entstammt[33] und daß die Tödlichkeit der eigenen Wutanfälle *lediglich eine Reaktion* auf die Tödlichkeit der mütterlichen Jähzornsattacken darmals darstellt; wenn es zudem gelingt, den jeweils größten Zorn in kleine wirksame Portionen zu stückeln, wird das Gefühl des Ausgeliefertseins allmählich zurückgehen, und damit werden auch die aufgestauten Aggressionen in ihrem Quantum und in ihrer Art besser zugänglich werden. Freilich handelt es sich dabei um einen langen Weg des Übens und des Umlernens, und er wird nicht ohne Rückschläge und Verletzungen zu begehen sein. *Eine* Versicherung indessen kann vorderhand von Nutzen sein, die sich paradox anhört, an die aber auch das Grimmsche Märchen zu glauben scheint, wenn es versichert, es habe nach dem Tribunal über die «Stiefmutter» alsbald *das «Rehlein» seine menschliche Gestalt zurückgewonnen;* die Versicherung darf lauten, daß jemand, der so leidenschaftlich sein kann in seiner Erbitterung und in seinem Zorn wie das «Schwesterchen», wenn ihm «Recht» gesprochen wird, *mindestens ebenso leidenschaftlich* sein kann *in der Glut seiner Liebe.* Ja es ist eigentlich bereits *dieses Feuer der Liebe,* in dessen Flammen die «Hexe» ihr Ende finden muß[34], so wie es die Kräfte der eigenen Vitalität, die «Tiere des Waldes», sind, denen die Jammergestalt der «Stiefschwester» endlich zum Opfer fällt[35]. Was sich in äußerer Betrachtung als eine gräßliche Exekution darbietet, erweist sich psychologisch mithin als unerläßlich auf dem Weg zu sich selbst und zum anderen. Es gibt keine «Koexistenz» des «Schwesterchens» mit der verinnerlichten Gestalt seiner «Mutter», und ehe nicht das gesamte Mischgebilde aus Opferhaltungen und Resignationen in einem Umfeld ständiger Überforderungen, Selbsteinschränkungen und Schuldgefühle ein Ende gefunden hat, wird eine integrale Form zu leben und zu lieben nicht möglich sein. Kaum aber verbrennt die «Hexe» im Feuer zu Asche, da erlangt das «Rehlein» seine Menschlichkeit wieder, und das Glück des «Schwesterchens» ist vollständig. Was sonst auch wäre des Menschen Glück, als aus ganzem Herzen, mit ganzer Seele und mit allen Kräften zu lieben – lieben *zu können* (Mk 12,30)[36]?

Coda

Wir stehen am Ende der Lektüre eines Märchens, das zu den bestbekannten der Kindertage gehört und das uns dennoch eine ebenso unheimliche wie geheimnisvolle Welt erschlossen hat. Es ist nicht nur, daß wir die Sprache des Unbewußten ein Stück weit besser zu verstehen gelernt haben, es ist vor allem, daß wir an Verständnis gegenüber uns selbst und gegenüber all denen gewonnen haben, die beim besten Willen in ihren Ängsten und Schuldgefühlen nicht ein noch aus wissen. Vor allem haben wir gesehen, wie viele Gestalten in einem einzigen Menschen nebeneinander hausen können und wie vielschichtig scheinbar selbst so einfache Vorgänge sind wie die Loslösung von der Mutter, das Kennenlernen der eigenen Rolle als Frau, die Erfahrung der ersten Liebe, der Eintritt in die Ehe und die Geburt des ersten Kindes. *«Brüderchen und Schwesterchen»* – das ist, entgegen den Vermutungen, welche die Überschrift weckt, *nicht* die Geschichte eines Geschwisterpaares, das ist das Entwicklungsdrama eines Mädchens, das auf den mühsamen und ängstlichen Pfaden der Jugend einen Weg zu dem reichen und glücklichen Leben der Liebe zu finden versucht. Das Bild eines Mädchens, wie A. RENOIR es malte[37] (siehe Umschlagbild): verträumt an einem sommerhellen Tag auf einer Wiese sitzend, die langen dunklen Haare über die Schultern herabfließend, in ein rotes Kleid voller Verheißungen gehüllt und den Betrachter einladend, mit ihm voller Sehnsucht in eine ferne weite Welt zu schauen – *das* ist deshalb wohl das beste Sinnbild für jene Gestalt einer reifenden Frau, die in so vielen Gestaltungen ihrer Jugend zu ihrer immer wieder bedrohten Einheit zurückfinden muß. So eigentümlich in ihrem Widerspruch und in ihrem Trost vermögen nur die Märchen zu uns zu sprechen. Unser Alltagsbewußtsein sperrt sich gegen sie, wenn sie uns zeigen, wie ausgesetzt wir Menschen uns gegenüber den Mächten des Unbewußten fühlen können; dann aber nehmen dieselben Erzählungen uns an die Hand und lehren uns, auf Lösungen

zu hoffen, die dem Bewußtsein des Tages nicht zugänglich sind; und in den Zuständen der Verzweiflung ebenso wie in den Augenblicken des Glücks beschwören sie uns, *mehr* zu sein und an uns *wahrzunehmen,* als unser verständiges Urteil es *wahrhaben* will. Eros und Thanatos, Liebe und Haß sind stärkere Götter, als wir gemeinhin zu glauben geneigt sind; doch wenn wir damit beginnen, ihr Wirken zu verstehen, statt gegen sie anzukämpfen, erweisen sie sich als gütig und groß in der Lenkung unseres Lebens. Wir haben bei der Auslegung dieser Erzählung erlebt, wie brüchig und hohl die moralischen Weisungen sein können, wenn es darum geht, ein Menschenleben zu ordnen; und doch besitzt der Mensch in den Märchen ein verborgenes Wissen um sein eigenes Wesen. Ihm *nicht* zu gehorchen aus Angst bzw. aus lauter Angst nicht selber wirklich zu leben, ist der Ursprung aller Schuld – am Ende auch im moralischen Sinne[38]. Es ist aber einzig die Liebe, die über den Abgrund der Angst hinwegträgt. «Die Liebe», meint der libanesische Dichter SIMON Y. ASSAF:

«Die Liebe heilt
Schwermut und Trauer,
Gram und Einsamkeit.

Sie sättigt unseren Hunger
und stillt unseren Durst.
Je weiter ihr ihren Pfaden folgt,
um so reicher sprudeln ihre Quellen,
und um so lieblicher
werden ihre Wege.

Die Liebe ist Licht,
und ihr seid seine Strahlen.
Öffnet ihr die Tore eures Herzens,
und sie wird euer Inneres überfluten.
Sie macht euch zu Fackeln und Kerzen
und läßt euch Licht und Wärme
spenden.

Die Liebe eint euch
und trennt euch nicht,
sie stärkt euch
und schwächt euch nicht,
sie versammelt euch
und zerstreut euch nicht,
sie schützt euch
und verläßt euch nicht.
Doch wehe, wenn ihr von ihr sprecht,
bevor sie euch durchdrungen
und geprägt hat,
bevor ihre Wellen euch hinabgezogen
und ihre Feuer euch verbrannt haben.
Bevor ihr sie verkündet,
taucht unter in ihre Wellen,
labt euch an ihren Wassern
und atmet ihren Duft ein!»[39]

Anmerkungen

Modulation der Gefühle und 1. Satz: Exposition: Lösung

[1] NOVALIS: Aus dem «Allgemeinen Brouillon» 1798–1799, in: Novalis Werke, hrsg. u. komm. v. G. Schulz, 2. neu bearb. Aufl. München 1981, 445–498, S. 494, Nr. 131. Vgl. a. a. O., S. 493, Nr. 727: «Das Märchen ist gleichsam der *Kanon der Poesie* – alles Poetische muß märchenhaft sein. Der Dichter betet den Zufall an.»

[2] Zitiert nach dem Film von P. SCHAMONI: Caspar David Friedrich. Grenzen der Zeit, 1987.

[3] K. F. SCHINKEL: Schloß am Strom, 1820, Nationalgalerie, Berlin.

[4] Vgl. E. DREWERMANN: Das Tragische und das Christliche, in: Psychoanalyse und Moraltheologie, Bd. 1: Angst und Schuld, Mainz [8]1989, 19–78.

[5] Vgl. E. MEYER: Ursprung und Anfänge des Christentums, 3 Bde., Stuttgart-Berlin 1921–1923, I 109, Anm. 2, zu Mk 5,21–43, der Geschichte von der Heilung der blutflüssigen Frau und der Tochter des Jairus.
Vgl. bes. M. LÜTHI: Das europäische Volksmärchen, 4. erw. Aufl. 1974, 25–36, S. 34: «Das Märchen liebt alles Extreme, im besonderen extreme Kontraste»; S. 36: «Nichts ist dem Märchen zu kraß und zu fern.»

[6] Zu dem Begriff des *Nagual* vgl. W. HIRSCHBERG (Hrsg.): Wörterbuch der Völkerkunde, Stuttgart (Kröner Tb. 205) 1965, 308. Das Wort stammt aus dem Aztekischen: *naualli* = etwas Verborgenes, *tonal* = jemandes Schicksal, Seele; der Begriff steht in engem Zusammenhang mit der Vorstellung vom *alter ego*. «Nagual ist ein Tier oder ein Naturobjekt, das mit dem Menschen eine mystische Schicksalsgemeinschaft eingegangen ist...

Da auch die Möglichkeit besteht, daß sich der Mensch zeitweise in seinen tierischen Partner verwandeln kann, liegt hier eine enge Verwandtschaft zu der Konzeption des Wertieres vor.» Vgl. auch M. LÜTHI: Es war einmal... Vom Wesen des Volksmärchens, Göttingen, [4]1973, 66–78. Vgl. auch R. MEYER: Die Weisheit der deutschen Volksmärchen, Stuttgart, 1969, 117–131.

[7] So z. B. die Deutung von L. VON KEYSERLINGK: Brüderchen und Schwesterchen. Eine ganz besondere Liebe. Zürich, Stuttgart 1988, S. 77–84. Inzesttabu und Schwesterntausch.

[8] Zu dem Gesetz der *zentralen Persönlichkeit in der Deutung von Träumen und Märchen* vgl. E. DREWERMANN: Tiefenpsychologie und Exegese, 2 Bde., Olten 1984–85, I 212–218; 379.

[9] Vgl. B. BETTELHEIM: The Uses of Enchantment, New York 1975; dt.: Kinder brauchen Märchen, übers. v. L. Mickel u. B. Weitbrecht, Stuttgart 1977, S. 77–81: Brüderchen und Schwesterchen. Die dualistischen Züge unserer Natur miteinander vereinbaren.

[10] E. DREWERMANN: Tiefenpsychologie und Exegese, s. o. Anm. 8, I 141–154.

[11] G. DE MAUPASSANT: Le Papa de Simon (1881); dt.: Simons Papa, übers. v. E. Sander. Gesamtausgabe der Novellen und Romane, 1. Bd.: Das Haus Tellier und andere Novellen, München 1986, 262–271; DERS.: Un Fils (1882), dt.: Ein Sohn, übers. v. I. Schauber, in: A. a. O., 2. Bd.: Madame Baptiste und andere Novellen, München 1987, 66–77; DERS.: L'Enfant (1882), dt.: Das Kind, übers. v. E. Sander, a. a. O., 112–118.

[12] Vgl. J. BILZ: Menschliche Reifung im Sinnbild (1943), in: W. Laiblin (Hrsg.): Märchenforschung und Tiefenpsychologie, Darmstadt 1975, 161–187, S. 164.

[13] Vgl. a. a. O., 166–167.

[14] Vgl. F. NIETZSCHE: Vom Nutzen und Nachteil der Historie für das Leben, in: Unzeitgemäße Betrachtungen (1873–1876), Ges. Werke in 11 Bden., Bd. 2, München (Goldmann 1472–1473) 1964, 73–143, S. 75–76.

[15] Vgl. F. NIETZSCHE: Menschliches Allzumenschliches. Ein Buch für freie Geister (1876–1877), in: Ges. Werke in 11 Bden., Bd. 3, München (Goldmann 676–677) o. J., S. 17–18. E. DREWERMANN: Dein Name ist wie der Geschmack des Lebens. Tiefenpsychologische Deutung der Kindheitsgeschichte nach dem Lukasevangelium, Freiburg-Basel-Wien, [2]1989, 125–138. Das Motiv der *Heimatlosigkeit* arbeitet R. MEYER: Die Weisheit der deutschen Volksmärchen, Stuttgart 1969, 81–86, S. 81 ganz gut heraus.

[16] Vgl. B. JÖCKEL: Reifungserlebnis im Märchen (1948), in: W. Laiblin (Hrsg.): Märchenforschung und Tiefenpsychologie, Darmstadt 1975, 195–211, S. 196, der davon ausgeht, das «Erlösungsmärchen» habe es im tiefsten mit dem Erlöstwerden von dem Zwiespalt zu tun, «dem die kindliche Seele mit dem Beginn der Reifung verfällt. – Zwar haftet sich die Tragik bereits mit der Geburt an das menschliche Dasein: Verharrenwollen im Mutterschoß gegen den nach außen drängenden Trieb zum individuellen Aufbau. Erfühlbar aber wird dies erst mit der ‹zweiten Ge-

burt›, mit dem Eintritt ins vollreife Leben, der zugleich den Tod der Kindheit bedeutet.»

[17] Vgl. R. SCHINDLER: Die Bedeutung der Angst für die Entwicklung, in: Fortschritte der Psychoanalyse. Internationales Jahrbuch zur Weiterentwicklung der Psychoanalyse, Bd. 2, Göttingen 1966, 201–210; vgl. auch E. H. ERIKSON: Childhood and Society, New York 1950; 1963; dt.: Kindheit und Gesellschaft, übers. v. M. von Eckhardt-Jaffé, Stuttgart, 2. erw. Aufl. 1965, 264–270.

[18] Vgl. dazu von seiten der Verhaltensforschung E. SCHMALOHR: Frühe Mutterentbehrung bei Mensch und Tier. Entwicklungspsychologische Studie zur Psychohygiene der frühen Kindheit, München (Kindler 2092) 1980, 17–36; vgl. auch M. H. KLAUS/J. H. KENNELL: Mutter-Kind-Bindung. Über die Folgen einer frühen Trennung, aus d. Amerik. übers. v. K. H. Siber, München 1983 (dtv 15033), 35–62; vgl. E. H. ERIKSON, a. a. O., S. 241–245: Vertrauen gegen Ur-Mißtrauen; R. BATTEGAY: Narzißmus und Objektbeziehungen. Über das Selbst zum Objekt, Bern-Stuttgart-Wien 1977, 18–23: Das Verlassenwerden.

[19] Vgl. zur Psychodynamik dieser Situation H. E. RICHTER: Eltern, Kind und Neurose. Psychoanalyse der kindlichen Rolle, Stuttgart 1963, S. 128–181: Das Kind als Gatten-Substitut.

[20] Gerade diese konkreten Details, die für das Verständnis der Ausgangssituation sehr wichtig sind, finden in den Interpretationen für gewöhnlich nicht die geringste Beachtung. Vgl. z. B. F. LENZ: Bildsprache der Märchen, Stuttgart 1971, 79–93; R. MEYER: Die Weisheit der deutschen Märchen, Stuttgart 1969, 81–86; L. VON KEYSERLINGK: Brüderchen und Schwesterchen, 27–31.

[21] Insbesondere die oral-depressive Thematik, die hier anklingt, darf um keinen Preis in der Deutung des Märchens überhört werden, oder man mißversteht das gesamte Gefühlskolorit, in welches das Märchen getaucht ist.

[22] Man muß beachten, daß der psychologische Roman des 19. Jahrhunderts (Stendhal, Flaubert, Dostojewski) im Grunde nur mit «erwachsenen Charakteren» arbeitet. Das «historische» Interesse der Psychoanalyse wurde bes. von S. FREUD: Konstruktionen in der Analyse (1937), Gesammelte Werke XVI, London 1950, 41–56, S. 54 f. hervorgehoben.

[23] Vgl. E. DREWERMANN: Das Tragische und das Christliche, s. o. Anm. 4, 19–78, S. 71–78.

[24] Vgl. E. DREWERMANN: Heil und Heilung, in: Psychoanalyse und Moraltheologie, Bd. 1: Angst und Schuld, Mainz ⁸1989, 179–189.

[25] Zum Zorn als Anfallsgeschehen vgl. L. SZONDI: Lehrbuch der experimentellen Triebdiagnostik, Bd. 1, Bern 1960, 103, der am Beispiel des Moses bes. auf das Wechselspiel von Hemmung und Überfall hinweist.

[26] In der Sprache von L. SZONDI (a. a. O.) handelt es sich um die Auswirkung des epileptiformen Triebfaktors e, der den Menschen aus Wut und Haß, aus Zorn und Rache dazu treibt, seine Gemütsbewegungen in sich bis zum Bersten aufzutauen, um sie dann plötzlich, explosionsartig, auf die Mitmenschen überraschend zu übertragen.

[27] In der Beichtpraxis der kath. Kirche z. B. handelt(e) es sich um den klassischen Zusammenhang von «Reue» und «gutem Vorsatz», die allein die «göttliche Vergebung» zu «verdienen» imstande waren. Vgl. J. BRINTRINE: Die Lehre von den heiligen Sakramenten der katholischen Kirche, Bd. 2: Buße, Krankensalbung, Ordo und Ehe, Paderborn 1962, 57–64.

[28] Vgl. S. FREUD: Das Unbehagen in der Kultur (1930), Gesammelte Werke XIV, London 1948, 419–506, S. 495 ff.

[29] Vgl. demgegenüber E. FROMM: Disobedience as a Psychological and Moral Problem (1963); dt.: Der Ungehorsam als ein psychologisches und ethisches Problem, übers. v. L. u. E. Mickel, Gesamtausgabe, IX, Stuttgart 1981, 367–373.

[30] Vgl. dazu E. FROMM: Beyond the Chains of Illusion. My Encounter with Marx and Freud (1962); dt.: Jenseits der Illusionen. Die Bedeutung von Marx und Freud, übers. v. L. u. E. Mickel, Gesamtausgabe, IX, Stuttgart 1981, 37–157, S. 66–78: Das kranke Individuum und die kranke Gesellschaft.

[31] Vgl. R. ARDREY: The Territorial Imperativ, 1966; dt.: Adam und sein Revier. Der Mensch im Zwang des Territoriums, übers. v. I. Winger, München (dtv 881) 1972, 104–120.

[32] Vgl. D. MORRIS: Manwatching, 1977; dt.: Der Mensch, mit dem wir leben. Ein Handbuch unseres Verhaltens, übers. v. K. H. Siber u. W. Wagmuth, München-Zürich (Knaur 3659) 1978,

233–243, zu Kampfverhalten und Triumphgebaren.

[33] Zu dem ähnlichen Verhalten bei Braunbären vgl. A. PEDERSEN: Die Großbären, in: B. Grzimek (Hrsg.): Enzyklopädie des Tierreiches in 13 Bänden, Bd. 12: Säugetiere 3, München 1979, 118–143, S. 121–122; zur Aufzucht der Jungtiere bei Schwänen vgl. V. B. DRÖSCHER: Geniestreiche der Schöpfung. Die Überlebenskunst der Tiere, Frankfurt-Berlin 1986, 148–150.

[34] Zu entsprechenden Versuchen mit Tieren vgl. E. SCHMALOHR: Frühe Mutterentbehrung bei Mensch und Tier, s. o. Anm. 18, S. 113–145. Zu den Folgen einer frühzeitigen Trennung eines Muttertieres von seinem Jungen vgl. M. H. KLAUS/J. H. KENNELL: Mutter-Kind-Bindung, s. o. Anm. 18, S. 43–51.

[35] Vgl. H. VON DITFURTH: Am Anfang war der Wasserstoff, Hamburg 1972, S. 311–312.

[36] Zur «Zeitzerdehnungsregel» der Interpretation vgl. E. DREWERMANN: Tiefenpsychologie und Exegese, 2 Bde., 1. Bd.: Die Wahrheit der Formen. Traum, Mythos, Märchen, Sage und Legende, Olten-Freiburg 1984, 226–228.

[37] R. D. LAING: Knots, London 1970; dt.: Knoten, übers. v. H. Elbrecht, Hamburg (dnb 25), 45, bringt die Struktur einer solchen Umwertung auf die Formel: «Ich bin schlecht, da ich mich schlecht fühle, und schlecht, da ich mich gut fühle, denn je schlechter man ist, desto weniger schlecht fühlt man sich.»

[38] Gerade die Verschiebung der geistigen Ebenen macht es in der psychoanalytischen Behandlung so schwer, als erstes die Denkfehler freizulegen, die der Triebabwehr zugrundeliegen. Es ist die alte Wahrheit S. FREUDS, daß man Affekte nicht unterdrücken kann, ohne das Denken mit zu destruieren. Vgl. S. FREUD: Die Zukunft einer Illusion (1927), Gesammelte Werke, XIV, London 1948, 323–380, S. 371–372.

[39] Vgl. E. DREWERMANN: Wege in ein unentdecktes Land. Die Angst vor der Liebe, in: R. Walter (Hrsg.): Lebenskraft Angst. Wandlung und Befreiung, Freiburg-Basel-Wien 1987, 28–36.

[40] Zum Begriff des animus vgl. C. G. JUNG: Die Beziehungen zwischen dem Ich und dem Unbewußten (1928), Werke 7, Olten 1964, 131–264, S. 207–232. Vgl. bes. E. JUNG: Die anima als Na-

[41] turwesen (1958), in: W. Laiblin (Hrsg.): Märchenforschung und Tiefenpsychologie, Darmstadt 1975, 237–283.

[41] Zu dem Begriff der *persona* vgl. C. G. JUNG: A. a. O., GW 7, 214.

[42] Vgl. W. FAULKNER: Requiem for a Nun, 1956; dt.: Requiem für eine Nonne. Roman in Szenen, übers. von R. Schnorr, Zürich (detebe 20991) 1982, S. 302.

[43] Zu Recht kennzeichnete deshalb S. KIERKE-GAARD: Die Krankheit zum Tode (1849), übers. v. L. Richter, Hamburg (rk 113) 1962, S. 29–31 das Weltgefühl der *Depression* als die «Verzweiflung der Unendlichkeit».

[44] Zu dem Zusammenhang von «Objektverlust» und Melancholie vgl. bereits S. FREUD: Massenpsychologie und Ich-Analyse (1921), Ges. Werke XIII, London 1940, 71–161, S. 148–149.

[45] Zu der Genese des Gottesbildes vgl. E. DREWERMANN: Kleriker. Psychogramm eines Ideals, Olten 1989, 331–340.

[46] Vgl. E. DREWERMANN: A. a. O., 454–463, zum Thema «Gehorsam».

[47] Das Hauptproblem des *Jähzorns* eines Elternteils besteht für das Kind wesentlich in der Unkalkulierbarkeit des Anfalls, mithin in der angstvollen Dauerbereitschaft, ihn zu erwarten; hinzukommt das Gefühl, in jedem Falle schuldig zu sein, sowie umgekehrt die Neigung, einen jeden als im Recht befindlichen zu glauben, wenn er nur laut genug schimpft.

[48] Vgl. die Griechen, die dem *Poseidon* als dem Gott des Erdbebens (HOMER: Ilias, I 530) Menschenopfer darbrachten, wie z. B. der Bericht von der Opferung der *Chthonia* zeigt. HYGINUS: Fabeln, Nr. 46, in L. MADER: (Übers.): Griechische Sagen. Apollodoros, Parthenios, Antoninus Liberalis, Hyginus, Zürich-Stuttgart 1963, S. 265–266.

[49] Auch im späteren Leben noch werden die Trauerphasen ebenso plötzlich und unversehens auf bestimmte Stichworte oder Schlüsseleindrücke hin sich zu Wort melden, wie in der Kindheit die Jähzornsattacken (der Mutter) einsetzten.

[50] Vgl. S. FREUD: Ein Kind wird geschlagen. Beitrag zur Kenntnis der Entstehung sexueller Perversionen (1919), Werke, XII, London 1947, S. 195–226, der allerdings wesentlich den Anteil der Inzest-Liebe zwischen Vater und Tochter in den sadistischen Schlagephantasien seiner Patientinnen beschreibt.

[51] Vgl. E. O'NEILL: Long Day's Journey into Night, 1940–41; dt.: Eines langen Tages Reise durch die Nacht, übers. v. U. u. O. F. Schuh, in: Meisterdramen, Frankfurt 1960, 221–323.

[52] Zur *Baumsymbolik* vgl. E. DREWERMANN: Strukturen des Bösen. Die jahwistische Urgeschichte in exegetischer, psychoanalytischer und philosophischer Sicht, 3 Bde., Paderborn ⁵1985, II, 52–69.

[53] Wörtlich kommt diese Bedeutung noch in den *Baumsärgen* zum Ausdruck, die in der Zeit der Hügelgräberbronze Verwendung fanden. Vgl. K. W. STRUVE: Die Kultur der Bronzezeit in Schleswig-Holstein, Neumünster 1957, 11–12; 17–18; H. HOFFMANN: Die Gräber der jüngeren Bronzezeit in Holstein, Neumünster 1938.

[54] FRITZ VON UHDE: Schwerer Gang («Der Gang nach Bethlehem»), um 1890; München, Bayerische Staatsgemäldesammlungen, Neue Pinakothek.

2. Satz: Durchführung: Verwandlung und Vermählung

[1] Vgl. A. WINTERSTEIN: Die Pubertätsriten der Mädchen und ihre Spuren im Märchen (1928), in: W. Laiblin (Hrsg.): Märchenforschung und Tiefenpsychologie, Darmstadt 1975, 56–70; B. JÖCKEL: Das Reifungserlebnis im Märchen (1948), in: A. a. O. (s. o. Anm. 16), 195–211.

[2] Zu dem Zusammenhang von Dissoziation und Kunst (Theater, Drama) vgl. L. KAPLAN: Zur Psychologie des Tragischen (1912), in: J. M. Fischer (Hrsg.): Psychoanalytische Literaturinterpretation. Aufsätze aus «Imago» (1912–1937), Tübingen 1980; München (dtv 4363) 1980, 33–63, S. 61–63. Zur Situation der Trennung des «inneren Selbst» von der äußeren Persönlichkeit vgl. R. D. LAING: The divided Self. An existential study in sanity and madness, 1960; dt.: Das geteilte Selbst. Eine existentielle Studie über geistige Gesundheit und Wahnsinn, ü. v. Ch. Tansella-Zimmermann, Köln 1972, 86–90.

[3] R. L. STEVENSON: The strange case of Dr. Jekyll and Mr. Hyde, übers. v. R. Mummendey, in: R. L. Stevenson: Erzählungen, Stuttgart 1974, 671–753; vgl. zur Interpretation E. DREWERMANN: Strukturen des Bösen. Die jahwistische Urgeschichte in exegetischer, psychoanalytischer und philosophischer Sicht, 3 Bde., Paderborn ⁵1985, 278–299: Das Motiv des Doppelgängers in der Belletristik.

[4] Vgl. U. STEFFEN: Drachenkampf. Der Mythos vom Bösen, Zürich 1984, 170–206.

[5] Zu dem Begriff der psychopathischen Persönlichkeit vgl. K. SCHNEIDER: Klinische Psychopathologie, Stuttgart, 8. erg. Aufl. 1967, 17–30; vgl. bes. S. 31–35: Psychopathentypen sind keine Diagnosen.

[6] Zu dem Problem von Neurose und Lüge vgl. E. DREWERMANN: Ein Plädoyer für die Lüge oder: Vom Unvermögen zur Wahrheit, in: Psychoanalyse und Moraltheologie, 3 Bde., Mainz 1982–84, 3. Bd.: An den Grenzen des Lebens, 199–236.

[7] Vgl. E. DREWERMANN: Kleriker. Psychogramm eines Ideals, Olten 1989, 527–530.

[8] Zum Begriff der *Leerlaufhandlung* vgl. G. W. BARLOW: Fragen und Begriffe der Ethologie, in: K. Immelmann (Hrsg.): Verhaltensforschung. Sonderband zu Grzimeks Tierleben, Zürich 1974, 205–223, S. 214–216.

[9] Vgl. W. STEKEL: Die Sprache des Traumes. Eine Darstellung der Symbolik und Deutung des Traumes in ihren Beziehungen zur kranken und gesunden Seele, München ³1927, 164–180: Onanieträume, bes. S. 168–169, der Traum von dem «dunklen Wasser»

[10] Vgl. a. a. O., 121–130. Zu dem Symbol des *«Waldes»* vgl. F. LENZ: Bildsprache der Märchen, Stuttgart 1971, S. 80.

[11] Vor allem M. BALINT: The Basic Fault. Therapeutic Aspects of Regression, London 1968; dt.: Repression. Therapeutische Aspekte und die Theorie der Grundstörung, übers. v. K. Hügel, Stuttgart 1970; München (dtv 15028) 1987, 137–142, hat den positiven Wert der «Regression um der Progression willen» herausgearbeitet; vgl. DERS.: Thrills und Regression, London 1959; dt.: Angstlust und Regression. Beitrag zur psychologischen Typenlehre, übes. v. K. Wolff, Stuttgart 1960; Hamburg (Studium 21) 1972, 76–84.

[12] Zum Begriff der *imago* vgl. S. FREUD: Zur Dynamik der Übertragung (1912), Werke, VIII, London 1945, S. 364–374, S. 366–367; C. G. JUNG: Symbole der Wandlung. Analyse des Vorspiels zu einer Schizophrenie (1911), Ges. Werke 5, Olten 1973, 65.

[13] Vgl. H. J. WOLF: Hexenwahn und Exorzismus. Ein Beitrag zur Kulturgeschichte, Kriftel 1980, 41–70; W. G. SOLDAN/H. HEPPE: Geschichte der Hexenprozesse, 1843; neu bearb. v. M. Bauer nach der 3. Aufl., 2 Bde., Hanau (Kiepenheuer V.) o. J., I 71–125: die Stellung der alten Kirche bis zum 13. Jh.; a. a. O., I 127–212: der Anstieg des Aberglaubens vom 13. Jh. an.

[14] Zu dem Zusammenhang von *Sehen* und Strafgewalt vgl. E. DREWERMANN: Strukturen des Bösen, s. o. Anm. 3, Bd. 2, S. 223–226.

[15] Zu dem Begriff der *Projektion* vgl. A. FREUD: Das Ich und die Abwehrmechanismen, München (Kindler 2001) o. J., S. 36 f. Zu dem Zusammenhang von Projektion und Paranoia vgl. S. FREUD, Werke VIII, London 1945, 239–320, S. 299 f.

[16] Zu dem Zusammenhang zwischen verlängerter Symbiose (Mutter–Kind) und paranoischem Erleben vgl. G. AMMON: Der Symbiosekomplex und das gleitende Spektrum der archaischen Ich-Krankheiten in: G. Ammon (Hrsg.): Handbuch der Dynamischen Psychiatrie, 1. Bd., München 1979, 276–294, S. 290.

[17] Sehr eindrucksvoll beschreibt G. AMMON – A. VON WALLENBERG PACHALY: Schizophrenie, in: Handbuch, I 364–462, S. 422–423, das paranoische Erleben; vgl. Abb. 7, die eine Patientin als ein blaues Reh zeigt, das, durch einen Kreis geschützt, bei einer Tanne liegt.

[18] So z. B. gegen die Deutung von L. V. KEYSERLINGK: Brüderchen und Schwesterchen. Eine ganz besondere Liebe, Zürich, Stuttgart 1988, 39–53. Anders z. B. F. LENZ: Bildsprache der Märchen, Stuttgart 1971, 79–93, der in dem Kinderpaar das «Ineinanderwirken der jungen noch unreifen Willenskraft im Verein mit der werdenden, naiven Seele» erblickt (S. 79).

[19] Vgl. E. DREWERMANN/INGRITT NEUHAUS: Schneeweißchen und Rosenrot, Olten ⁵1989, 29–42.

[20] Vgl. a. a. O., 30–33.

[21] Zu der *Tierverwandlung* selbst vgl. F. LENZ: Bildsprache der Märchen, Stuttgart 1971, 79–93, S. 82, der daran erinnert, daß die Griechen dem *Dionysos* zuerst den Panther, später den *Tiger* als Symbol beigaben; auch der römische *Bacchus* kleidete sich in ein Tigerfell und fuhr einen mit Tigern bespannten Wagen. In dem *Wolf* erkennt er einen Nachfahren des germanischen Fenriswolfes, während er in dem Rehbock den «verbockten» Willen zum Umherschweifen erblickt. Leider bringt er die Dramatik der Szene in einen rein mystisch-esoterischen Zusammenhang mit der «Stiefmutter», in der er, nach dem Tod der wahren Eltern, lediglich den Einfluß der verhärteten, materialistischen Seele sieht, mit dem Ergebnis triebhafter Unbeherrschtheit. – Zu der Verbindung des *Dionysos* mit den *Tigern,* die den Griechen freilich erst durch Alexanders Vorstoß nach Indien bekannt wurden, vgl. VERGIL: Aeneis, VI, 805, wo *Bacchus* «die Tiger von Nisas erhabenem Gipfel treibt».

[22] Zur oralen Gehemmtheit mit den entsprechenden Freß- und Beißphantasien vgl. M. KLEIN: Zur Psychogenese der manisch-depressiven Zustände (1928), in: Das Seelenleben des Kleinkindes und andere Beiträge zur Psychoanalyse, Stuttgart 1962, 44–71, S. 46–49; 53–55.

[23] Zu den entsprechenden Phantasien vgl. E. NIELSEN (Hrsg.): Die Hexe von Endor. Die merkwürdigsten Fälle aus dem Gebiet des Übersinnlichen von 1200 vor bis 1800 nach Christus (1922: Das Unerkannte auf seinem Weg durch die Jahrtausende), München (dtv 1335) 1978, S. 132; 212–214; J. VON GÖRRES: Die dämonische Metamorphose, in: K. Völker (Hrsg.): Von Werwölfen und anderen Tiermenschen. Dichtungen und Dokumente, München 1972; München (dtv 1308) 1977, 312–324.

[24] Zu dem oral-depressiven *Verstummen* der eigenen Wunschwelt vgl. A. DÜHRSSEN: Psychogene Erkrankungen bei Kindern und Jugendlichen, Göttingen 1967, 184–189: Mutismus.

[25] Vgl. K. ABRAHAM: Untersuchungen über die früheste prägenitale Entwicklungsstufe der Libido (1916), in: Psychoanalytische Studien zur Charakterbildung. Und andere Schriften, hrsg. v. J. Cremerius, Frankfurt 1969, 84–112, S. 89–93; 100–104.

[26] Zu dem Begriff der *anaklitischen Objektwahl* vgl. S. FREUD: Drei Abhandlungen zur Sexualtheorie (1905), Ges. Werke, V, London 1942, 27–145, S. 123; DERS.: Die Zukunft einer Illusion (1927), Werke *XIV,* London 1948, 322–380, S. 345–346.

[27] So z. B. R. PESCH/G. LOHFINK: Tiefenpsychologie und keine Exegese, Stuttgart 1987; vgl. dazu E. DREWERMANN: An ihren Früchten sollt ihr sie erkennen. Antwort auf R. Pesch und G. Lohfink. Mit einem Beitrag von St. Schmitz, Olten ³1988, 39–77.

[28] Zu den Auseinandersetzungen der Pubertät mit den andrängenden Triebimpulsen vgl. die klassische Betrachtung bei S. FREUD: Das Ich und die Abwehrmechanismen, s. o. Anm. 15, S. 116–117. Es ist angesichts der drohenden Gefahr der *Erstarrung* des kindlichen Ich gegenüber dem Pubertätsansturm ein lobenswertes Zeichen des Fortschritts, daß in dem Märchen schließlich doch *der Durst* vor der Angst den Sieg davonträgt und nicht die «Latenzperiode in Permanenz erklärt» wird.

[29] Zu der *Tierverwandlung* vgl. W. LAIBLIN: Das Urbild der Mutter (1936), in: DERS. (Hrsg.): Märchenforschung und Tiefenpsychologie, Darmstadt 1975, 100–150, S. 140: «Der Mythos (sc. der Jagd des Königs auf die Hinde, d. V.) stellt die Polarität männlich–weiblich auch sonst sehr häufig symbolisch dar. Das erdhaft-weibliche Prinzip tritt im mythischen Bilde einerseits sehr sinngemäß als Tier auf, das dem *Jäger* bzw. *Fischer* als dem uranisch-männlichen Prinzip gegenübertritt, andererseits in unendlich vielen Variationen als *Wasserfrau* oder *Nixe,*

die dem Manne (meist wiederum dem Jäger oder Fischer) in geheimnisvoll anziehend-schreckhafter Form begegnet. In vielen Fällen, wie z. B. in zahlreichen Jägerliedern, läßt es der Mythos offen, ob die Hinde, die vom Jäger gejagt wird, ein Tier oder ein Mägdlein ist; sie ist beides in einer Gestalt bzw. zuerst Tier und dann ohne weiteres plötzlich Mägdlein.»

[30] Zu der Verschiebung des Sadismus vgl. S. FREUD: Das ökonomische Problem des Masochismus (1924), Ges. Werke, XIII, London 1940, 369–383.

[31] In dem *goldenen* Strumpfband sieht F. LENZ: Bildsprache der Märchen, s. o. Anm. 10, 84 ein Relikt des Hosenbandordens. «Im Jahre 1348 wurde von König Eduard III. von England der Hosenband-Orden gestiftet. Auf einem Ball des Königs hatte die Countess von Salisbury ihr Strumpfband verloren. Der König nahm es auf sich und rief: ‹Honni soit qui mal y pense!› – Ein Schuft sei, wer sich Böses dabei denkt! Und er stiftete den Hosenband-Orden, den höchsten in England. Es handelt sich aber nicht um ein gewöhnliches Strumpfband der Lady… Das Knieband der Lady war das geheime Ordenszeichen einer Loge, die esoterisches Wissen der Artus-Tafelrunde pflegte. So will das goldene Strumpfband sagen. Wer die Weisheit eines esoterischen Wissens besitzt, kann damit seinen triebartigen Willen zügeln und leiten.» Diese Deutung ist freilich nicht symbolisch, sondern selber esoterisch und überspringt zu rasch das erotische Motiv des «Strumpfbands», das in sich doch eine andere Interpretation verdient als das Binsenseil, an welchem das «Rehlein» angeleitet wird. – Das *goldene* Halsband des Rehleins erinnert an Fassungen, in denen das Rehlein als Goldhirsch auftritt. Vgl. W. SCHERF: Lexikon der Zaubermärchen, Stuttgart 1982, 43.

[32] Es ist ein ähnliches Motiv wie das «Gold», das in dem Märchen von *Schneeweißchen und Rosenrot* (KHM 161) der «Bär» durchschimmern läßt, als er beim Abschied an der Türklinke hängenbleibt und sein Fell etwas aufreißt. Vgl. E. DREWERMANN/INGRITT NEUHAUS: Schneeweißchen und Rosenrot, Olten 1983, 33–35.

[33] Ein solches «Lieblingsmärchen» hat in etwa den analytischen Wert einer «*Deckerinnerung*»;

vgl. dazu E. DREWERMANN: Tiefenpsychologie und Exegese, 2. Bde., Olten 1984–85, I 350–374.

[34] Vgl zu diesem Symptom A. DÜHRSSEN: Psychogene Erkrankungen bei Kindern und Jugendlichen, Göttingen 1967, 175–184.

[35] Die klassische Fassung dieses Motivs findet sich in *«Das singende und springende Löweneckerchen»*, KHM 88.

[36] Gerade dieser *integrale* Zug des Märchens geht in einer Deutung unter, die, vorschnell moralisierend, sogleich von dem «Beherrschen» der «Triebe» ausgeht: F. LENZ: Bildsprache der Märchen, Stuttgart 1971, 84–85, sieht z. B. an dieser Stelle «das hinausdrängende Element des Willens», «zur Ruhe gekommen, in der Hut der Seele»; aber das Verhältnis ist doch umgekehrt: das «Schwesterchen» (die «Seele») findet Ruhe auf dem Rücken des «Rehleins», des Triebbedürfnisses! Richtig hingegen fährt F. LENZ fort: «Aber die Seele weiß auch sehr wohl, daß sie dem Willen tagsüber Freiheit lassen muß. Durch Bändigung und Zügelung allein kann er sich nicht bewähren. Er muß tätig die äußere Sinneswelt ergreifen, sich darin tummeln und am Abend zurückkehren in die Stille. Man kann nicht zur Selbständigkeit gelangen, wenn der Wille nicht auch losgebunden sich seiner Freiheit erfreuen darf. Und sei es auch mit Gefahr.» So ist es; nur müßte es statt «Wille» weit eher «Trieb», Drang, Sexualität und Liebessehnsucht heißen.

[37] R. M. RILKE: Die Dame mit dem Einhorn. Mit 12 Abbildungen, Nachwort v. E. Olessak, Frankfurt 1978; vgl. S. LIETZMANN: Das Einhorn geht auf Reisen. Meisterwerke spätmittelalterlicher Bildwirkerei in New York, FAZ, 18.03.74; vgl. auch H. LANZ: Gotische Bildteppiche, Bern-Stuttgart (Orbis Pictus 20) o. J., Tafel 10: Einhorn und Hirsch.

[38] R. M. RILKE: Die Dame mit dem Einhorn, s. o. Anm. 37; entnommen aus: DERS.: Malte Laurids Brigge (1904–1910), in: Sämtliche Werke, Bd. 6, hrsg. vom Rilke-Archiv, bes. v. E. Zinn, Frankfurt 1966, S. 826 ff.; 830 ff.

[39] E. OLESSAK: a. a. O., s. o. Anm. 37, S. 41.

[40] A. a. O., 55–56.

[41] A. a. O., 44.

[42] A. a. O., 42.

[43] R. M. RILKE: s. o. Anm. 37, S. 10–11.

[44] J. HERBERT: Die Mythologie der Inder, in: P. Grimal (Hrsg.): Mythologie, Paris 1963; dt.: Mythen der Völker, 3 Bde., Frankfurt (Fischer 789; 799; 805) 1962, II 50–173, übers. v. L. Voelker, S. 74; 94–95.

[45] K. KERÉNYI: Die Mythologie der Griechen, 2 Bde., München (dtv 1345–46) 1966; 1. Bd.: Die Götter- und Menschheitsgeschichten, S. 157–159.

[46] Vgl. HOMER: Odyssee, II 1, VIII 1, u. ö.

[47] K. KERÉNYI: Die Mythologie der Griechen, s. o. Anm. 45, I. Bd., S. 157.

[48] A. a. O., 157.

[49] A. a. O., 158.

[50] A. a. O., 158.

[51] F. RENGGLI: Angst und Geborgenheit. Soziokulturelle Folgen der Mutter-Kind-Beziehung im ersten Lebensjahr. Ergebnisse aus Verhaltensforschung, Psychoanalyse und Ethnologie (1974), Hamburg (rororo 6958) 1976, 48–49, weist darauf hin, daß Freilandbeobachtungen bei verschiedenen Affenarten nicht nur zeigen, wieviel weniger die Männchen sich im allgemeinen um das Kleinkind kümmern als die Weibchen – es kommt sogar nicht selten zur Tötung von Kindern durch erwachsene Männchen, ein Phänomen, das seine Parallele bei manchen Naturvölkern besitzt: eine Art von *«Herodes-Komplex»*. Vgl. auch V. B. DRÖSCHER: Nestwärme. Wie Tiere Familienprobleme lösen, Düsseldorf-Wien 1982, 90–92: Konzert im Mutterleib: der Herzschlag.

[52] Zum *Ammenschlaf* vgl. R. A. SPITZ: The First Year of Life. A Psychoanalytic Study of Normal and Diviant Development of Object Relations, New York 1965; dt.: Vom Säugling zum Kleinkind. Naturgeschichte der Mutter-Kind-Beziehungen im ersten Lebensjahr, übers. von G. Theusner-Stampa mit einem Anh. von W. G. Cobliner, Stuttgart 1967, 145; 155–156, der sogar die Meinung vertritt, «daß die Mutter während der Schwangerschaft und in der unmittelbar auf die Entbindung folgenden Zeit ihre potentielle Fähigkeit zur coenästhetischen Reaktion wieder aktiviert… Ich bin überzeugt daß eine stillende Mutter Signale wahrnimmt, die wir nicht bemerken.» Vgl. auch R. BILZ: Am-

menschlaf-Experimente und Halluzinose. Beitrag zu einer biologisch orientierten Psychopathologie (1962), in: Paläoanthropologie, Frankfurt 1971, 211–233.

⁵³ Vgl. W. WICKLER – U. SEIBT: Das Prinzip Eigennutz. Ursachen und Konsequenzen sozialen Verhaltens, Hamburg 1977, 85–94; 343–344; S. 90: «Die folgenschwerste Beobachtung war: Wenn Löwenmännchen einen Harem übernehmen und darin Babys vorfinden, so bringen sie diese um.» Ferner: «Die Sterblichkeit der Löwenkinder hängt von der sozialen Situation im Rudel ab; vor allem für die 3 Monate, die auf einen Männchenwechsel folgen, steigt sie stark an. Das ist aber noch nicht alles. In den ersten 6 Wochen nach einem Männchenwechsel sinkt nämlich auch die Geburtenzahl deutlich ab; dann steigt sie steil über den Durchschnittswert an. Die genauen Ursachen für den Abfall in der ersten Zeit sind noch unbekannt; es muß aber ein Einfluß sein, den die Männchen auf die Weibchen ausüben – sei es, daß die Weibchen in der Zeit der Umstellung nicht konzipieren oder die Jungen durch Abortus verlieren.»

⁵⁴ Vgl. S. FREUD: Über die weibliche Sexualität (1931), Werke XIV, London 1948, 515–537, S. 526–527.

⁵⁵ Vgl. E. DREWERMANN: Warte, bis Vater wiederkommt. Lebenskrisen aus Kindheitserinnerungen der Nachkriegszeit, in: Psychoanalyse und Moraltheologie, 3 Bde, Mainz 1982–84, Bd. 2: Wege und Umwege der Liebe, 138–161.

⁵⁶ A. a. O., 140–144.

⁵⁷ Zu der Jagd des «Königs» vgl. W. LAIBLIN: Das Urbild der Mutter (1936), in: W. Laiblin (Hrsg.): Märchenforschung und Tiefenpsychologie, Darmstadt 1975, 100–159, S. 138, der das Bild von dem «wilden Jäger» mit der Jagd *Wotans* auf *Frau Holle,* seine Geliebte und Tochter, in Verbindung bringt. Auch so haben wir es mit dem Motiv zu tun, daß der Vater seine Tochter heiraten will. «Sie ist gleichzeitig die ‹Hinde›, die vom Jäger gejagt wird, das ‹*schwarzbraune Mägdelein*› unzähliger Volkslieder, das in einer Fassung, in dem Lied ‹Der Jäger in dem grünen Wald›, auch ‹strahlloses› Mägdlein heißt.» «Strahllos» oder «ungestrählt» ist soviel wie «ungekämmt», und auch das erinnert an die Frau Holle als Wasserfrau mit ungekämmten Haaren. So betrachtet, lebt in der Gestalt des verfolgten Mädchens (oder der gejagten Hinde) die «ungebändigte Erden- und Naturkraft.» Ähnlich F. LENZ: Bildsprache der Märchen, Stuttgart 1971, 87, der in dem Schwesterchen und dem Reh «das noch triebgebundene Seelenwesen», in dem König aber das Ich erkennt. Tatsächlich geht es indessen um eine Spannung, die bereits *zwischen* dem «Schwesterchen» und dem «Rehlein» besteht, und diese Doppelrolle des Mädchens zwischen Angstflucht und Angstlust gilt es als erstes aus seiner *Vaterbeziehung* verständlich zu machen; dann erst läßt sich zeigen, welche Wege die Liebe geht, um die Angst zu beruhigen.

⁵⁸ Vgl. E. DREWERMANN: Wege in ein unentdecktes Land. Die Angst vor der Liebe, in: R. Welter (Hrsg.): Lebenskraft Angst. Wandlung und Befreiung, Freiburg-Basel-Wien 1987, 28–36.

⁵⁹ Vgl. M. MLYNARSKI – H. WERMUTH: Die Schildkröten, in: B. Grzimek (Hrsg.): Enzyklopädie des Tierreichs in 13 Bdn., München (dtv) 1980, VI: Kriechtiere, 75–123, S. 81.

⁶⁰ Vgl. A. SCHNITZLER: Liebelei, Schauspiel in 3 Akten, Berlin 1896; Frankfurt 1962 (Die dramatischen Werke, 2 Bde., 1. Bd.). DERS.: Zug der Schatten. Drama in 9 Bildern, aus dem Nachlaß hrsg. u. eingel. v. F. Derré, Frankfurt 1970.

⁶¹ Zum Sinn der Ritualisierung als eines Mittels der Angstberuhigung vgl. B. MALINOWSKI: Magic, Science and Religion, New York 1948; dt.: Magie, Wissenschaft und Religion, in: Magie, Wissenschaft und Religion. Und andere Schriften, übers. v. E. Krafft-Bassermann, Frankfurt 1973, 1–74, S. 55–63.

⁶² Vgl. E. DREWERMANN: Das Fremde – In der Natur, in uns selber und als das vollkommen Neue, dargestellt an einem Märchen, in: H. Rothbucher – F. Wurst (Hrsg.): Wir und das Fremde. Faszination und Bedrohung, Salzburg (Selbstverlag der Internationalen Pädagogischen Werktagung) 1989, 117–144; vgl. auch M. PAPOUSCHEK: Das Fremde als Element des Spiels, in: a. a. O., 39–49.

⁶³ Das Motiv findet seine gewiß großartigste Darstellung bei H. MELVILLE: Moby Dick or the Whale (1851); dt.: Moby Dick, übers. v. T. Mutzenbecher, Hamburg (rororo 173–174) 1956, 379–401. Eine Deutung der Erzählung versucht D. LAUENSTEIN: Das Geheimnis des Wals. Melvilles Moby Dick und das Alte Testament, Stuttgart 1973, 231–243.

⁶⁴ Zu dem Symbol des *Fußes* vgl. E. DREWERMANN: Tiefenpsychologie und Exegese, 2 Bde., Olten 1984–85; Bd. 2: Die Wahrheit der Werke und der Worte. Wunder, Vision, Weissagung, Apokalypse, Geschichte, Gleichnis, S. 384–386.

⁶⁵ Vgl. S. FREUD: Bruchstück einer Hysterie-Analyse (1905), Werke V, London 1942, S. 161–286, S. 186–189 – zur «Verlegung nach oben».

⁶⁶ Zu dem *«Schuh»* als einem weiblichen Symbol vgl. S. FREUD: Drei Abhandlungen zur Sexualtheorie (1905), Werke V, London 1942, 27–145, S. 54, Anm. 2.

⁶⁷ Alles «Längliche» kann bekanntlich als Symbol des männlichen Genitale dienen; vgl. S. FREUD: Die Traumdeutung (1900), Werke II – III, London 1942, 359–364.

⁶⁸ Zu dem Film vgl. B. D’ECKHARDT: Brigitte Bardot. Ihre Filme – ihr Leben, München (Heyne 50) 1982, 120–122.

⁶⁹ A. a. O., 122.

⁷⁰ P. HAINING: The Legend of Brigitte Bardot, 1983; dt.: Brigitte Bardot. Die Geschichte einer Legende, übers. v. D. Erb, Herford 1984, 120–121.

⁷¹ A. a. O., 105.

⁷² A. a. O., 104.

⁷³ A. a. O., 78.

⁷⁴ B. D’ECKARDT: Brigitte Bardot, s. o. Anm. 68, S. 122–124.

⁷⁵ H. DE STADELHOFEN: La vraie Brigitte Bardot, 1986; dt.: Brigitte Bardot. Originalbiografie ihres außergewöhnlichen Lebens, Michelsneukirchen 1986, 119.

⁷⁶ A. a. O., 123.

⁷⁷ A. a. O., 130–131.

⁷⁸ A. a. O., 119–120.

⁷⁹ Neue Westfälische, Sa., 22. Apr. 89. – P. HAINING: Brigitte Bardot, s. o. Anm. 70, 216–217.

⁸⁰ Westfalenblatt, 19. 06. 87.

⁸¹ P. HAINING: Brigitte Bardot, s. o. Anm. 70, 221.

⁸² A. a. O., 218–220.

83 Vgl. B. D'ECKHARDT: Brigitte Bardot, s. o. Anm. 68, S. 17 f., 22–27.

84 Zu der «Zeitzerdehnungsregel» der Interpretation symbolischer Erzählungen vgl. E. DREWERMANN: Tiefenpsychologie und Exegese, s. o. Anm. 64, I 226–228.

85 A. DE SAINT-EXUPÉRY: Le petit Prince, Paris 1946; dt.: Der kleine Prinz, übers. v. G. u. J. Leitgeb, Düsseldorf 1956, S. 67.

86 Vgl. R. BILZ: Subjektzentrismus im Erleben der Angst: Aspekte der Angst (1965), in: Paläoanthropologie. Der neue Mensch in der Sicht einer Verhaltensforschung, Frankfurt 1971, S. 319–331.

87 Vgl. S. FREUD: Das Tabu der Virginität (1918), Werke XII, London 1947, 159–180.

88 Vgl. E. DREWERMANN/INGRITT NEUHAUS: Das Eigentliche ist unsichtbar. Der kleine Prinz

tiefenpsychologisch gedeutet, Freiburg-Basel-Wien 121990, 44–46.

89 E. DREWERMANN: Rapunzel, in: Die kluge Else. Rapunzel, Olten 31989, 57–101, S. 73–79.

90 Es ist für das Verständnis des Märchens in unserer Zeit sehr wichtig, sich deutlich zu machen, in welchem Umfang ihre an sich heilenden Bilder ins Verführerisch-Destruktive verformt worden sind. Gerade das Bild des «Schlosses» ist in dem berühmten Roman von F. KAFKA: Das Schloß (1935), Frankfurt (Fischer TB. 900) 1968, zu einer zentralen Chiffre der Verlorenheit und Entfremdung geworden.

91 Vgl. H. DE STADELHOFEN: Brigitte Bardot, s. o. Anm. 75, 150–155.

92 Vgl. E. DREWERMANN: Ein Rascheln ist und ein Zusammenraffen. Von der Zerstörung der religiösen Rede, in: Psychoanalyse und Moral-

theologie, 3 Bde., Mainz 1982–84, Bd. 3: An den Grenzen des Lebens, S. 174–198.

93 Vgl. A. LORENZER: Sprachzerstörung und Rekonstruktion. Vorarbeiten zu einer Metatheorie der Psychoanalyse, Frankfurt 1970, 156–159.

94 Vgl. zu der Differenz zwischen S. Freud und S. Ferenczi in der Frage der Beziehung von Therapie und Liebe E. DREWERMANN: Kleriker. Psychogramm eines Ideals, Olten 1989, 725–729.

95 S. FREUD: Der Untergang des Ödipuskomplexes (1924), Werke XIII, London 1940, 393–402.

96 G. KLIMT: Liebe, 1895, Histor. Museum, Wien.

97 S. Y. ASSAF: Sieh die Nachtigall, Bruder; aus dem Arabischen übers. v. U. Assaf-Nowak, Stuttgart 1985, S. 50–52.

98 M. KALÉKO: Das lyrische Stenogrammheft. Kleines Lesebuch für Große, 1933; 1935; Hamburg (rororo 1784) 1956, S. 86.

3. Satz: Reprise: Die Rückkehr der Stiefmutter

1 Vgl. S. FREUD: Das Unheimliche (1919), Werke XII, London 1947, S. 227–268.

2 Zu der Tragik des «Wiederholungszwangs» bzw. zur «Wiederkehr des Verdrängten» vgl. S. FREUD: Jenseits des Lustprinzips (1920), Werke XIII, London, 1940, 1–69, S. 16–22.

3 Zu dem «Spiralenaufbau» symbolischer Erzählungen vgl. E. DREWERMANN: Tiefenpsychologie und Exegese, 2 Bd., Olten 1984–85, 1. Bd.: Die Wahrheit der Formen. Traum, Mythos, Märchen, Sage und Legende, S. 187–200.

4 Vgl. E. DREWERMANN: Kleriker. Psychogramm eines Ideals, Olten 1989, 527–544.

5 A. a. O., 544–563.

6 E. DREWERMANN: Das Tragische und das Christliche, in: Psychoanalyse und Moraltheologie, 3 Bde., Mainz 1982–84, 1. Bd.: Angst und Schuld, S. 19–78, S. 22–39.

7 Vgl. P. HAINING: The Legend of Brigitte Bardot, 1984; dt.: Brigitte Bardot. Die Geschichte einer Legende, übers. v. D. Erb, Herford 1984, 99–101; 106.

8 L. VON KEYSERLINGK: Brüderchen und Schwesterchen. Eine ganz besondere Liebe, Zürich, Stuttgart 1988, 99–109, bemerkt (S. 100) ganz

richtig, «daß Schwiegermütter (sic!), auch wenn sie ganz woanders wohnen und sonst kaum Kontakt zu ihnen besteht, in den Zeiten des Kinderkriegens plötzlich erscheinen und für Wochen das Regiment im Haus übernehmen». Doch die folgende Deutung zentriert die Geschichte nicht konsequent auf die Perspektive des «Schwesterchens», und so schwankt die Autorin zwischen guten Ratschlägen hin und her, statt die Psychodynamik des Märchens zu erfassen und wiederzugeben.

9 V. B. DRÖSCHER: Nestwärme. Wie Tiere Familienprobleme lösen, Düsseldorf-Wien 1982, 48–62: Verwirrt durch den Intellekt.

10 A. a. O., 11.

11 Vgl. dasselbe Motiv z. B. in dem Märchen «Fundvogel» (KHM 51). Zur Interpretation des Märchens vgl. S. BIRKHÄUSER-OERI: Die Mutter im Märchen. Deutung der Problematik des Mütterlichen und des Mutterkomplexes am Beispiel bekannter Märchen, Stuttgart 1976, 147–151.

12 Zu dem Motiv der «magischen Flucht» vgl. A. AARNE – S. THOMPSON: The types of the folktale, Helsinki 21964, Nr. 327 A.

13 Zu dem Motiv der vertauschten Braut vgl. a. a. O., 403 A. Vgl. P. ARFERT: Das Motiv von der unterschobenen Braut in der internationalen Erzählungsliteratur, Rostock 1896; M. LÜTHI: Von der falschen und der rechten Braut, vom Tierkind und vom Tiergemahl, in: Lüthi: So leben sie noch heute, Göttingen 1969, 117–130.

14 Vgl. dazu TH. MANN: Joseph und seine Brüder, 3 Bde., Berlin 1933; Frankfurt (Fischer Tb. 1183–85) 1971, I 156–172: Jaakob kommt zu Laban; 175–179.

15 Vgl. a. a. O., I 177; E. SIECKE: Die Liebesgeschichte des Himmels. Untersuchungen zur indogermanischen Sagenkunde, Straßburg 1892, S. 3.

16 Vgl.: Die Geschichte der Familie, Freiburg/Schweiz 1975, 137–145: Das 19. Jahrhundert. Die industrielle Revolution und die Familie. (Editions des Connaissances Modernes; Autoren ungenannt.)

17 Vgl. R. BILZ: Schrittmacherphänomene (1948), in: Die unbewältigte Vergangenheit des Menschengeschlechts. Beiträge zu einer Paläoanthropologie, Stuttgart 1967, 7–38.

18 A. a. O., S. 17–24.

[19] Vgl. E. DREWERMANN: Ehe – tiefenpsychologische Erkenntnisse für Dogmatik und Moraltheologie, in: Psychoanalyse und Moraltheologie, 3 Bde., Mainz 1982–84, Bd. 2.: Wege und Umwege der Liebe, S. 38–86.

[20] Vgl. M. THALMANN: Das Märchen und die Moderne. Zum Begriff der Surrealität im Märchen der Romantik, Stuttgart-Berlin-Köln-Mainz (ub 53) 1961, 104–109: «Die uns bekannte aufgeklärte Welt verfremdet sich im Märchen zu Spiegelungen neuer Horizonte. Eine Welt wird zerschlagen, aber eine andere aufgebaut. Der Poet ist ein Magier, der aus dem Bekannten das Unbekannte herausholt und über der Realität der Gegenstände die Sur-Realität der Begriffe aufsteigen läßt. Der Vorstoß dieser Kräfte, der unter dem Schutz der Märchenfiktion vor sich geht und auch verzeichnen und deformieren darf, hat die Geburt der Moderne vorbereitet.» (S. 109).

[21] Vgl. a. a. O., S. 106–107: «Der Märchenheld ist nicht ohne Standort und Ordnung. Er besitzt nicht nur sich selbst, sondern auch noch eine umgebende Welt, der er sich verbunden fühlt, wenn er auch den Zukunftsinteressen und der Vorgartenschönheit skeptisch gegenübersteht. Der Romantiker beginnt in einem Aufstand gegen die aufgeklärte Gesellschaft zu leben, die der Verächter der Einbildungskraft ist, was nicht ohne eine gewisse Übergangsempfindlichkeit geschieht… Plötzlich kommen die Tage, da uns die nächste Straßenecke fremd ist, da wir wissen, daß hinter diesen sanften Hügeln und Waldbänken etwas Lächerliches liegt und hinter dem vertrauten Gesicht der Menschen etwas Unmenschliches. Die Welt entgleitet uns und ist uns verfremdet. Im Märchen steckt eine absurde Problemmasse, die im Gären begriffen ist und Sauerteig für das ganze Jahrhundert bleibt. – In den romantischen Märchenprinzen wächst ein neues Menschenbild heran.»

[22] M. WHEELER: Early India and Pakistan, London 1959; dt.: Alt-Indien und Pakistan bis zur Zeit des Königs Ashoka, übers. v. G. Pfeiffer, Köln o. J., 81–102, S. 83–85; 88. F. A. KHAN: The Glory what was Mohenjodaro, publ. by the Department of Archaeology, Government of Pakistan, Karachi, o. J. DERS.: Indus Valley Civiliza-

tion, in: Cultural Heritage of Pakistan, Karachi 1966, S. 6–11, S. 8.

[23] Vgl. G. PRECHT: Die Herbergsthermen der Colonia Ulpia Traiana, in: Archäologie in Deutschland, Heft 4, 1988, 18–27; H. CÜPPERS: Die geretteten Thermen in Trier, in: A. a. O., 28–32.

[24] Vgl. V. DRÖSCHER: Geniestreiche der Schöpfung. Die Überlebenskunst der Tiere, Berlin 1986, 115–116: Schneeaffen kuren im Heilbad. Der Rotgesichtsmakak.

[25] Vgl. O. H. WALLISER: Die Formationen des Erdaltertums, in: G. Heberer – H. Wendt (Hrsg.): Entwicklungsgeschichte der Lebewesen. Ergänzungsband zu Grzimeks Tierleben. Enzyklopädie des Tierreiches, Zürich 1972, 122–154, S. 137–140. – Das Ersticken im Bad hat übrigens ein berühmtes historisches Vorbild in der Ermordung der Gotenkönigin Amalaswintha; vgl. F. DAHN: Ein Kampf um Rom, 3 Bde. (1859–1876), Leipzig (Breitkopf) o. J., 1. Bd., 4. Buch, 6. Kap.

[26] S. FERENCZI: Versuch einer Genitaltheorie (1924), in: Schriften zur Psychoanalyse, hrsg. in 2 Bdn. v. M. Balint, Stuttgart 1972, Bd. 2, 317–400, S. 357–369. Vgl. auch W. LAIBLIN: Das Urbild der Mutter (1936), in: W. Laiblin (Hrsg.): Märchenforschung und Tiefenpsychologie, Darmstadt 1975, 100–150, S. 127, der von der «Rückkehr zur Großen Mutter» bzw. von dem gläubigen «Sich-Fallenlassen» in die Arme der ewig jungen und erneuernden Erdenkraft spricht. F. LENZ: Bildsprache der Märchen, Stuttgart 1971, 90, sieht zu Recht das Bad als «Geburt», gelangt dann aber zu der schwer verstehbaren Deutung: «Das Willensfeuer einer heiligen Begeisterung muß in der Seele entbrennen und die Glut unirdischer Liebe entfachen. Wo aber die bösen Mächte am Spiel sind, wird es zum Höllenfeuer, in dem die Seele erstickt.» S. BIRKHÄUSER-OERI: Die Mutter im Märchen. Deutung der Problematik des Mütterlichen und des Mutterkomplexes am Beispiel bekannter Märchen, hrsg. v. M. L. von Franz, Stuttgart 1976, 114, meint: «Die Königin… wird von der bösen Hexe durch Hitze zerstört, z. B. in einem überwältigenden Ausbruch von Emotionen. Sie wird eingeschlossen, d. h. isoliert und verglüht

an der Intensität der Energien, welche das Unbewußte nicht nur eine Quelle der Kraft, sondern auch der Gefahr sein lassen.» – Worum es bei der Rückkehr der (Stief-)Mutter in dem Märchen wirklich geht, läßt sich weit konkreter und verbindlicher auf der «Objektstufe» der Deutung zeigen, wenn man beherzigt, was H. E. RICHTER: Eltern, Kind und Neurose. Psychoanalyse der kindlichen Rolle, Stuttgart 1963, 104, so ausdrückt: «Die Mutter belebt… nicht nur die Erinnerung an das Verhalten ihrer eigenen Mutter, sondern diese Erinnerung ist von vornherein verschmolzen mit den eigenen kindlichen Reaktionen, mit denen die mütterlichen Maßnahmen früher beantwortet wurden. Die effektive Stellungnahme, die man zu den Eltern als Kind bezogen hatte, ist für die Art und Weise mitbestimmend, in der man seine Kindheitserfahrungen für die späterhin zu bewältigende Erziehungsaufgabe verwertet. – Normalerweise kommt es überwiegend zu einer Identifikation der Mutter mit ihrer Mutter…: Sie bemüht sich, zu ihrem Kind so zu sein, wie ihre Mutter zu ihr selbst war… Allerdings kann es durch diese Identifikation kommen, daß negative Züge der Mutter… später am eigenen Kind ausgelebt werden.» Zu welch tragischen Verstrickungen es dabei kommen kann, zeigt in erstaunlicher Ehrlichkeit W. A. MITGUTSCH: Die Züchtigung, München (dtv 10798) 1987; dieser erschütternde Roman schildert das verzweifelte Bemühen einer Frau, die auf einem Bauernhof unter der Zuchtrute einer liebeleeren, harten Erziehung aufwachsen mußte und die nur möchte, daß ihre Tochter Vera es einmal besser im Leben haben soll: – ein «Königskind»! Doch gerade deshalb wiederholt die Mutter am Ende nur die Härte und Grausamkeit, die sie selbst als Kind erfahren hat. In den Augen der eigenen Tochter als Mutter zur (Stief-)Mutter zu werden – das ist die Tragik im Leben eines «Schwesterchens».

[27] Zu dem Begriff der Regression vgl. M. BALINT: The Basic Fault. Therapeutic Aspects of Regression, London 1968; dt.: Regression. Therapeutische Aspekte und die Theorie der Grundstörung, übers. v. K. Hügel, Stuttgart 1970; München (dtv 15028) 1987, 68–72: Pränatale und frühe postnatale Zustände. Zur Bedeutung der

Regression vgl. E. DREWERMANN: Tiefenpsychologie und Exegese, 2 Bde., Olten 1984–85, 1. Bd.: Die Wahrheit der Formen. Traum, Mythos, Märchen, Sage und Legende, S. 230–250.

[28] Vgl. N. DESTOUNIS: Psychosomatic aspects in pregnancy and neurological disorders – a psychotherapeutic approach, in: Dyn. Psychiat. 10 (1977), 380–386; GISELA AMMON: Präventive Maßnahmen – Psychoanalytische Maßnahmen und psychoanalytische Pädagogik, in: G. Ammon (Hrsg.): Dynamische Psychiatrie, 1. Bd., München 1979, 679–733, S. 727–730. Zu der Problematik der Schwangerschafts- und Wochenbettpsychosen vgl. auch E. BLEULER: Lehrbuch der Psychiatrie, 11. v. M. Bleuler umgearb. Aufl., Berlin-Heidelberg-New York 1969, 440–442.

[29] Es handelt sich in dieser Mitteilung um eine Art *Abasie* aus Angst vor den eigenen verbotenen Aggressionen; im Unterschied zu der hysterischen Abasie, wie sie klassisch beschrieben wurde von S. FREUD: Studien über Hysterie (1895), Ges. Werke, I, London 1952, 75–312, S. 196–226 (Fräulein Elisabeth von R…), ergibt sich die Bewegungslosigkeit jedoch nicht aufgrund einer Verdrängung der unterdrückten Affekte, sondern durch einen magischen Abwehrritus gegenüber von Gefühlsregungen und Neigungen, deren Bewußtseinsrepräsentanz erhalten bleiben.

[30] Vgl. L. NAVRATIL: Schizophrenie und Sprache. Schizophrenie und Kunst. Zur Psychologie der Dichtung und des Gestaltens, München (dtv 4267) 1976, 124–157: Lyrische und schizophrene Sprachphänomene.

[31] Es ist das Problem aus der Parabel von F. KAFKA: Vor dem Gesetz, in: Das Urteil und andere Erzählungen (1946), Frankfurt (Fischer Tb. 19) 1952, 117–119: Der Türhüter, der den Zugang zum «Gesetz» (zum berechtigten Dasein) verstellt, *der eigene Vater,* müßte ermordet werden, um sich gewaltsam Zutritt zum Leben zu verschaffen; doch eine solche Tat würde dem bereits ungerechtfertigten Dasein endgültig jede Berechtigung entziehen; eben deshalb kann der Zustand der Entfremdung, des Ausgesperrtseins, des lebenslänglichen Wartens niemals überwunden werden. Einzig J. KNITTEL: Via Mala (1934), Stuttgart 1985, Kap. 29, S. 196–221, hat in seinem Weltbestseller die Ermordung des wüsten, despotischen *Jonas Lauretz* durch einen familiären Ritualmord als einen Akt legitimen Notwehrrechts infolge unerträglicher Unterdrückung geschildert.

[32] Zu dem Fragenkomplex vgl. M. HAMMES: Hexenwahn und Hexenprozesse, Frankfurt (Fischer 1818) 1977; vgl. auch F. VON SPEE: Cautio Criminalis oder Rechtliches Bedenken wegen der Hexenprozesse (1632), aus dem Lat. übers. v. J. F. Ritter, München (dtv 6122) 1982, S. 279–289: «Wie eine kurze Übersicht des heutzutage bei vielen im Hexenprozesse gebräuchlichen Verfahrens aussieht, die es wert wäre, daß der verehrungswürdige Kaiser sie kennenlernte und das deutsche Volk sie sorgfältig betrachtete.» Vgl. auch CH. THOMASIUS: Vom Laster der Zauberei (1701). Über die Hexenprozesse (1712), übers. u. hrsg. latein.-deutsch v. R. Lieberwirth, Weimar 1967; München (dtv 2170) 1986, der (S. 178–179) bes. den schädlichen und schändlichen Einfluß der päpstlichen Bullen zu Anfang des 16. Jh.'s auf die Ausbreitung des Hexenwahns hervorhebt.

[33] Erst dieses Gefühl der subjektiven Berechtigung des damals voller Schuldgefühle verdrängten Materials eröffnet einen wirklichen Ausweg aus dem Teufelskreis des Wiederholungszwangs.

[34] Zum Verbrennen der Hexe vgl. E. DREWERMANN/INGRITT NEUHAUS: Marienkind, Olten 1984, 48–54. Vgl. bes. C. H. MALLET: Kopf ab! Gewalt im Märchen, Hamburg 1985, 115–130, der das «*Marienkind*» vor dem Hintergrund der Glaubenskämpfe des 17.–18. Jahrhunderts deutet und als einen Ausdruck von zweierlei Moral deutet: «eine für Maria, das heißt für die Herrschenden, und eine ganz andere für Marienkind». – S. 125. Vgl. auch D. R. MOSER: Christliche Märchen. Zur Geschichte, Sinngebung und Funktion einiger Kinder- und Hausmärchen der Brüder Grimm, in: J. Janning (Hrsg.): Gott im Märchen, Kassel 1982, 92–113, S. 99–103, der in dem «Marienkind» eine «typische Missionserzählung der Gegenreformation» (S. 99) erkennt.

[35] Vgl. C. H. MALLET: Kopf ab, a. a. O., 143–155: Der Schwiegermutter Mordanschläge; 155–163, zu den Rachephantasien an Stiefmüttern und Stiefschwestern.

[36] Vgl. zur Stelle E. DREWERMANN: Das Markusevangelium, 2 Bde., Olten 1987–88, II 284–294.

[37] A. RENOIR: Auf der Wiese, um 1890, Sammlung Lewisohn, New York (auf dem Umschlagbild im Detail).

[38] Zu dem Problem eines äußerlichen oder innerlich verstandenen «Gehorsams» vgl. E. DREWERMANN: Kleriker. Psychogramm eines Ideals, Olten 1989, 688–708.

[39] S. Y. ASSAF: Sieh die Nachtigall, Bruder; aus dem Arabischen von U. Assaf-Nowak, Stuttgart 1985, 76–77.

Walter-Verlag